MARIA POUMIER

Marchandiser
la vie humaine

(nouvelle édition revue et augmentée)

Maria Poumier

María Poumier est une ancienne universitaire française née à Cannes en 1950, spécialiste de l'histoire et de la culture des Antilles. Elle est également essayiste et réalisatrice de documentaires.

Marchandiser la vie humaine

Avec les contributions de :
ARMADA
Lucien CERISE
Charybde
Françoise Petitdemange
Sébastien Renault

Publié par Le Retour aux Sources
www.leretourauxsources.com

© Le Retour aux Sources – Maria Poumier - 2020

« *Notre système économique et industriel nous propose d'appuyer à fond sur la pédale d'accélérateur de la voiture en espérant que l'on inventera les ailes avant d'atteindre le bord de la falaise.* »

Philippe Bihouix, ingénieur centralien et auteur de *L'Âge des low tech* (éditions Le Seuil, 2014)

« *La vérité ne passe pas seulement par des concepts mais par le cœur qui ressent, par le cœur qui éprouve, par le cœur qui est touché !* »

Père Michel-Marie Zanotti-Sorkine, http://www.delamoureneclats.fr/#!/actualites/

Pour mes enfants,
Pour ceux qui n'ont pas vu le jour,
Pour les autres.

PRÉFACE À LA NOUVELLE ÉDITION

Les sociétés ont toujours triché avec la biologie, avec certains pères officiels et d'autres putatifs, d'innombrables bâtards non reconnus (aujourd'hui ce sont les enfants de dons anonymes de sperme qui héritent de cette malédiction), les incestes, les substitutions et ventes de nouveaux nés ainsi que des mères, la féroce exploitation des nourrices ; et le consensus autour d'une certaine souplesse dans la gestion de tout ce bricolage autour de la filiation est peut-être indispensable, dans la mesure où fermer les yeux sur des phénomènes douteux mais marginaux aide probablement la société à les digérer. L'oubli des origines réelles est souvent indispensable, pour apaiser les rancunes, les tourments et les litiges.

Que l'on fasse maintenant ces traficotages sur les personnes avant leur naissance, c'est innovant ; mais que l'on combine cela avec des prétentions au traçage génétique strict par le déchiffrage de l'ADN, de plus en plus pratiqué, comme garantie scientifique de vérité sur la personne, c'est parfaitement contradictoire.

Toujours est-il que désormais, en France, on veut faire valider par la loi le mensonge systématique sur la filiation, en vertu du droit contractuel britannique, contre le droit romain. Si tout cela paraît devoir fonctionner, c'est parce qu'il y a un marché solvable à encadrer et à fiscaliser. À moins d'un boycott ?

En 2020, le président Macron et le lobby qui pèse sur ses épaules veulent faire passer la révision de la loi bioéthique en s'asseyant sur toutes les objections, en particulier celles qu'avait formulées le Sénat. On croyait être débarrassé de la menace des enfants munis de deux papas ou deux mamans. Mais il s'avère qu'il n'en est rien, ça y est, les députés ont voté le 29 juillet l'ouverture de la PMA à toutes les femmes, aux frais de la sécurité sociale, et la chose se voit ratifiée le 31 juillet, parce que l'opposition a refusé de se battre et d'être présente physiquement sur les bancs de l'Assemblée, aux deux dates clés.[1] La bataille n'est pas finie, le texte va repasser devant le Sénat, et d'autres vont essayer de faire casser le projet par le conseil constitutionnel. Mais les arguments de ce dernier sont bancals : au nom de l'égalité des sexes et de l'éthique (? ? ? ?), le gouvernement se verrait contraint d'autoriser la GPA, à laquelle "90% du gouvernement et de la représentation nationale" est opposé. Une digue de sable, toute provisoire...[2] Ce volume tentera de remettre à l'honneur les arguments sérieux pour bloquer les délires juridiques de notre société, et de proposer des alternatives.

Les Allemands avaient développé l'eugénisme, et les élevages d'enfants "parfaits" (on appelait ça la race supérieure, à l'époque) sous Hitler, à qui on impute le concept de "vies valant (ou pas) d'être vécues". Maintenant, au contraire, les Allemands sont des bastions de la résistance, au nom du Christ ou de l'écologie cohérente (selon les principes défendus par José Bové et par le pape François, entre autres), à la fabrication des enfants

---

[1] Voir la liste des 97 députés absents lors du vote du 29 juillet : https://www.lesalonbeige.fr/seconde-lecture-du-projet-d e-loi-sur-la-bioethique-liste-des-absents/?utm_source=lesalonbeige.fr&utm_medium=newsletter&utm_caPMA ign=nlq. La loi a été votée par 10% des députés, au final.

[2] Claire de la Hougue, représentante du CELJ (Centre européen pour la loi et la justice) signale cependant qu'il y a une très forte résistance à la GPA dans certains pays, et que c'est de bon augure, le Parlement européen est très sensible aux arguments de l'ECLJ et de la Lituanie : voir https://us10.caPMAign-archive.com/ ?u=567507fce24ff5f4d84cc3e33&id=473a6b2804&e=5c340ead 39 et https://www.lefigaro.fr/vox/societe/prenons-exemple-sur-la-lituanie-ou-la-GPA-a-ete-declaree-contraire-a-la-dignite-des-femmes-et-des-enfants-20200720.

à la demande[3]. Mais nous les Français donnons l'image de moutons de Panurge, se précipitant tête baissée et les yeux bandés dans le précipice, et on voudrait que nous y jetions gaiement les générations à venir.

Il faut bien reconnaître qu'en fait, les "progrès" des biotechnologies nous ramènent à un univers anarchique où la seule loi est le caprice clientéliste des gens au pouvoir, et des lobbys qui les achètent. Et ne nous voilons pas la face, la fabrication des enfants comme des souliers, "sur mesure" et selon les caprices provisoires des consommatrices (plus jeunes, elles se sont fait avorter dans l'allégresse, plus vieilles elles en ont des remords atroces, mais en silence) va servir à fabriquer en série des petits plus blancs que blancs, qui seront élevés par des cinglées dépressives se prenant pour l'élite mondiale. Nous accusons les députés qui ont voté, laissé voter, ou vont voter pour la révision des lois de bioéthique dans le sens d'une permissivité accrue d'avoir vendu leur âme au diable ; car ce sont les labos et les agences de vente d'humains en pièces détachées qui les gèrent, nos députés félons.

On voit bien que le projet de marchandisation de la reproduction s'est accéléré grâce aux portes ouvertes par l'opération Covid 19[4] ; la mondialisation a fait un bond en avant, la PMA pour toutes, ça se fait dans les pays plus "développés" que nous, donc il faut se mettre à jour sous peine d'avoir sur le dos l'OMS, Bill Gates[5], Soros et ses instruments de pression

---

[3] https://fr.aleteia.org/2020/07/30/charles-de-courson-la-loi-bioethique-temoigne-dun-manque-de-coherence/

[4] Jacques Attali spéculait déjà en 2009 sur les ravages de l'épidémie de grippe H1N1 pour faire avancer la "transformation de l'être humain en un objet marchand" exigeant euthanasie pour tous et marché mondial des nouveau-nés. Voir https://plumenclume.org/blog/588-bilan-sanitaire-hydroxycholoroquine-incompetence-et-reglements-de-compte.

[5] Sur les liens de Bill Gates avec l'industrie du confinement, celui de l'avortement et celui de la reproduction artificielle, voir :

tordus, et les chantages financiers exercés par le biais de leurs ONG et fondations, bref de très gros lobbies . Tout d'abord, l'opération panique universelle et chantage sanitaire[6] a contraint chaque gouvernement à suivre les injonctions de l'OMS ; dans le cafouillage, avec des décalages, selon les pays, chaque peuple a été mis au pas : muselière et entraînement à la réclusion domiciliaire, abolition des réjouissances populaires ou rassemblements spirituels les plus ancrés dans la tradition, sous prétexte d'éviter la promiscuité, sauf les rassemblements qui sont autorisés à titre de dérivatif ponctuel utile pour canaliser les colères : matchs de foot, manifs sur des mots d'ordre fallacieux : il s'agira toujours d'empêcher l'unification de la résistance, en dressant des communautés les unes contre les autres (clubs, origines ethniques, idéologies sexuelles téléguidées pour aller dans le mur) : la corrida est désormais interdite à peu près partout, mais ce sont les peuples à qui on fait porter des cornes et qu'on pique adroitement pour les faire se jeter sur des leurres brandis avec un art consommé du mensonge d'État. Un peu de chaos, dans chaque pays, à chaque échelle locale, c'est la soupape de sécurité, pour ceux qui prétendent nous gouverner.

Les quelques spectacles autorisés, assortis d'interdictions d'autres spectacles ou de tous échanges affectifs non contrôlés, ne doivent pas nous cacher l'essentiel : il s'agit de nous gérer comme des troupeaux, sur le long terme, ce qui suppose une opération indispensable : la castration générale. Et ceci explique l'urgence de l'imposition de la PMA "pour toutes", étape vers la GPA "pour tous". La PMA "libérée", c'est le pouvoir médical supplantant la reproduction naturelle selon les aléas de l'amour, normalement vivifié par les hiérarchies familiales. Le pouvoir médical a déjà obtenu le consensus populaire pour le préservatif

---

https://www.egaliteetreconciliation.fr/Pourquoi-tant-de-haine-25-Fake-news-confinement-crise-economique-Soral-et-Jovanovic-repondent-59929.html

[6] On y voit chaque jour plus clair, voir le dossier de Robert Bibeau : https://www.agoravox.fr/tribune-libre/article/le-monde-d-apres-la-supercherie-de-225988

à tout bout de champ, la gestion des naissances par les structures hospitalières, avec ses contraintes (les accouchements sont planifiés) et corollaires, contraception généralisée, avortement préconisé et encouragé. Si les nazis étaient champions dans leurs projets de rationalisation de la reproduction au profit de la race allemande seule, on a fait mieux depuis. Désormais c'est le modèle israélien qui est vanté partout, à un détail près : on ne l'avoue pas, car la répugnance populaire risquerait de prendre le pas sur la publicité lénifiante.[7]

Il faut le répéter, parce qu'on nous le cache : Israël est à l'origine des manipulations de la reproduction humaine, et l'on veut que la France s'aligne sur le modèle israélien, dans le domaine de la biotechnologie, et dans le domaine juridique. C'est la biotechnologie de pointe d'Israël et ses annexes aux USA, en France et ailleurs, qui ont développé les techniques de reproduction artificielle adaptées à l'être humain pour régler son problème existentiel vital[8] : les Israéliens, et probablement les juifs en général, se reproduisent presqu'aussi peu que les Japonais, encore plus en dessous du seuil de remplacement des générations que les autres (comme ils disent) pays européens. Mais pour les Japonais, il y a une explication propre : ils sont toujours tentés par le suicide héroïque, éventuellement collectif, comme réponse muette à Hiroshima, Nagasaki et Fukushima, si les robots *made in Japan* ne suffisent pas à les sauver. Malgré, ou à cause, de leur radicalité, dans ces deux pays, Israël et le Japon, qui se veulent les viviers des technologies de pointe, la stérilité progresse comme dans tout pays amputé de toute fidélité à sa tradition religieuse.

Le remède, et l'objectif national, en Israël, c'est la fabrication artificielle en masse de petits juifs dans le monde entier. D'ailleurs, désormais la GPA est officiellement garantie

---

[7] Voir : https://plumenclume.org/blog/345-comment-fabriquer-des-juifs

[8] Voir https://plumenclume.org/blog/139-le-business-israelien-de-la-grossesse-pour-argent-GPA

légale pour les couples LGBT, depuis février 2020, et depuis juillet 2020, l'adoption aussi.

Et ça marche de mieux en mieux, la traite des nourrissons ; on le vérifie à l'occasion des scandales qui se renouvellent : si les usines à bébés en Inde (désormais interdites aux étrangers et aux homosexuels) ont été délocalisées dans les pays avoisinants, on a vu les avions israéliens rapatriant des lots de bébés achetés par des homosexuels lors du tremblement de terre au Népal, des lots de nouveaux nés stockés en Ukraine pour cause de confinement, en grande partie commandés par des gays israéliens, des trafiquants poursuivis en Russie par la découverte de milliers de nourrissons illégalement fabriqués et stockés de même, etc.

Les agences israéliennes déclarées comme telles, offrent aux clients juifs des tarifs défiant toute concurrence pour des services haut de gamme, selon les standards US, et les généalogistes peuvent vous trouver des cellules sexuelles garanties pur-sang juif dans le monde entier, grâce au repérage par les algorithmes de Gilad Japhet et de sa société MyHeritage, en train de bâtir le traçage généalogique de toute l'humanité.[9] Cela se fait dans la discrétion, la publicité est réservée aux juifs, mais ça marche, c'est le boum et le commerce triangulaire du siècle, et il est strictement raciste et eugéniste.

Cela n'empêche pas que, en toute bonne compassion pour le genre humain, les agences de recrutement du monde entier, sur le modèle israélien, se décarcassent pour acheter et vendre des cellules, des embryons ou des nouveaux nés au tout venant. Si les clients non juifs n'exigent pas le haut de gamme (yeux bleus censés garantir un QI supersonique, en plus de toutes les autres performances convoitées), c'est leur problème, on peut aussi leur vendre du bas de gamme à des tarifs "low cost", l'antiracisme et le pluralisme démocratique sont saufs.[10]

---

[9] Voir https://fr.wikipedia.org/wiki/MyHeritage

[10] Doron Mamet, le génie du business de la GPA, classé au même niveau de réussite professionnelle qu'Oprah Winter ou Mark Zuckerberg, vient de fêter

En 2016, notre groupe de chercheurs publiait *Marchandiser la vie humaine*, éd. Le Retour aux sources ; c'était le premier ouvrage (et encore le seul ?) à traiter de la GPA en faisant le rapprochement avec les techniques de la déportation et de l'esclavage industriel, du trafic d'organes, du terrorisme vaccinal en Afrique et dans chaque pays pauvre. Il y a tout un réseau de crimes connexes à découvrir, sans se borner à la question du sacrifice de la santé des "ventres sur pattes", dites poliment mères porteuses, qui n'intéresse pas le personnel pseudo-médical de ce business. En 2016, on avait peur de parler de marchandisation, dans les manifs contre le mariage gay et tout ce qui s'en suivait, parce que ça faisait antisémite. Jean-Frédéric Poisson, président du parti démocrate-chrétien depuis 2013, s'était fait tirer les oreilles pour s'être risqué sur ce terrain. Aujourd'hui, les évêques, avec Mgr Aupetit, médecin de formation, et bien d'autres personnalités catholiques dans le monde entier, y vont franchement, et n'ont plus peur de dire qu'il s'agit bien, avec la "mise à jour" de la loi de bioéthique, de marchandages autour de la marchandisation des femmes et des enfants, et qu'il faut regarder cela en face. La liberté individuelle et l'instinct maternel frustré chez les homosexuels et homosexuelles ne sont plus l'enjeu sentimental et sociétal, les masques sont tombés.

Mais il faut aller plus loin : la mollesse de nos députés pour s'opposer à la PMA en vente libre prouve qu'ils ne croient pas qu'on puisse résister à la mondialisation du commerce des humains, femmes, enfants ou pièces détachées. Car la légalisation du nouveau marché crapuleux, dans un cadre supposé éthique, ne suffit pas au projet malthusien de nos maîtres ; n'oublions pas que les guerres, les massacres de civils, les famines aussi servent le projet malthusien des Bill Gates, OMS et autre George Soros. Outre les perturbations endocriniennes et l'individualisme exacerbé qui convergent pour réduire notre fécondité, on constate l'accroissement vertigineux

---

officiellement son millième bébé artificiel. Mais on en est plus probablement au million, toutes agences confondues.
https://www.facebook.com/tammuzinternational

de l'autisme et des malformations congénitales, moins visible parce que les mères peuvent avorter dès que c'est diagnostiqué, dans nos sociétés riches ; et accroissement scandaleux des naissances d'enfants malformés sous d'autres cieux, rendus génétiquement affaiblis par les émanations hautement toxiques des bombardements et des irradiations que leur infligent les Occidentaux.

À brève échéance, ceux qui en auront les moyens, pourront choisir d'avoir des enfants par des moyens artificiels, censés offrir des garanties, non seulement raciales, comme on sélectionne les lignées exceptionnelles chez les animaux, mais aussi en pronostic de santé, voire des enfants "génétiquement modifiés", comme on le verra dans les pages qui suivent ; dans une deuxième étape, dès que cela sera faisable politiquement, les autres, les sauvages, les contaminés, les irradiés, les porteurs de mauvais gènes, se verront logiquement empêchés ou interdits de reproduction, soit par des techniques médicales plus ou moins douces, soit par d'autres moyens. De fait, depuis la vaste opération de normalisation des populations du monde entier dite pandémie due au Covid 19, partout, désormais, on a la combinaison entre injonctions médicales, par des autorités sanitaires mondiales, propagande massive, et répression systématique des savants, des politiques et des religieux qui résistent.

Or, si nos pays civilisés ont tout d'abord embrayé sans douleur apparente dans la logique d'une guerre contre un petit virus de type grippal, parce que le nouveau totalitarisme se dit indispensable eu égard à son essence sanitaire, le reste du monde ne se laisse pas faire. Oui, civilisé est le terme qui convient, puisque nous nous reconnaissons en lui, mais c'est devenu un simple synonyme de domestiqué[11].

Les autres, les peuples chez qui le Covid ne fait pas plus de ravages que ça, soit qu'ils aient des remèdes traditionnels

---

[11] Voir : https://www.salaireavie.fr/post/que-peut-on-espérer-d-une-humanité-domestiquée

efficaces dans leur pharmacopée locale, soit qu'ils soient moralement immunisés contre les paniques et les chichis des riches, ce sont les barbares. Contre toute attente, ils se défendent mieux que nous, non seulement du Covid, mais aussi de la trouille, en bafouant tranquillement les préceptes "préventifs" dont on veut faire la nouvelle religion universelle. Et ce sont les mêmes qui tiennent à leurs familles aux racines vigoureuses, et aux rejetons naturels, qui viennent au monde "à la grâce de Dieu". Ils ne prétendent pas détenir les clés de leur destin, parce que la "science" n'est pas leur divinité fétiche, ils ne savent pas s'ils vont mourir avant les autres, mais ils gardent leur calme et leur joie de vivre, et leur amour... de l'amour.

Du point de vue de nos maîtres, ils appartiennent à des espèces sauvages, et à ce titre, dès qu'ils ne sont plus parqués dans des réserves, et piqués régulièrement "pour leur bien", ce sont des nuisibles qui prolifèrent. Depuis les temps du grand élan colonialiste européen, la vision des indigènes à éduquer, à décimer (c'est ça, le malthusianisme), et à rééduquer n'a pas changé.

Conclusion, si vous n'avez pas envie qu'on vous rogne chaque jour un peu plus les dents et les ailes, pas envie d'être chaque jour un peu plus castrés par la biotechnologie ou la "science" en général, il est bon d'adopter les recettes des sauvages. Par exemple, embrasser les gens qu'on aime bien. Cela peut déboucher sur un rebond de la natalité, avec des enfants qu'on aimera parce que leur papa, ce n'est pas "le docteur" et/ou une « épouvantaille » à demeure, leur papa ce sera un vrai papa qui n'a pas peur, et leur maman, ce ne sera pas une irresponsable prête à cracher sur leur papa et à faire le malheur de leurs gosses dès qu'elles auront "rencontré quelqu'un".

En temps de répression covidienne, il peut être dangereux d'embrasser à bouche que veux-tu les gens qu'on aime, la police est là pour dresser des contraventions rentables. On nous a, dans la même logique, interdit de nous retrouver, pendant trois mois, pour enterrer nos morts. Pour aller au cimetière, ou faire des cérémonies d'obsèques dans les églises, il fallait déjouer les interdits, et feinter les vigilants. Et combien de vieux parents se sont laissé "glisser" dans leurs maisons de retraite, dégoûtés de voir leurs enfants obligés de les abandonner dans la solitude. Ils ont arrêté de se nourrir, et ont servi à grossir les statistiques des morts du Covid, alors que bien souvent ils n'étaient même pas malades, les témoignages des équipes d'accompagnement des familles en deuil sont formels.[12]

Il y a eu des gens insultés voire poursuivis pour "mise en danger de la vie d'autrui", parce que dans une église restée ouverte à la prière, conformément aux circulaires des évêques qui avaient négocié ça avec les "autorités compétentes", le premier dimanche du déconfinement, ils n'avaient pas empêché les foules d'entrer en grande houle admirer les belles statues des saints ou mettre un cierge à la sainte Vierge en remerciement pour la fin de l'enfermement ; le 10 mai, ce jour historique de la libération, les gens se sont précipités en masse dans les rues, dans chaque ville, chaque village, et ont sauté sur les églises ouvertes avec un sentiment festif de transgression, oui, parce qu'ils voient toujours les églises fermées : c'était beau, et les gens étaient respectueux, des autres et du mobilier. Ils se sont sûrement bien embrassés, à la sortie, dans chaque couple, en se sentant bénis par leur incursion sauvage dans des lieux sacrés.

Nos députés semblent baisser les bras, face aux offensives du lobby LGBTQX. Déjà, les agences "de fertilité" annoncent fièrement que 40% de leurs clients sont des couples homosexuels. Si une partie des féministes reste mobilisée contre la GPA, la plupart ne remettent pas en question la PMA pour toutes, bien au contraire, et cette violation de toute logique leur confère le statut de complices actives de la marchandisation - en passe de devenir obligatoire - de la reproduction humaine. Et les marchands de bébés à naître ne semblent pas troublés par les procès ou les campagnes d'indignation religieuse contre leur

---

[12] Nos députés devraient faire voter une loi interdisant d'empêcher les vieux et les malades hospitalisés de recevoir la visite d'un proche au moins ou d'un aumônier de leur choix, avec les mêmes mesures de protection que le personnel de santé, en cas de catastrophe naturelle, sanitaire, ou de guerre. Il faut se battre pour assurer la fraternité avec les plus faibles. Et la dictature sanitaire n'a pas à mettre son nez là-dedans.

business. C'est normal, car en effet, ils ont un argument irréfutable : une fois les enfants artificiels sur terre, chaque famille, chaque pays, chaque société leur fera une place d'enfants "normaux", qu'ils soient aimés ou tristement exploités ; en tout cas, on oubliera leurs origines troubles. À leur tour, on suppose qu'ils auront des enfants de race supérieure, probablement par de nouveaux miracles technologiques, et une page sera tournée.

Ne l'oublions pas, pour avoir un troupeau docile, il faut très peu de mâles reproducteurs, seulement ceux qui ont un pedigree remarquable, il faut l'insémination artificielle généralisée, la castration des mâles dès l'enfance, et que jamais, sous aucun prétexte, les bêtes ne s'accouplent librement, parce qu'alors le troupeau devient ingérable, n'obéissant plus qu'aux mâles entiers et intrépides, si bien qu'il faut les abattre, comme n'importe quels rebelles. Il est temps que les hommes s'aperçoivent qu'ils sont menacés en tant que géniteurs, en tant qu'incarnation de l'idéal du père, en tant que pères de familles dignes de ce nom, et qu'ils réagissent en tant que tels. Autrefois, c'étaient généralement les hommes qui poussaient leurs objets sexuels à l'avortement, quand ils n'avaient pas envie de porter la responsabilité des enfants de l'amour et du hasard. Mais maintenant, le sacrifice des premiers conçus, l'entrée dans la maturité sexuelle par un avortement, devenu horriblement courant, c'est l'un des signes les plus forts du "suicide français", pratiqué et validé par les femmes. Les anthropologues disent que la légende du sacrifice d'Abraham correspondait à une époque de basculement, depuis la loi de la jungle où les lions vainqueurs de leurs rivaux tuent les premiers nés de leur lionne, vers la loi religieuse, qui interdit ce genre de crimes. C'est cela que maintenant on revendique comme un droit fondamental, non plus des mâles, mais des femmes, sinistre progrès.

Dans le domaine du progrès, on a l'industrie de l'avortement et l'euthanasie ; dans les deux cas, il y a des filières de recyclage des "déchets", c'est-à-dire d'organes fraîchement prélevés sur des cadavres, et mieux encore, sur des vivants que l'on condamne à mort pour les besoins de l'industrie. Le scandale de la maison mère du Planning familial aux États-Unis, Planned Parenthood, vendant en pièces détachées les enfants avortés, démasqué par un militant catholique héroïque, lui vaut maintenant d'être poursuivi en justice. Mais il a réussi à faire basculer l'opinion mondiale, et a permis au gouvernement américain de prendre des mesures sévères contre les trafiquants de chair prénatale. L'euthanasie et le suicide assisté, dans les pays où ce sont des pratiques légales, donnent déjà lieu ponctuellement à des coordinations efficaces : du corps tout juste mort dans des conditions médicalisées au dépeçage immédiat pour le réemploi de ses organes, du "donneur" au "receveur". Du four dans l'assiette, c'est du local, du tout frais, 100% bio, le nec plus ultra ! C'est tout à fait comparable au destin des meilleurs animaux de boucherie : gâtés de leur vivant, ils sont délectables et rentables tout de suite après. Mais le retour sur investissement est bien supérieur : les revendeurs de pièces détachées d'humains n'investissent pas un centime dans l'élevage de leurs proies ; celles-ci sont obligées par la loi (votée sous la présidence de Sarkozy) à donner leur substance pour rien, quand le contexte technologique s'y prête (principalement en cas d'accident, mais pas seulement). Sous d'autres climats, là où il y a des guerres, on fait des prisonniers ou des cadavres pour le prélèvement d'organes ; nul don naïf dans l'affaire, ni prétention à la générosité dans la réattribution des organes vitaux par les pilleurs de cadavres : les prix, au marché noir, ne cessent d'augmenter, comme la demande dans les pays qui ont de bonnes structures hospitalières. On est tout près du cannibalisme, que d'aucuns recommandent, d'ailleurs, pour réduire les émissions de CO^2 (dont l'élevage industriel est gros producteur).

Pour développer le marché des nouveaux nés, il est indispensable de réduire la reproduction naturelle, on l'aura compris. Pour les gens riches et les peuples occidentaux, ils se laissent pour l'instant stériliser en masse et en douceur, anesthésiés par l'addiction à un mode de vie confortable. Ailleurs, une fois que l'on aura la GPA en vente libre, et la vaccination[13] obligatoire pour tous, on pourra enfin, au moyen

---

[13] Les vaccins sont à plus d'un titre liés à la politique dite des "droits reproductifs". Dans les 11 vaccins obligatoires en France sur les nourrissons , il y en a deux contre des maladies sexuellement transmissibles ; accumulation

des nouveaux vaccins ARN bien dosés pour stériliser ou affaiblir les populations indésirables, réduire la population mondiale, et calmer, peut-être "avec leur consentement" les déplorables, les sauvages, les nègres, les fanatiques, les pauvres types, les ploucs, les beaufs, les surnuméraires. Du moins c'est ce qu'espèrent les équarrisseurs planétaires.

Le confinement de l'incroyable printemps 2020 a rendu l'air plus respirable, a ramené le silence en ville, la lenteur et la paresse ont reconquis du terrain, les couples ont beaucoup fait l'amour, n'ayant rien d'autre à faire. Ceux qui avaient assez d'espace ont apprécié cette pause inimaginable encore en 2019, et les riches rêvent encore de garder les libertés de l'aviation et du tourisme pour eux seuls, et les rues du monde entier débarrassées des loqueteux, des maigres, des obèses, des superflus. Pour les mêmes, la réduction mondiale de la population est vitale, répètent-ils avec un cynisme désarmant, selon les programmes des maîtres du monde et du discours mensonger ; si certains avaient escompté à tort que le virus ferait des millions de morts parmi les damnés de la terre, comme on nous l'avait annoncé, aucun doute qu'ils continuent et continueront à chercher le moyen "hygiénique" d'en faire plus, des masses de morts, en catimini, sans se faire prendre.

Où est le remède, si l'on préfère en rester à la morale naturelle, et aux recettes de la nature pour notre reproduction ? Ne pas gober le baratin publicitaire, refuser d'entrer dans les raisonnements fallacieux de la propagande, faire des gosses naturellement, quand on est jeune, quand ils arrivent, dans le cadre le plus stable possible.

On veut nous obliger à développer la reproduction artificielle, indispensable dans la logique du marché : pratiquons

---

et adjuvants contribuent à la stérilité. Enfin, leur élaboration requiert parfois des "tissus" qu'on ne peut obtenir que par l'avortement. Voir : vaccins à base de fœtus recoupés et cultivés ; le dossier des vaccins est si lourd et accablant qu'on ne peut que l'illustrer de-ci de-là par d'inquiétantes anecdotes : https://www.youtube.com/watch?v=PJjZVLsUThc

massivement la fornication naturelle, favorisons le miracle de l'amour innocent, de la conception puis de la naissance, le sens profond des fêtes de Noël, dans chaque famille, tous les ans.

Si c'est compliqué, d'avoir des enfants et des familles nombreuses, parce qu'on "n'a pas les moyens", que la famille prenne sa part des responsabilités et des contraintes, et aide les jeunes parents, en se rapprochant, en se consolidant. Et la PMA pour toutes, comme la GPA pour tous, restera un truc pour presque personne, et les enfants artificiels remettront les cervelles de leurs commanditaires névrosés à l'endroit : ce n'est pas au cul de mener la danse, ni au fric de mener le monde, mais au bon sens, à la fidélité, à la loyauté comme principe de vie, et à la morale naturelle. Après le sale tour qu'on nous a joué, avec incarcération générale par surprise puis bientôt la ruine pour tous, bien des jeunes peuvent enfin capter ce mot d'ordre de résistance, qu'ils n'auraient pas compris avant, parce qu'ils se croyaient libres et protégés à jamais.

Maria Poumier, le 8 septembre 2020

PREMIÈRE PARTIE :

LA PROCRÉATION REVISITÉE

L a question de notre reproduction, quand celle-ci ne va pas de soi, devient vite une hantise. À notre époque, un couple sur six, en France, n'arrive pas à avoir d'enfant sans intervention de la technologie médicale. L'essor prodigieux de la biotechnologie donne lieu à un marché mondial des femmes fécondes, des cellules sexuelles masculines et féminines, des embryons humains, des fœtus et des enfants ; et des lobbyistes s'emploient à faire céder les gouvernements, les législations, les tribunaux, pour que règne dans ce domaine la pure loi du marché. Des « idées » neuves, inimaginables il y a trente ans, nous sont imposées par les médias ; nous percevons bien qu'elles condamnent des millénaires de fonds commun en matière d'éthique, mais nous aimerions concilier notre morale avec les progrès de la science. Et ceux qui rêvent de revenir aux anciennes oppositions simples, entre le bien et le mal, le salutaire et l'interdit, sont à court d'arguments, parce que nous n'avons aucune raison, a priori, de rejeter ce qui rentre dans le cadre de l'extension des libertés pour tous. L'engendrement et l'enfantement émiettés entre plusieurs personnes qui pourraient ne jamais se rencontrer, ce qu'on appelle « gestation pour autrui » ou GPA, est une facette de ces nouvelles possibilités vertigineuses. On ne peut en saisir les enjeux que parmi d'autres inventions modernes qui concernent la vérité intime commune au genre humain tout entier. On tentera ici de dessiner le réseau mal connu dans lequel ces expériences inédites s'insèrent, pour choisir, en notre âme et conscience, le chemin que nous allons offrir aux prochaines générations.

Il y a un fil d'Ariane, pour échapper à l'angoisse du labyrinthe qui nous semble parfois s'entortiller autour de nous.

Le fil d'Ariane, c'est la pensée avec le cœur, la pensée à partir du ressenti le plus intime et le plus profond qui lui-même se sait écho d'autre chose, de quelque chose qui est à tous, et nous dépasse tous. C'est le fil conducteur qui relie les générations ensemble, les morts et les vivants, les hommes et les femmes. Ne lâchons pas ce fil ténu et exigeant !

Introduction : l'état de la réflexion

L a discutable initiative du gouvernement en 2013, et particulièrement de Christiane Taubira, de mettre sur le tapis la question du mariage homosexuel, a eu un effet boomerang. Alors que des lois autorisant la chose étaient passées sans faire trop de vagues dans plusieurs pays dits développés, les Français ont eu un réflexe de survie, ils se sont jetés dans la rue, avec poussettes et slogans patauds, avec une « Frigide Barjot » comme égérie quelque peu comique mais vive expression de notre désarroi, tous ensemble dans une saine panique créative. Et d'après les tenants du « changement de civilisation » eux-mêmes, un front du refus s'est constitué, parmi les gens autorisés, soit par leurs compétences scientifiques, soit par leur autorité médiatiquement reconnue. Nous mentionnerons ici les travaux les plus intéressants et les personnalités les plus entendues. Sylviane Agacinski, philosophe, a solidement ébranlé le camp socialiste avec son excellent livre *Le corps en miettes*, et chacun reprend son argumentation contre la marchandisation des femmes et des enfants. Nous ne mentionnerons pas les chantres de toutes les expériences fascinantes qui pourraient contrevenir à la dignité humaine ; personne n'accepterait consciemment d'entrer dans la catégorie des savants prostitués, ou des idiots serviles, fonctions pour lesquelles leurs travaux pourraient être publiés, discutés, applaudis. Les médias relaient bien chaque nouvelle avancée de ce qui peut se prévaloir de l'étiquette « avancée scientifique ».

Il est quand même intéressant de signaler ceux qui, arrivés au bout de leur démarche de confiance forcenée en l'expérimentation, se cognent contre un certain mur invisible, et font marche arrière. Ainsi le professeur René Frydman, auteur intellectuel du premier bébé éprouvette, Amandine, qui freine maintenant des deux pieds face à la perspective de la banalisation de la GPA, en tant que « grossesse pour argent ». Evelyne Sullerot, féministe de combat, est devenue un rempart de la paternité traditionnelle, dans ses derniers livres. Jacqueline Mandelbaum, responsable du service de biologie de la reproduction à l'hôpital Tenon, fait la même marche arrière. La psychanalyste Myriam Szejer, comme d'autres, refuse la perturbation colossale du triangle œdipien qu'on nous propose. Avec Jean Pierre Winter, elle avait déjà publié en 2009 *Abandon sur ordonnance* (éd. Bayard). Caroline Eliacheff et René Frydman ensemble ont implanté dans les colonnes du *Monde* l'expression « prostitution utérine » pour nommer correctement l'enfantement sur commande par une femme couveuse. René Frydman et Monique Canto-Sperber avaient écrit ensemble *Naissance et liberté*, en 2008 (éd. Plon).

En fait on peut remonter bien plus loin, dans la prise de conscience des spécialistes. En 1989, Monette Jacquin publiait *Frankesnstein ou les délires de la raison (éd.* Bourin), à partir de l'horizon psychanalytique. Dix ans plus tard, elle publiait un livre plus énervé, *Main basse sur les vivants* (éd. Annick Bianchini) ; voici de quoi il retourne : « Évoquant le symptôme d'une génération née pendant la guerre ou dans l'immédiat après-guerre, Monette Vacquin, psychanalyste, se demande pourquoi des chercheurs, souvent anti-fascistes, ont pu donner au monde les outils de l'eugénisme, au rebours de leurs idéaux. Ce questionnement, rappelle l'auteur, est aussi celui de Jacques Testart :*» La fécondation in vitro, c'est facile, c'est du bricolage, de la tuyauterie, on aurait pu le faire il y a cinquante ans. Pourquoi, alors, est-ce à notre génération que "ça" arrive ? »*

Chaque nouveau livre qui paraît est plus virulent : pur produit du réveil de 2013, avec les provocations de Mme Taubira et du lobby LGBT, un jeune chercheur met la main à la pâte : Alexis Escudéro, avec *La Reproduction artificielle de l'humain* (éd. Le Monde à l'Envers), que nous reprenons abondamment ci-dessous. *Résistance au Meilleur des Mondes*, par Eric Letty et

Guillaume de Premare, est un livre très riche[14], qui opère une nécessaire mise en perspective historique ; nous nous proposons de le compléter, en appuyant « là où ça fait mal », car la lucidité complète est douloureuse, mais indispensable. Nous laissons pour la fin la discussion juridique, où certaines Françaises se distinguent par leur honnêteté et la profondeur de leur conception du droit.

Mais on ne saurait gagner un combat si l'on ignore tous les enjeux parmi lesquels il trouve son sens. La problématique de la GPA est liée à celle de l'avortement, de l'adultère, de l'homosexualité, de l'évolution juridique du mariage, de la fin de vie, du suicide, des greffes d'organes, des diagnostics prénataux et prénuptiaux, de la définition de l'embryon et du fœtus. Il faut élargir considérablement notre horizon pour comprendre où sont nos alliés, et sur quelles forces nous devons nous appuyer pour progresser dans une réflexion saine. Nous partirons donc à la découverte d'un certain nombre de données objectives généralement passées sous silence, ou vigoureusement chassées par l'adversaire de notre champ de conscience, pour proposer des actions et attitudes positives, accessibles à tous.

Et nous rencontrons tout d'abord, sur ce terrain, comme Sylviane Agacinski, le Marx qui vibrait d'indignation, avant d'établir ses modèles économiques et ses schémas historiques qui ont tellement marqué le XX° siècle. Il nous ramène à des outils conceptuels simples et qui dépassent son époque ; il est heureux, alors que le marxisme et les combats ouvriers qui se sont appuyés sur lui sont si généralement oubliés, que la profonde vérité de ses conclusions sur la logique capitaliste revienne inonder nos consciences, par le biais des enfants, alors qu'il était réputé ne s'intéresser qu'à l'industrie et à la finance ; il n'avait probablement pas imaginé qu'on puisse marchandiser la conception elle-même, l'embryon, le fœtus, le nouveau-né. On

---

[14] éd. Pierre Guillaume de Roux, Paris 2015. Voir ma note de lecture détaillée ici : http://forumdesdemocrates.over-blog.com/2015/04/note-de-lecture-sur-resistance-au-meilleur-des-mondes.html

en est maintenant à expérimenter le clonage, les embryons congelés, les grand-mères porteuses, la greffe d'utérus, l'utérus artificiel[15] ; l'imagination n'arrive plus à anticiper, tant la biotechnologie accélère, mais c'est toujours de Marx que nous avons besoin aujourd'hui pour reconstituer les engrenages périlleux. Il décrivait sa propre époque en ces termes :

> "Vint enfin un temps où tout ce que les hommes avaient regardé comme inaliénable devint objet d'échange, de trafic et pouvait s'aliéner. C'est le temps où les choses mêmes qui jusqu'alors étaient communiquées, mais jamais échangées ; données mais jamais vendues ; acquises, mais jamais achetées -vertu, amour, opinion, science, conscience, etc. - où tout enfin passa dans le commerce ... C'est le temps de la corruption générale, de la vénalité universelle, ou, pour parler en termes d'économie politique, le temps où toute chose, morale ou physique, étant devenue valeur vénale, est portée au marché pour être appréciée à sa plus juste valeur."[16]

Ce constat est le cadre dont nous partirons. Et nous tentons d'aller plus loin que les auteurs ci-dessus, dans la dénonciation utile, parce que nous ne sommes plus dans la recherche des arguments, mais des armes pour arrêter l'aventurisme autour du vivant et de l'humain : vaincre ou mourir, voilà l'alternative, comme le dit très justement la combattante Farida Belghoul. Comme on le verra, c'est que nous sommes matériellement, biologiquement, menacés de disparition en tant qu'espèce humaine, par une conjonction d'irresponsabilités diverses. Il est donc temps de faire bloc, indépendamment de nos divergences sur toutes sortes de questions. Nous citerons in extenso des journalistes et des spécialistes qui ont apporté des textes percutants à notre dossier d'actualité, qui tente à sa manière de

---

[15] Voir l'excellent film de Marie Mandy, *L'Utérus artificiel, le ventre de personne,* distribué par Arte.

[16] *Misère de la philosophie*, 1847, bibliothèque de la Pléiade, t 1 p. 12.)

dresser une barricade. Elle est faite de bric et de broc, dans l'urgence, comme toutes les barricades. Mais elle peut faire école. Pour les réflexions de fond, nous avons ajouté en deuxième partie les contributions d'éclaireurs qui se sont déjà distingués dans ce combat, en particulier en participant au film *Le Fruit de nos Entrailles*, documentaire destiné à réveiller les consciences en multipliant les approches.[17] Ils mènent à terme et radicalisent les meilleures études déjà publiées sur le sujet, à partir de leur perspective propre : africaine, marxiste, catholique, juridique, psycho-sociologique. Ces approches ne s'excluent pas les unes les autres, elles sont compatibles entre elles. Dans un combat, on découvre soudain la fraternité, par-delà toutes les catégories clivantes en temps de paix. Nous avons tiré en rafale, sans nous concerter, ce qui donne lieu à quelques redites, mais chaque angle de tir met en lumière des faiblesses différentes chez l'ennemi, et nous sommes sûrs de ne pas nous être trompés de guerre. Puisse ce volume stimuler encore de nouvelles idées pour la résistance.

---

[17] https://www.youtube.com/watch?v=GYiCdGeow-E Le Fruit de nos entrailles : documentaire de Maria Poumier, 60'02 sur le marché de la stérilité, l'industrie de la procréation artificielle, l'abjection de la GPA. Avec Farida Belghoul, Roger Bongos, Lucien Cerise, Dr. Jean-Pierre Dickès, Père Olivier Horovitz, Béatrice Pignède, Sébastien Renault, Claire Séverac.

Acte I - La sournoiserie comme politique de santé

La fertilité en chute libre

16% des couples, en France, font appel à un spécialiste parce qu'ils n'arrivent pas à concevoir d'enfant. Par définition, il s'agit de gens qui ont de nombreuses années de vie sexuelle active, et qui font un constat d'échec qui leur est douloureux. Nous empruntons au chercheur Alexis Escudéro quelques chiffres précis et récents : « En 1992, une équipe de recherche danoise montre que la concentration de sperme humain en spermatozoïdes a diminué de moitié entre 1938 et 1990, passant de 113 à 66 millions par millilitre de sperme. Controversée au début, l'étude est reprise en 1997 par une épidémiologiste américaine qui en confronte les résultats avec d'autres études internationales. Elle confirme : la production de spermatozoïdes est en chute libre en Europe et en Amérique du Nord. » En 2012, nouvelle mesure en France, sur 26 000 hommes, et confirmation de la tendance, avec un nouvel élément peu rassurant : « l'étude montre une réduction significative de 33,4% de la proportion des spermatozoïdes de forme normale sur cette même période. » Et la courbe est exponentielle.

On en est à 6 jeunes hommes sur 10 ayant une qualité de sperme inférieure aux normes de l'OMS en moyenne, en Espagne. On attend avec impatience la courbe et les calculs nous permettant d'affirmer dans combien de temps, étant donné l'accélération récente du phénomène, en quelle année nos enfants, s'ils sont nés avec une constitution normale, cesseront tout à fait d'être fertiles. Pour ce qui est de nos petits-enfants, ne rêvons pas : ce sera la dernière génération des vrais hommes, des hommes capables d'engrosser leurs femmes.

Pour ce qui est des femmes, les mesures se font en termes de fécondité. La pression sociale amène les jeunes femmes modernes à retarder leurs grossesses : 20% des enfants naissent de femmes de plus de 40 ans. Et c'est alors qu'elles découvrent qu'elles ont trop attendu, et que cela ne marche plus automatiquement. En 2013, on estime à 70 000 le nombre de naissances qui ont requis une assistance médicale à la procréation.[18] Mais d'où vient-elle, la stérilité générale, masculine et féminine ?

Empoisonnés consentants

Ce n'est pas un mystère, c'est le résultat de la combinaison de nombreux facteurs qui sont bien connus. Laissons de côté la question des micro-ondes, présentes entre autres dans les téléphones portables, parce qu'elle ne fait pas intervenir l'ingestion, le geste personnel fatidique. Il y a encore bien d'autres polluants diffus tout autour de nous, et c'est leur accumulation, mal connue, qui est fatale. Les publications de qualité se multiplient sur ces questions.[19] L'agriculture et l'élevage industriels nous font avaler des produits toxiques ; d'une part les pesticides dans les produits végétaux, d'autre part des hormones dans les produits animaux. Les pesticides sont destinés à tuer des espèces parasites ; les hormones sont destinées à augmenter la masse musculaire des animaux. L'ensemble de ces produits qui s'additionnent constitue des perturbateurs endocriniens dont les effets immédiats sont bien connus.

---

[18] Alexis Escudéro, *La reproduction artificielle de l'humain*, éd. Le Monde à l'envers, 2014, p.20-21

[19] Voir Claire Séverac, *Complot mondial contre la santé*, 2d. Elie et Mado, 2011.

Nous absorbons une grande quantité d'hormones de synthèse par l'eau et par la viande d'élevage. Ces hormones finissent par infester toute la chaîne alimentaire. Elles proviennent de l'urine des femmes qui prennent la pilule, et d'autres produits pharmaceutiques produits de façon massive par les laboratoires. « Plus de 100 millions de femmes prennent la pilule (sous forme d'associations combinées œstro-progestatives) dans le monde, soit près de 10% de celles en âge de procréer. Près de 80% des femmes ont déjà utilisé la pilule dans les pays industrialisés. C'est désormais un passage initiatique quasi obligé pour les jeunes filles avant de devenir mère et même souvent après ».[20]

Voici la liste plus précise des perturbateurs endocriniens que nous absorbons malgré nous continuellement, dans toutes les sociétés industrielles : pesticides et herbicides, phtalates (plastifiants, qui entrent dans la composition du PCV), bisphénol A (vernis intérieur des boîtes de conserve, tickets de caisse), dioxines et apparentés (PCB, isolants, déchets industriels) en encore éthers de glycol (solvants industriels solubles dans l'eau et les graisses). Comme si cela ne suffisait pas, « la plupart des polluants rétrotoxiques font également partie de ce que les écologues nomment les polluants organiques persistants (POP), résistant aux dégradations biologiques naturelles, ils s'accumulent de la même façon dans les tissus vivants (cerveau, foie, tissu adipeux). Leur quantité s'accroît tout au long de la chaîne alimentaire et ils se transmettent à la descendance par le lait et par les œufs. Grâce à leurs propriétés, ces molécules se déplacent sur des milliers de kilomètres. » Et il y a un effet cumulatif qu'on ne peut pas encore mesurer : « la relation entre la dose de ces substances et l'effet produit n'est pas linéaire, l'effet pouvant être plus fort à faible dose qu'à forte dose…. En outre, ces différentes substances exercent entre elles des effets synergiques et cumulatifs constituant un effet cocktail. Tous ces

---

[20] http://www.amessi.org/Cancer-la-pilule-contraceptive-officiellement-classee-cancerigene#.VMxSny49RpA

éléments conduisent à un nouveau paradigme .... remplaçant désormais l'ancien paradigme de Paracelse basé sur le postulat selon lequel « c'est la dose qui fait le poison ».[21]

Le résultat en est la féminisation du règne animal, même chez les animaux sauvages. Les saumons deviennent androgynes, les tigres ne se reproduisent plus, les alligators ont des micro-pénis, dans les lacs pollués, et on relève des malformations aussi chez les bêtes vivant dans les régions les plus abritées de l'humanité, telles que ours polaires, phoques, cerfs, panthères, ratons-laveurs, rapaces qui, se trouvant tout en haut de la chaîne alimentaire, concentrent en eux les polluants.

Logiquement, les humains, les premiers parmi les prédateurs, sont les plus affectés, puisqu'ils sont tout en haut de la chaîne alimentaire. Les nouvelles générations sont, comme les bêtes d'élevage, plus grandes de taille, mais les hommes naissent à demi-castrés sans le savoir, tandis que les femmes n'arrivent plus à concevoir.

Les malformations de l'appareil génital se multiplient : chez les hommes, les testicules qui ne descendent pas, et de l'autre côté, avec les filles qui naissent sans utérus (syndrome de MRKH). Ces phénomènes sont en expansion.

Les avortements à répétition, les maladies sexuellement transmissibles, la prise durable de contraceptifs, les cancers endommagent les organes reproducteurs féminins, tandis que les drogues et l'alcool altèrent principalement la fertilité masculine.

L'incidence de tout cela sur l'apparition des cancers du sein et des testicules est parfaitement connue. Le cancer des testicules est le premier cancer de l'homme jeune, désormais, en Europe.

On peut s'étonner qu'aucune campagne sanitaire de prévention n'alerte les populations sur ces dangers pour l'avenir de la reproduction humaine, d'autant plus que rien ne permet d'espérer de changement dans ce domaine. Qu'attendent donc les

---

[21] Cité par Alexis Escudéro, *op.cit*, p. 24-25.

pouvoirs publics pour réagir, alors que les études scientifiques précises sont à la disposition de tous, désormais ? « Des scientifiques ont analysé 338 éprouvettes de sperme, entre 2007 et 2012, provenant de 155 hommes âgés de 18 à 55 ans. L'étude montre ainsi que les hommes qui consomment le plus de fruits et légumes chargés en pesticides ont un nombre de spermatozoïdes inférieur de 50% (moins avec 86 millions par éjaculat contre 171 millions) par rapport aux hommes qui en consomment beaucoup. Plus inquiétant encore, seulement un tiers de leurs spermatozoïdes présente un forme normale…»[22]

Les médecins honnêtes devraient nous prévenir que bientôt, nous n'aurons plus besoin de contraceptifs, tout simplement, et que les femmes encore fertiles malgré tout feraient bien de se passer de la pilule chimique, au profit d'autres méthodes. Un dernier phénomène bien inquiétant que les autorités refusent de considérer : comme si une guerre d'extermination classique était en cours, il naît maintenant bien plus de filles que de garçons. Plus une région est polluée, plus ce déséquilibre s'accentue !

Pourquoi nous cache-t-on ces phénomènes graves, alors que l'angoisse des couples qui n'arrivent pas à avoir des enfants s'exprime avec force, et que la dénatalité est non seulement générale mais grave dans bien des pays où le taux de remplacement des générations n'est pas atteint ? La seule explication est la logique des firmes qui commercialisent les produits toxiques ci-dessus, et qui se défendent bec et ongles contre toute réglementation. Nos gouvernements et instances supra-nationales ont déjà fort à faire pour introduire des contrôles de toxicité sur tous les produits qui encadrent la vie moderne, ils se contentent de cela, parce que c'est à ce niveau que la pression de la société civile est forte. Tant qu'ils le peuvent, ils font l'autruche… Jusqu'à quand vont-ils feindre de ne rien savoir, pour ne rien faire, dans le domaine crucial de la vitalité des

---

[22] http://www.metronews.fr/info/fruits-et-legumes-les-pesticides-nuisent-a-la-fertilite-des-hommes/mocE !t5HMAm33T8982/

habitants ? Il faut probablement attendre quelques scandales comme celui du sang contaminé, ou du médiator.

Comment empêcher certaines catégories de se reproduire

Pour ce qui est de l'effet des pesticides en général sur la fertilité masculine, les campagnes d'information n'ont pas encore eu d'effet au niveau des gouvernements, mais la mobilisation commence à porter ses fruits aux États-Unis, et une marche a eu lieu le 23 mai 2015 dans 20 villes européennes, et une cinquantaine de pays, sur l'ensemble des empoisonnements provoqués par hormones et pesticides. [23]

On a déjà des instruments de mesure précis sur les effets de l'épandage de chlordécone sur les plantations de banane en Martinique et en Guadeloupe, un pesticide interdit aux USA en 1976, mais en France seulement en 1990, et aux Antilles, à partir de 1993, parce qu'il y avait des stocks à écouler (seule explication à moins d'admettre que certains voulaient vraiment stériliser les Antillais). C'est le cancérologue Dominique Belpomme qui a donné l'alerte : «La métropole a autorisé le chlordécone dans les îles, durant trois ans, après son interdiction dans l'hexagone en 1990. Mais les responsables locaux ont laissé faire également. Ils n'ont pas empêché l'usage du paraquat, alors qu'ils connaissaient la toxicité de ce désherbant cancérigène. Cette attitude s'explique en raison d'intérêts financiers. De la même manière, seule la France a autorisé l'usage de l'amiante pendant vingt-cinq ans, en dépit de son interdiction dans tous les pays du monde... » [24] Le docteur Belpomme parle de bombe à retardement, dans son rapport à l'Assemblée nationale. Mais qui se soucie de la santé des Antillais, à part les Antillais ?

---

[23] http://www.bastamag.net/Menaces-sur-la-fertilite-masculine

[24] Le Nouvel Observateur, 9 septembre 2007, « la métropole a autorisé l'usage du chlordécone dans les îles », par Philippe Irigaray/

C'est en 2003 seulement que sont apparus les dégâts. Le chlordécone contient des produits cancérigènes et des hormones œstrogènes. Ses effets graves sur les animaux ont été répertoriés. Mais la ministre Roselyne Bachelot a conclu qu'on n'avait pas encore assez de recul. « Un rapport établi en mars 2003 par Eric Godard, ingénieur du génie sanitaire à la Direction incrimine le chlordécone. L'eau est contaminée mais le rapport s'attache surtout à montrer la présence du pesticide dans les aliments. Des patates douces présentent 19 000 fois la dose maximale admise. Les poissons peuvent en contenir près de 4000 fois la dose maximale admise. La Répression des Fraudes de Martinique a détecté plus de 40% de lots de légumes-racines contaminés. La population ayant été exposée à cette contamination pendant plus de trente ans, le rapport de la DSDS estime que « la mesure de l'imprégnation des cobayes humains » serait un bon indicateur du niveau de la pollution générale de l'environnement... Le produit contient des œstrogènes et des facteurs cancérigènes, parfaitement observés dans les expériences sur des animaux. La Martinique a le plus fort taux de cancer de la prostate au monde après les USA. Mais les conclusions officielles déclarent maintenant que c'est un facteur ethnique qui explique cela. S'il en est ainsi, la négligence apparente serait en fait un projet d'extermination ciblée... Il n'est pas exagéré de penser que les agriculteurs en métropole soient aussi victimes de négligences criminelles. On connaît l'incidence des maladies neuro-dégénératives parmi eux. C'est le célèbre Round Up, utilisé massivement dans les cultures OGM, et les plasticiseurs . Il est peu probable que la fertilité des jeunes agriculteurs soit au top, ni même semblable à celle des autres catégories. Ils ne se marient plus, deviennent vieux-garçons...

La stérilisation douce

La stérilisation diffuse, en douceur, se répand, protégée par un épais matelas de silence, produits du consensus et de l'ignorance.

L'avortement, chacun en convient jusqu'à présent, est une triste pratique. Lorsqu'il a été légalisé en 1975, l'objectif était de faire diminuer le nombre des avortements et des accidents mortels qui découlaient de l'illégalité de la chose. Mais on est très loin désormais de cette finalité. Le délit d'incitation à l'avortement a été supprimé par Martine Aubry en 2001. « Cette décision participe d'un courant qui tend à faire de l'avortement non plus une possibilité extrême mais un droit qu'il est de bon ton d'exercer », constatent Les Antigones, jeunes femmes de la bonne société.[25] Le ministre de la « santé » Marisol Touraine entend maintenant fixer aux hôpitaux des objectifs à atteindre en matière d'avortement, comme le fait déjà l'Agence régionale de santé en Ile de France qui demande un avortement pour 4 accouchements effectués. On en est en France pour l'instant à 225 000 avortements par an, et aux USA à un million.

Actuellement, c'est un fœtus sur quatre qui passe à la trappe, les psychiatres ont constamment des névroses profondes à gérer qui découlent de ce que les femmes sont écrasées par le sentiment d'avoir commis des crimes, et que la société ne leur permet même pas d'exprimer leurs regrets, voire leurs remords, encore moins d'expier ce qu'elles ne se pardonnent pas, après coup. Que les gouvernements encouragent sans modération la contraception et l'avortement, qu'on forme les jeunes générations à considérer tout cela comme normal, et même comme un progrès, relève plus que de l'irresponsabilité, du crime contre l'humanité, car ce qui est encouragé, outre le meurtre légal, c'est la maladie mentale, l'éviction de la conscience.

La légalisation de l'avortement et de la contraception se justifiait au départ, comme des moyens d'éviter parmi d'autres maux les infanticides et les abandons d'enfants. Mais la population a si bien pris le pli que désormais ces mesures ne servent plus à la protection des femmes dans la détresse ni des enfants rescapés, mais ont encouragé l'activité sexuelle débridée. Le remboursement de toutes les pratiques contraceptives par la Sécurité sociale, l'augmentation constante des délais légaux pour l'avortement, que les jeunes filles peuvent consommer sans le

---

[25] http://antigones.fr/blog/la-chosification-du-corps-premiere-violence-faite-aux-femmes/

consentement de leurs parents, tout contribue à consolider une conduite sexuelle absurde et dangereuse, où la satisfaction du désir immédiat est la seule règle collective encouragée par les autorités.

Mais la nature se venge, et nous sommes maintenant entrés dans une étape où une nouvelle souffrance inédite est la conséquence directe de notre soumission à toutes les injonctions hédonistes de la société dite de consommation. À force de consommer, et de ne rien voir au-delà du désir de consommer sans entraves, c'est nous qui nous retrouvons objet de consommation, puisque nous voici devenus les proies des marchands de mort.

La pilule qui nous avale

Le processus a commencé dans l'euphorie de l'après-guerre, les années 1950. C'est en 1960 qu'est mise en vente aux USA la pilule contraceptive. En 1967, elle est légalisée en France, et devient d'usage courant chez les jeunes. Au bout de trente ans, les statisticiens ont tous les instruments pour mesurer les effets indésirables des pratiques contraceptives. Effets secondaires est un terme bien hypocrite, car s'il s'agit d'effets différés, ils sont dramatiques et primordiaux. Cela n'a pas empêché les gouvernements d'autoriser la mise sur le marché d'un nouvel outil pour pousser de plus en plus jeunes les femmes à bloquer leurs fonctions reproductives, la pilule du lendemain. À noter qu'il s'agit bel et bien d'une pilule abortive, et non pas d'une prévention de grossesse.[26] On n'a pas encore le recul pour

---

[26] La pilule RU 486 tire son nom des lettres RU, acronyme du laboratoire Roussel-Uclaf qui l'a mise sur le marché, et les trois chiffres 4-8-6 (numéro d'ordre de la synthèse de la molécule). Devant les oppositions religieuses et politiques de la fin des années 1980, le laboratoire Roussel-Uclaf renonce en 1988 à l'AMM (Autorisation de Mise sur le Marché) qu'elle venait d'obtenir pour le RU486. Il fallut l'intervention personnelle du Ministre de la Santé de l'époque, Claude Évin, affirmant que : « Le RU est la propriété morale des femmes », et proposant de le confier à un autre laboratoire, pour que Roussel-

mesurer ses effets indésirables. Mais on peut parier à 100% que cette pratique, qui viole la nature à la racine, dans les tous premiers jours après que les cellules reproductrices mâle et femelle se rencontrent dans l'acte sexuel, va détruire plus encore la capacité reproductive de la femme. D'autant plus que rien n'empêche celle qui la prend de mentir au médecin, et d'en consommer à répétition, de ces pilules de mort, dans l'engrenage du sexe irresponsable, avant d'en constater les conséquences irréversibles, des années plus tard. Maintenant, les fabricants de pilule du surlendemain disputent le marché à ceux du lendemain, et nul ne parle plus de freiner leurs ardeurs...

Nos gouvernements sont achetés par les laboratoires, notre corps médical manque à toutes ses responsabilités en validant des pratiques qui détruisent la santé individuelle, au plan biologique et au plan psychologique, et qui contribuent au dépérissement de populations entières.

D'autres facteurs sur le long terme mènent à la stérilisation collective ; les parents qui se séparent ne font pas des familles nombreuses, et pour cause ; et les enfants de parents séparés, n'ayant pas eu le modèle du couple uni et fonctionnel pour encadrer les enfants, ont déjà du mal à se mettre en couple, puis seront eux aussi tentés de se séparer facilement de leur improbable conjoint ; les conditions matérielles difficiles servant de barrière raisonnable, ils n'imagineront même pas, dans leurs rêves de jeunes adultes, d'avoir plusieurs enfants. Sur trois générations, on peut prédire que le ressort psychologique naturel de la reproduction, la confiance dans l'idée de ménage durable, et la confiance dans l'aventure des enfants à élever, tout cela qui portait les adolescents de jadis à se vouloir sans hésiter adultes et féconds, tout cela aura bien souvent disparu. Déjà dans la langue courante, on dit qu'on « décide » de « faire » un enfant, de le « garder » ou pas. Alors qu'autrefois on « avait » des enfants « Dieu merci », et plus on en avait, plus on interprétait sa

---

Uclaf décide finalement d'assumer et d'exploiter son produit. http://www.institut-baulieu.org/biographie/

fécondité comme une bénédiction de Dieu. La confiance dans la nature et la projection dans le futur se maintiennent dans toutes les sociétés qui restent fidèles à leurs traditions religieuses, quelles qu'elles soient. Pour nos pays qui les pourchassent, on a les statistiques : les couples croyants sont bien plus stables et féconds que les autres. Mais nos gouvernements n'aiment pas les croyants, et la logique de la pilule automatique nous avale, nous fait dévaler dans une cascade d'amputations de notre avenir.

Nos gouvernements aiment-ils notre pays ? Rien ne le prouve ; aucune réflexion à long terme, aucun investissement qui dépasse l'horizon des profits immédiats, de la logique marchande élémentaire.

La stérilité, nous la voyons s'installer en catimini dans les sociétés industrielles, celles qui consomment le plus de nourriture artificielle et d'inventions médicales hasardeuses. N'a-t-on pas vu fleurir sur nos écrans des campagnes publicitaires destinées aux gamines à peine pubères pour un supposé vaccin contre le cancer de l'utérus, lui-même bien souvent favorisé par la prise de la pilule contraceptive ? Depuis quand la médecine a-t-elle pour but de fournir un poison, puis le remède à la maladie suscitée par le poison, puis l'incitation à consommer le poison de plus en plus jeune ? Dès que le « remède » aura été testé par une génération, on découvrira qu'il était lui aussi un poison, et on financera des recherches pour le contrer à son tour... Seul l'empire des lobbys pharmaceutiques explique ce cycle d'absurdités vicieuses.

On voit donc que la stérilité physiologique est inséparable de la stérilité de la réflexion. Notre vie spirituelle s'éteint, et, résultat de cet étiolement vital, de fil en aiguille, d'abandon en négligence, nos organes cessent de remplir leur fonction naturelle. La réduction du champ de la conscience à la sphère économique est synonyme, au final, de dépérissement de l'humanité, en quelques générations. Mais sans attendre, les commerçants, eux, suivent attentivement les progrès de la stérilité, et se frottent les mains.

Vaccins et virus, le bioterrorisme impérialiste

On ne s'étonnera pas d'apprendre qu'il y a des programmes de stérilisation forcée, à destination des pays pauvres, dont les habitants semblent surnuméraires aux pays riches ; ce sont les campagnes de vaccination qui se prêtent à l'inoculation de poisons, en provoquant des fausses-couches, scandale dénoncé par les évêques du Kenya en 2014, après le scandale de la stérilisation des hommes au Mexique en 1994, et aux Philippines celle des femmes, en 1995. Ce sont les vaccins antitétaniques, très répandus, qui sont infestés de poisons.[27] Ce sont généralement les organisations catholiques qui dénoncent ces pratiques macabres.[28] On comprend mieux le tapage fait autour de l'épidémie d'Ébola, destiné à susciter un grand appétit de vaccin, d'un vaccin à l'étude... mais les Africains ne sont pas dupes, le gouvernement du Sierra Leone a fait fermer le laboratoire d'armes biologiques qui à l'évidence répandait la maladie, et l'épidémie s'est résorbée, par la simple application des mesures d'hygiène recommandées pour toutes les épidémies. La terrifiante épidémie annoncée a fait moins de morts que la grippe !

La naïveté n'est plus de mise. Selon certains spécialistes des campagnes médiatiques et de leurs enjeux secrets, l'affaire du virus Ébola relèverait d'une expérimentation à des fins militaires ; mais l'opération a probablement été déjouée par des lanceurs d'alerte ; ainsi l'expert Glenn Thomas et d'autres ont peut-être été sacrifiés, mais des journalistes honnêtes avaient déjà pris le relais et fait connaître leurs conclusions. Voici l'un des textes décisifs qui a bloqué le projet :

« Glenn Thomas, consultant principal à Genève pour l'OMS, un expert du sida et, surtout, expert du virus Ébola, était à bord du Boeing 777 de la Malaysia Airlines abattu à la frontière

---

[27] http://expovaccins.over-blog.com/article-les-7-ingredients-les-plus-repugnants-dans-la-fabrication-des-vaccins-120896752.html

[28] http://www.aleteia.org/fr/international/article/scandale-au-kenya-un-agent-abortif-cache-dans-un-vaccin-5798926842068992

entre l'Ukraine et la Russie. Glenn Thomas était également le coordonnateur des médias pour l'Organisation Mondiale de la Santé (OMS) et il a été impliqué dans les enquêtes qui s'intéressaient à la question des opérations d'essai du virus Ébola dans le laboratoire d'armes biologiques à l'hôpital de Kenema. Maintenant que ce laboratoire a été fermé par décret du gouvernement du Sierra Leone, plus de détails émergent sur les intérêts cachés derrière sa gestion. Bill et Melinda Gates ont des liens avec des laboratoires d'armes biologiques situés à Kenema, l'épicentre de l'épidémie d'Ébola développée à partir de l'hôpital où des essais cliniques étaient menés sur l'homme pour le développement d'un vaccin. Après l'ouverture d'une enquête informelle, il semble que le nom de George Soros, via ses fondations, finance le laboratoire d'armes biologiques. Glenn Thomas était au courant de preuves montrant que le laboratoire avait manipulé un diagnostic positif du virus Ébola [au nom de l'Université de Tulane] pour justifier un traitement médical coercitif sur la population, un vaccin expérimental qui, en fait, a propagé le virus Ébola. Glenn Thomas avait refusé de cautionner cette imposture, contrairement à certains qui travaillent à l'Institut de la Santé et qui sont maintenant conscients que Glenn Thomas a été assassiné.

Les médias officiels n'ont jamais rapporté une seule nouvelle sur la présence du laboratoire d'armes biologiques à Kenema, et encore moins l'ordre donné à l'Université de Tulane d'arrêter les essais impliquant le virus Ébola.

Le milliardaire George Soros, à travers son réseau de fondations "Open Society", a mis en place depuis de nombreuses années "des investissements importants" dans le "triangle de la mort de l'Ébola", c'est à dire au Sierra Leone, au Libéria et en Guinée. Par conséquent, le motif de George Soros pour éliminer le porte-parole de l'OMS, Glenn Thomas, était d'arrêter la propagation des nouvelles par les voies officielles selon lesquelles l'épidémie d'Ébola aurait été orchestrée à une table dans un laboratoire d'armes biologiques.

Une longue série de coïncidences étranges émergent de l'hôpital de Kenema, centre de recherche où a travaillé Cheikh Humar Khan, le médecin-héros qui est décédé le 29 juillet 2014 après avoir été infecté par le virus Ébola. Khan a dirigé le laboratoire où les tests ont été effectués sur la population locale pour trouver de nouveaux cas. Laboratoire qui a un partenariat avec l'Université Tulane à la Nouvelle-Orléans, célèbre pour son expertise sur les maladies tropicales et la recherche sur l'Ébola.

L'hôpital de Kenema collabore également avec l'Institut de recherche médicale de l'US Army, le secteur des forces armées américaines qui est en charge des maladies infectieuses. Selon les déclarations officielles, des expérimentations et tests ont été faits pour le développement de vaccins contre la fièvre jaune et la fièvre de Lassa, pour vacciner les soldats. Selon les populations locales, des essais d'armes biologiques, soit de nouveaux virus créés pour être utilisés en temps de guerre, ont été faits, raison pour laquelle elles ont attaqué le centre de Kenema puisque tous ceux qui sont venus passer un dépistage pour le virus Ébola en sont ressortis malades. Tant et si bien que le Ministère de la Santé du Sierra Leone, le 23 juillet, a fermé le laboratoire et l'hôpital et a transféré les patients au centre de traitement Kailahun et a ordonné à l'Université de Tulane de cesser les tests sur le virus Ébola. Quel test ? Ça n'a pas été précisé. Le Ministère a également ordonné au CDC, le *Center for Disease Control* aux États-Unis, «d'envoyer officiellement les conclusions et recommandations de l'évaluation du laboratoire de Kenema» à propos de ce qui n'est pas clair.

Une étude publiée en juillet par le CDC et signée par Humar Khan, Randall Schoepp, Cynthia Rossi et Joseph Augustin Goba Foire, a signalé que «le virus Ébola qui a infecté le Sierra Leone pourrait être le résultat d'un virus ou d'une variante de la génétique Bundibugyo du virus Ébola». Le 31 juillet, le président de ce petit pays d'Afrique Ernest Bai Koroma a déclaré l'état d'urgence et il a parlé de la recherche du Dr Khan qui demandait si la virulence du virus Ébola avait été obtenue par une mutation génétique. Pourquoi le virus qui cause la fièvre hémorragique en Afrique existe (et tue) depuis des siècles séjourne dans certaines limites ? La directrice générale de l'OMS, Margaret Chan, a commencé en août à se demander s'il existe une mutation du virus Ébola ou une adaptation du virus.[29]

Le citoyen américano-ghanéen Nana Kwame a expliqué comment c'est une série d'effets en chaîne qui était attendue, débouchant sur une implantation militaire US augmentée, au Sierra Leone, premier producteur de diamants au monde, et au-delà, au Libéria et au Nigéria. L'auteur ne croit pas que le but de l'opération ait été la stérilisation de masse. Les fabricants de mort aux rats ont pourtant bien mis au point le procédé... [30]

En tout cas, depuis la publication du texte ci-dessus, on ne parle plus d'Ébola. Comme la grippe H1N1, qui a donné lieu à une campagne de vaccination complètement inutile, et rejetée par les Français, Ébola a disparu, mystérieusement, avant que le moindre vaccin ait pu être administré aux populations. On a annoncé, à très bas bruit, en mars 2015 qu'Ébola ne tue plus, et on n'a recensé officiellement que 10 000 victimes, alors qu'un an plus tôt, on en annonçait des millions. L'affaire Ébola a donc surtout servi à vendre des tenues de martiens aux humanitaires occidentaux ! Preuve s'il en est que la psychose de masse nous est constamment injectée par les agences médiatiques, mais que la santé mentale de gens décidés et courageux peut reprendre le dessus.

Ainsi donc, entre fabriquer un vaccin toxique et propager un virus considéré comme « arme biologique » requise par l'armée US, il n'y a qu'une petite marge, c'est dans les mêmes laboratoires que tout cela est testé et mis au point. Pour ce qui est du SIDA, son évaluation en temps qu'arme officielle a été faite par certains chercheurs officiels américains eux-mêmes : c'est un chercheur noir américain, le Dr Boyd Graves, qui a affirmé, pour avoir travaillé précisément dans le laboratoire incriminé, que le

---

[29] http://conscience-du-peuple.blogspot.fr/2014/08/des-experts-qui-en-savaient-trop-propos.html

[30] http://reseauinternational.net/ebo-lie-limmense-arnaque-pandemie-ouest-africaine-fievre-Ébola/

virus du sida avait été élaboré en tant qu'arme biologique.[31] Et il est indéniable que le sida est utilisé comme arme dans les conflits armés en Afrique, c'est le chercheur Jean-Marie Milleliri, de l'Institut de médecine tropicale, Service de santé des armées (Marseille) qui l'a établi.[32]

Pour Haïti, on a remarqué qu'un vaccin antipolio a été massivement administré alors qu'il n'y avait aucun cas de polio, mais des cas sont bien apparus après la campagne « prophylactique » ; il en a été de même au Liban. Il y a visiblement des pays dont on veut réduire la population par tous les moyens, et, sans les en informer bien sûr, on ne leur administre pas exactement les mêmes produits que dans nos pays occidentaux. Toujours dans le domaine de la polio, en parfaite ignorance des cas ci-dessus, des cas viennent d'être signalés au Mali, à la suite d'une campagne de vaccination « préventive ». Et le seul remède proposé est de … vacciner encore plus.[33]

Margaret Sanger, fondatrice de Planned Parenthood Program, avait fait une conférence en 1926 pour des militants du KuKlux Klan. Pour elle, il était normal de tenter de gérer à la baisse la démographie des noirs, et sa conférence fut bien accueillie.[34] Après la guerre, il n'était plus de mise de se réclamer ouvertement du racisme, mais on peut constater dans les faits que son raisonnement n'a nullement disparu.

[31] http://globalepresse.com/2013/07/23/le-virus-du-sida-a-ete-cree-artificiellement-confirmation-documentee/

[32] http://www.pistes.fr/transcriptases/110_286.htm

[33] http://www.medias-presse.info/mali-un-cas-de-polio-derive-de-souche-vaccinale-plonge-le-pays-en-État-dalerte/38373

[34] http://lesalonbeige.blogs.com/my_weblog/2011/03/le-racisme-de-la-fondatrice-du-planning-familial.html

L'ampleur des recherches officielles ciblant les populations noires a été démasquée en Afrique du Sud, autour du procès du Dr. Wouter Basson, dit « Docteur La Mort » :

« Lorsque les premiers éléments du programme ultra secret sud-africain - le Project Coast - ont percé durant l'été 1998, nul n'imaginait encore l'ampleur qu'avait prise ce véritable bioterrorisme d'État. Anthrax, Ébola, Sida, Choléra, stérilisation de masse, poisons chimiques ethniquement sélectifs, figurent parmi les armes envisagées par les autorités de l'Apartheid contre la population noire. Un projet de guerre bio-chimique à caractère raciste largement soutenu par les puissances occidentales. Mis sur pied en 1985, le programme militaire n'a apparemment pris fin qu'en 1994, sans que toutes les responsabilités soient clairement établies. À ce jour nul ne sait où a disparu cette technologie de mort ni entre quelles mains elle se trouve. Encore moins sait-on qui pourrait en faire usage... Plusieurs auditions de la Commission Vérité et Réconciliation présidée par le prix Nobel Desmond Tutu, révéleront toutefois le nom d'un personnage : celui du docteur Wouter Basson, éminent cardiologue et scientifique, surnommé "Docteur La Mort". On lui prête d'avoir été le cerveau du projet dont l'objectif était l'extermination du peuple noir par le biais d'armes biochimiques extraordinairement sophistiquées.»[35]

Et voici ce que précise le journaliste Tristan Mendès France :

« Des dizaines de millions de francs sont ainsi mis à contribution par le gouvernement de l'apartheid peu avant les années 90, afin de mettre sur pied un laboratoire militaire technologiquement suréquipé dans la banlieue proche de Prétoria à Roodeplaat, Des recherches extrêmement poussées sont alors enclenchées afin de développer une molécule

---

[35] http://www.bibliomonde.com/livre/mort-enquete-sur-bio-terrorisme-etat-en-afrique-du-sud-1403.html Voir aussi » Afrique du sud laboratoire terrorisme et armes biochimiques » : http://www.reseauvoltaire.net/article8655.html

mortelle, sensible à la mélanine qui pigmente la peau des noirs. Autrement dit, une arme d'extermination ethniquement sélective. Le laboratoire militaire du docteur Basson étudie également, échantillons à l'appui, l'éventualité de propager de graves épidémies dans les populations africaines. Un volet du Project Coast s'intéresse aussi au meilleur moyen scientifique de stériliser en masse les femmes noires[36]». Le Dr. Basson, cardiologue, anciennement responsable du programme d'armement chimique et biologique du pays, a été jugé et acquitté. Il exerce toujours, mais les poursuites ont repris, pour crimes contre l'humanité, entre autres. La Suisse est impliquée. En mars 2019, le tribunal de Gauteng a annulé toute poursuite, après étude du dossier par le Haut comité médial de la République Sud-africaine.[37] Espérons qu'il était effectivement innocent.

Le business de l'avortement

Les campagnes pour inciter à l'avortement presque jusqu'à l'accouchement sont directement liées aux « besoins » de l'industrie pharmaceutique. En effet, une bonne partie des fœtus humains avortés sont revendus par des intermédiaires pour la recherche, conduisant à la fabrication de médicaments.

Les chercheurs spécialisés dans les maladies dégénératives savent que les cellules embryonnaires et fœtales sont des « fontaines de jouvence » inépuisables. Il est amusant de constater que les sorcières du temps jadis, en Europe, étaient aussi les avorteuses et celles qui proposaient des « philtres » miraculeux, dont certains étaient de véritables remèdes, et l'ingrédient fœtal en était bien un composant décisif. Autrefois, les avortements étaient considérées comme des infanticides, et

---

[36] Tristan Mendès France, Dr la Mort, enquête sur le bio-terrorisme d'État en Afrique du Sud, éd. Favre, mai 2002.

[37] https://fr.wikipedia.org/wiki/Wouter_Basson

les faiseuses d'anges étaient possibles de poursuites au pénal. Maintenant, l'avortement est vivement encouragé pour les besoins de l'industrie. « L'allongement des délais où l'avortement est autorisé correspond à la logique eugénique du matérialisme évolutionniste en vigueur : plus les cadavres de bébés avortés sont sainement développés, plus viables seront leurs organes en vue d'être variablement disséqués et vendus à la communauté scientifique internationale pour les besoins de la recherche (dont le clonage thérapeutique) », signale Sébastien Renault.

Parfois, dans les pays occidentaux, les femmes sont sollicitées pour payer symboliquement le sacrifice consenti de leur enfant voué à la mort : on leur demande, dans les cliniques, de signer leur accord pour un don des « matières » qui leur seront arrachées, pour la « recherche ». On se garde bien de leur dire que la gratuité ne se retrouve certainement pas au bout de la filière. Un scandale avait éclaté en Corée en 2012, portant sur un trafic de fœtus, et a révélé l'existence de fabrication et de revente de pilules aphrodisiaques avec ces composants, en Chine. Des cheveux, des ongles, des sexes y étaient même reconnaissables, car mal broyés. Partout où l'on découvre un marché noir, une contrebande, c'est le signe qu'un marché légal existe aussi, avec des normes restrictives qui rendent les coûts de fabrication et de commercialisation plus élevés. Les fœtus atterrissent tout à fait légalement dans la cosmétique, dans le Pepsi-cola depuis 2010, en tant qu'aromatisants (gérés par la firme SENOMYX), et dans d'autres produits. Et c'est le contribuable qui finance cette industrie, par ses impôts qui vont « à la recherche médicale ». Aucune objection de conscience n'est donc possible, à moins que... le scandale éclate au niveau de grandes institutions.

C'est ce qui vient de se produire aux USA, où la maison mère historique du Planning Familial français, Planned Parenthood, vient de se faire prendre la main dans le sac ; ses agents dans les cliniques négocient les fœtus avortés en pièces détachées : « Piégée par des militants pro-life en caméra cachée, une responsable du Planned Parenthood détaille la collecte et le trafic auquel se livre l'organisation, accusée de vendre des organes de fœtus avortés pour la recherche. Les Conservateurs américains ont obtenu une enquête, et le président Trump a coupé les vivres à cet organisme en 2017.

PUBLICITÉ

En 2015, toute une série de vidéos[38] agite les milieux 'pro-life' (militants contre l'avortement) américains. Tournées en caméra cachée, les images montrent une responsable du Planning Parenthood Federation of America (PPFA, la maison mère de notre Planning Familial) parler des organes de fœtus avortés que l'association vendrait à des cliniques pour de la recherche médicale.

La vidéo a été publiée par le Center for Medical Progress, un groupe d'activistes contre l'avortement. Deux militants se sont fait passer pour des représentants d'une société biotechnologique et ont filmé en caméra cachée leur rencontre avec Dr Deborah Nucatola, responsable du Planning Familial, en juillet 2014, dans un restaurant californien ».[39]

Et les braves militants de la vie ont mis la main sur le catalogue qui détaille le prix de chaque morceau ![40] Puis c'est le docteur Mary Gatter, qui préside le conseil médical de Planned Parenthood qui négocie, devant une autre caméra, un cœur de

---

[38] http://jre2014.fr/vente-de-foetus

[39] http://www.lefigaro.fr/actualite-france/2015/07/15/01016-20150715ARTFIG00233-vente-d-organes-de-foetus-la-video-qui-embarrasse-le-planning-familial-americain.php

[40] Voir http://stemexpress.com/about/ Aux liens ci-dessous, quelques sélections de foies fœtaux en vente en ligne (« foie gras humain » en grande demande) :
http://stemexpress.com/product-category/fetal-liver/
http://stemexpress.com/shop/fetal-liver-cd133-stemprogenitor-cells-2/

bébé avorté pour 100 dollars.[41] Une troisième vidéo est arrivée, voici le résumé qui en rend compte :

« Le témoignage d'une technicienne de laboratoire, Mme Holly O'Donnell, formée par Stem Express au tri de tissus d'enfants morcelés par avortement. Objectif : préserver les meilleures pièces anatomiques propres à la vente (cerveaux, cœurs, poumons, foies, pancréas, etc.) !

On y voit également l'un des enquêteurs, se présentant comme un acquéreur de produits biologiques humains, se joindre au docteur Savita Ginde pour procéder personnellement à une opération de sélection de reins d'un bébé avorté et de ses tissus cérébraux sur une boîte de Petri (9 min, 41 sec).

Une assistante médicale, amusée, s'écrie alors (9 min, 50 sec) : « Cinq étoiles ! »

Mme Savita Ginde fait savoir qu'elle est intéressée et souhaite maximiser les recettes pour chaque pièce anatomique d'un enfant avorté : « Je pense qu'une approche par objet pièce fonctionne un peu mieux, parce que nous pouvons ainsi mieux mesurer ce qu'on peut en tirer ». L'enquêteur identifie plusieurs parties fœtales qui rapporteraient en effet 200 à 300 dollars pièce à PP.

Holly O'Donnell explique (1 min, 05 sec) : « Je pensais que j'allais simplement prélever du sang, non pas des tissus de fœtus avortés ». Lors de sa première journée de travail en 2012 (7 min, 30 sec), elle se souvient d'avoir assisté au vidage d'une bouteille de sang dans une passoire, dont le contenu fut subséquemment déposé sur une boîte de Petri. La technicienne de laboratoire en charge d'instruire O'Donnell avait commencé à extraire diverses parties de corps de bébés avortés disloqués. Elle lui dit (8 min, 38 sec) : « OK, voici une tête. Voici un bras. Puis une jambe. »

---

[41] http://www.medias-presse.info/ventes-dorganes-de-foetus-nouvelles-revelations/35752

La technicienne en chef lui avait demandé alors si elle pouvait elle-même identifier les parties du corps.

Holly O'Donnell explique encore (8 min, 46 sec) : « [...] j'ai pris les pincettes, car je ne voulais pas perdre ce travail [...] je les ai placées dans le plat [boîte de Petri]. Je me souviens alors d'avoir saisi une jambe et de m'être dit : "c'est une jambe..." Et, au moment de le faire, j'ai ressenti quelque chose comme si la mort et la douleur se propageaient à travers tout mon corps. Et j'ai fini par m'évanouir ». Elle a dû en effet être réanimée.

Une collègue essaye de la rassurer, en disant (9 min, 13 sec) : « Ne t'inquiète pas. Cela arrive encore à nombre d'entre nous. Certaines ne s'en remettent même jamais ».

Holly O'Donnell finit par remarquer que les propriétaires d'entreprises derrière Stem Express (3 min, 29 sec) « étaient tout simplement à la recherche de quelqu'un qui puisse [les aider à] générer autant d'argent, autant d'échantillons [que possible] ».

(7 min, 02 sec) : « Planned Parenthood a besoin d'indemnisations. » [42]

La recherche médicale est donc le dernier de leur souci (ce qui, de toute façon, ne justifierait en rien de telles pratiques infâmes). Plus grande est la récolte en tissus valables (cerveaux, cœurs), plus grande est la rançon que prélèvent ces vautours sur ces charognes humaines.

Dans son témoignage, O'Donnell souligne en effet (5 min, 27 sec) que l'infirmière principale à PP ne s'intéressait qu'au profit généré par les activités de prélèvement à Stem Express (5

---

[42] Une quatrième vidéo montre le Dr Savita Guinde ; la directrice médicale de Planned parenthood dans la région des Rocheuses en action. On l'y voit négocier un accord de vente de parties de corps de bébés avortés *aussi intactes que possible*, tarifier les parties récoltées, et insinuer des moyens d'éviter les conséquences juridiques (tuer sous couvert de « la recherche ») : « Nous ne voulons pas être interpelés brocantant des parties fœtales à travers les États. » (8 min, 16 sec). 11 min, 08 sec : « Et un autre petit garçon, un ! » https://www.youtube.com/watch?v=GWQuZMvcFA8

min, 39) : « Elle voulait s'assurer que tout allait au mieux pour nous, auquel cas tout allait également au mieux pour eux [à PP] ».[43] Il y a eu 14 vidéos au total ...[44] Depuis, les témoignages se sont multipliés, sur le dépeçage d'enfants avortés mais extirpés encore vivants. Les foies et cœurs battants étaient particulièrement appréciés. Avec le scalp, on peut faire des implants capillaires remarquables.

Les mères avortées ne sont pas informées de ce trafic, bien entendu. C'est donc une pratique courante depuis des décennies, chez les médecins du « premier Monde », le plus développé sinon le plus civilisé, en violation du serment d'Hippocrate, qui leur interdit de donner la mort, et des lois en vigueur, qui interdisent de commercialiser les tissus humains. Des procès sont en cours, pour trafic d'organes, disent les médias, espérant calmer le jeu. Mais ils omettent de signaler que ce sont des organes d'enfants dont les mères ont été encouragées à les faire tuer « dans l'œuf » ou peut-être « préventivement », comme on dit pour « justifier » les frappes sur des civils innocents...

C'est certainement dans tous nos pays dits développés que se pratique ce véritable cannibalisme. L'ampleur des profits générés par ces activités peut déjà se mesurer par quelques indices : « Ce trafic rapporte 23 millions de US dollars à Planned Parenthood ; mais aussi des sommes considérables aux intermédiaires en aval comme StemExpress. Cette vidéo présente même une facture sur laquelle on voit écrit : *Fœtal cadaverous specimen procurement*. Les prix varient selon l'âge du fœtus. Sur la quatrième vidéo, on voit la vice-présidente de l'association, le Dr Ginde, négocier les prix. Il faut compter entre 488 et 24.250 US dollars selon les organes : les cerveaux fœtaux de bonne préservation sont les plus onéreux. Ce trafic rapporte 23 millions de dollars par an à Parenthood : le prix du sang. Bien sûr les

---

[43] https://www.youtube.com/watch?v=Xw2xi9mhmuo Compte rendu par Sébastien Renault.

[44] https://www.youtube.com/watch?v=egGUEvY7CEg

dirigeants se servent bien ! En 2007, le salaire annuel du Dr Nucatola (première vidéo) était de 207.000 dollars, soit 190.000 euros. Faire du fric sur la vente de morceaux de cadavres est manifestement payant. »[45]

Dans les années 1970, déjà, il semble que cette logique ait sous-tendu les efforts de certains pour légaliser l'avortement, à contre sens du point de vue traditionnel, celui qui est en accord avec la morale naturelle sur tous les continents, dans toutes les populations, et qui est farouchement défendu par les catholiques. Ainsi, le fondateur du Congrès juif mondial, Edgar Bronfman, était atteint d'une maladie génétique, la maladie de Crohn ou entérite ulcéro-nécrosante qui affecte essentiellement les descendants de Khazars, à cause de la consanguinité des mariages entre juifs depuis des siècles. Bronfman qui avait vivement encouragé la légalisation de l'avortement, l'aurait fait entre autres pour se procurer les remèdes convoités.

Mais la résistance finit par porter des fruits : Aux USA, une loi interdit toute utilisation de fonds publics pour financer l'avortement. Les militants « Pro Vie » remportent des succès indéniables, alors que pour le moment en France, c'est le contraire. En mars 2015, nos députés ont voté une nouvelle loi supprimant le délai de réflexion pour la femme demandant une IVG. En voici un commentaire auquel on ne peut que souscrire : « Les défenseurs de cet amendement, tout en feignant d'ignorer que la loi prévoit déjà un raccourcissement à deux jours du délai en cas d'urgence (c'est-à-dire si les douze semaines légales arrivent à leur terme), assurent qu'il s'agit là d'une nécessité pour éviter que des demandeuses se retrouvent coincées. De même, ils clament que les demandeuses pourront aussi éviter plus facilement de recourir à l'avortement par voie médicamenteuse, une méthode moins lourde, moins contraignante que la voie chirurgicale, mais applicable seulement pendant les premières

---

[45] Jean-Pierre Dickès, « Vente d'organes de fœtus par Planned Parenthood, nouvelles péripéties », http://www.medias-presse.info/vente-dorganes-de-foetus-par-planned-parenthood-nouvelles-peripeties/36127

semaines de grossesse. En août 2020, quelques députés ont tenté de faire passer la légalisation de l'avortement jusqu'à la naissance, pour cause de détresse "psycho-sociale" de la mère.

La banalisation devient tellement effective que le caractère malhonnête des champs lexicaux (les histoires de « droit » et de « liberté » démasquées dès les années 1970 dans *Le Capitalisme de la séduction* de Clouscard) ne parviendra bientôt plus à donner le change : Catherine Courcelle (PS), qui a porté l'amendement sur la suppression du délai de réflexion, en avait proposé un autre qui visait à supprimer la clause de conscience permettant aux médecins de refuser de pratiquer une IVG, en clamant qu'elle faisait doublon avec la clause de conscience du code de Santé publique qui s'applique à n'importe quelle opération chirurgicale : une nouvelle étape qui rendrait l'IVG banal par définition. Elle a dû pour l'instant renoncer à cette disposition. Mais son initiative n'emprunte rien à l'audace ou à la créativité, la députée étant simplement un peu en avance sur la feuille de route : toutes les dispositions récentes en matière d'IVG et celles que nous réserve l'avenir se retrouvent dans un rapport remis par le Haut Conseil à l'égalité entre les femmes et les hommes (HCEFH) à Mme Belkacem, en novembre 2013. On comprend donc que les réticences de Marisol Touraine à l'égard de cet amendement ne sont que du théâtre. La déliquescence libérale-libertaire est avant tout une insidieuse affaire d'étapes.[46] »

Nos gouvernants cherchent à nous soumettre à la férule du capital par la caresse dans le sens de la facilité, on nous « prépare » par des anesthésiants progressifs, à effet retard. Le business de la stérilité nous est caché autant que possible ; son lien avec le business de la fabrication d'enfants, évident, n'a pas encore été suffisamment souligné. En effet, il est masqué par une rhétorique perverse, celle des « droits », censés être universels autant que bénéfiques. Or ce qui est un droit pour ceux qui le vantent, peut parfaitement reposer sur une privation de droit pour

---

[46] http://www.egaliteetreconciliation.fr/Encouragement-de-l-avortement-les-deputes-votent-la-suppression-du-delai-de-reflexion-31802.html

les autres, ceux qu'on ne consulte pas. Et même, un droit peut se retourner contre ceux qui convoitaient en fait un privilège.

La guerre des riches contre les pauvres

L'industrie de l'infertilité est un domaine où la guerre des riches contre les pauvres peut se lire dans les statistiques nationales. Les campagnes pour la réduction des naissances sont menées par l'OMS et ses ramifications au nom des « droits reproductifs » et de la « santé reproductive ». Mais ces concepts sont utilisés uniquement dans la propagande en direction des femmes démunies qui hésitent à multiplier les bouches à nourrir. Ainsi aux USA, les noirs américains, « lesquels sont la cible de choix et, tragiquement, participants de leur propre nettoyage abortif racial —alors qu'ils ne représentent que 12% de la population américaine ; plus de 35% du total des bébés exterminés par avortement en 2014 ont été conçus de parents noirs américains— sous couvert de santé reproductive. "Une moyenne de 1800 enfants noirs à naître sont avortés chaque jour aux États-Unis. Cet eugénisme racial, pratiqué par l'industrie de l'avortement ainsi responsable de la réduction de cette population de 25% en quelque 40 ans, n'est souligné que très sporadiquement, y compris parmi les intellectuels noirs qui s'expriment publiquement », comme l'écrit Sébastien Renault, militant de la lutte contre l'avortement. C'est seulement grâce à l'acharnement des militants anti-avortement qu'on découvre ces chiffres monstrueux. Les organes de « prévention » et de gestion de nos « droits reproductifs » se gardent bien de nous donner les outils nous permettant de choisir vraiment l'avenir que nous voulons. Tout cela ne peut durer que sur la base du secret bien gardé.

En tout cas, nous tenons enfin la réponse à la question qui semblait mystérieuse à Jacques Testart : pourquoi le « bricolage reproductif» se développe-t-il maintenant, et n'avait pas eu de prise autrefois ? Parce que les savants fous savent maintenant désertifier leur terrain de jeu, ce qui n'était pas le cas autrefois. Le nettoyage ethnique global avance tout à fait comme il convient au projet global pour lequel on ne nous consulte jamais, et cela sans violence apparente, du moins aux yeux des riches, qui sont myopes. Mais ce qu'on nous impose en douce, c'est la « nécessité » de stériliser les pauvres, sans poser de questions, en regardant ailleurs. Les vautours savent rester discrets, en attendant leur heure. Ils supposent que le festin est bientôt prêt.

Eugénisme et malthusianisme actualisés

L'eugénisme et le malthusianisme supposent toujours l'élimination en priorité des pauvres qui ont le malheur de vivre sur des gisements fabuleux de richesses convoitées par les pays riches. Et la politique de réduction de la natalité et de la population dans les pays pauvres ne date pas d'hier : elle est à l'œuvre depuis les années 1920, elle est revendiquée par l'UNESCO, l'OMS, toutes les ONG œuvrant dans le domaine des « droits reproductifs ». Dès l'implantation du terme dans la langue des bureaucraties internationales, il n'a été utilisé qu'à sens unique : le droit à empêcher la reproduction des encombrants. Et lorsque les populations ne s'empressent pas de réguler elles-mêmes leurs naissances, alors ce sont les instances gouvernementales (Inde, Chine) ou internationales (OMS, Planned Parenthood etc) qui les y contraignent.

D'ores et déjà, on peut dire que la logique malthusienne a pris le dessus dans nos sociétés, s'est imposée sans débat, nous imprègne, comme allant de soi. L'idée de Malthus (1776-1834), c'est qu'il y a toujours trop de pauvres, de bouches à nourrir, par rapport aux ressources agricoles et énergétiques de la planète, qui sont limitées. Le malthusianisme, qui s'est vulgarisé dans le néo-darwinisme social, exploite cette hypothèse. Or ce qui passait pour un axiome indiscutable dans les années 1960, où l'on s'angoissait devant la surpopulation mondiale à venir, ne s'est pas confirmé, malgré la multiplication par sept de la population mondiale depuis 1900. De vastes classes moyennes se développent dans les pays qu'on croyait durablement submergés de miséreux, l'activité économique s'est accrue d'autant, ainsi que le besoin de travailleurs. Et les ressources alimentaires ont augmenté à proportion. Certes, la proportion des mal-nourris reste scandaleuse, et lorsqu'une communauté se sent menacée dans son existence même, elle réagit en faisant autant d'enfants que possible. C'est un réflexe de survie, qu'on constate chez les

Palestiniens, chez les affamés, chez tous ceux qui, immergés dans un contexte très proche de la nature, obéissent à la même logique que toutes les espèces vivant au milieu de dangers mortels. Mais dès qu'on offre à une femme une ouverture sur un autre horizon que la maternité, elle sait espacer d'elle-même ses grossesses, et le taux de fécondité baisse régulièrement sur toute la terre, maintenant. Rappelons que les sociétés européennes ont choisi de diminuer leur fécondité, au XIX° siècle et jusqu'en 1960, sans avoir recours à la moindre contraception chimique. Et actuellement, 83% des pays ont une natalité insuffisante pour le renouvellement de leur population au niveau d'aujourd'hui.

Si nous cessions d'accaparer la production végétale pour nourrir des bovins, qui coûtent extrêmement cher en ressources de toute nature (eau et pétrole, pour commencer) nous démocratiserions l'alimentation mondiale. C'est la demande des riches en viande qui appauvrit les pays exportateurs au détriment de leur agriculture vivrière. La surpopulation ne guette la planète que dans la mesure où nous ne réduisons pas notre consommation en produits animaux, ce qui d'ailleurs serait aussi bon pour notre propre santé que pour les paysans asphyxiés, sous-alimentés et entassés loin de chez nous.

Mais nous oublions nos responsabilités dans ce domaine, et les réelles possibilités d'offrir plus d'espaces nourriciers à tous les habitants. Nous estimons que les autres devraient se conformer à nos habitudes de nantis, ou ne pas y faire obstacle. Nous restons sur notre lancée en matière de modèle familial réduit à sa plus petite expression, nous voudrions imposer à tous ce modèle comme norme universelle. Or rien ne prouve que cette norme soit tellement exemplaire, et de fait, nous ne percevons pas que les mesures malthusiennes des organismes internationaux nous condamnent aussi, nous les habitants des pays riches.

De fait, depuis 2005, la moitié de l'humanité est incapable d'assurer le renouvellement de ses générations. Les pays les plus menacés par le phénomène sont le Bélarus, le Japon et l'Allemagne, mais ce recul inquiétant de la natalité concerne tous les pays développés. Les castes dominantes, dans chaque société, continuent implicitement d'imposer aux peuples le mot d'ordre énoncé par Vacher de la Pouge, le grand théoricien du racisme scientifique à la française : «déterminisme, inégalité, sélection.» Le pouvoir impose un schéma reproductif unique, qui tirerait sa légitimité de la science. C'est la science qui justifie les obstacles qu'on met à la reproduction des pauvres, les injustices sont rebaptisées inégalités naturelles, ainsi que le tri sélectif entre les humains qui doivent occuper le haut du panier et les autres. Le malheur, c'est que la population de nos pays n'a nullement conscience du carcan idéologique implicite dans lequel nous sommes pris, et se félicite encore de la « qualité de vie » dont elle jouit, qui se mesure exactement aux dimensions de la voiture individuelle : pas plus de deux enfants, on ne saurait pas où les mettre, à moins d'avoir une très grosse voiture... Et l'on ne voit pas plus loin ; au contraire, bien des jeunes rêvent de ne jamais avoir à amputer leur budget pour élever des gosses.

Jadis, les gouvernements promouvaient surtout la réduction des populations considérées comme étrangères ou inférieures. Maintenant, on nous a inculqué un consensus pour l'appliquer à nous-mêmes.

L'eugénisme est toujours complémentaire du malthusianisme. Il s'agit d'améliorer la race. On n'emploie plus le terme de race, en Europe, mais au sens de descendance, son sens premier, il est instinctif que nous cherchions toujours à améliorer notre lignée, quelle qu'elle soit, et ce n'est pas condamnable en soi. Mais si cette logique n'est pas contrebalancée par d'autres facteurs, on aboutit immanquablement au retour du racisme, de la dévaluation des gens qui ne correspondent pas à nos normes idéales. La procréation artificielle aux USA se développe explicitement selon des critères hiérarchiques, les gros QI devant agrémenter des athlètes d'albâtre aux yeux bleus, selon les critères des marchands, qui misent sur la clientèle la plus fortunée. Cela relève de « l'hygiène raciale » dont on ne saurait oublier que le nazisme la célébrait comme une panacée. Cela n'a pas encore donné les générations de surhommes escomptées (les nouvelles maladies se chargeant de terrasser notre vanité), mais a nourri une saine colère chez les gens classés parmi les peuples inférieurs. L'eugénisme est une impasse, il relève d'un délire de toute puissance qui mène ses promoteurs à leur perte.

L'eugénisme, c'est aussi l'adaptation au cheptel humain des techniques d'amélioration de la race dans les élevages. On entretient l'illusion que la science peut éliminer les enfants handicapés de naissance, en les détectant et en les supprimant avant la naissance. D'ores et déjà, la trisomie a presque disparu dans nos sociétés. Mais on ne nous permet pas de faire la corrélation avec les nouveaux handicaps qui apparaissent et gagnent du terrain : maladies génétiques dites rares, mais surtout autisme galopant. La confiance dans l'eugénisme, cela même qu'on reprochait à Hitler d'avoir développé à une échelle industrielle, est de mise, elle est tacitement objet de consentement, parce que dissimulée derrière des slogans ayant force de loi, la loi du bon plaisir. Quand nous disons « c'est mon choix » pour justifier une IVG, ou « c'est leur intérêt », pour contourner le scandale des stérilisations forcées dans les sociétés pauvres, nous croyons être en train de raisonner en toute liberté.

Ce qu'on ne nous dit pas, c'est le profit financier qui est attendu de nos réflexes à très courte vue. Ce ne sont pas les pauvres, ni les inconscientes jeunes filles effarouchées par une maternité étourdie, qui ont à y gagner, pourtant, bien au contraire. On ne leur dit pas quel sera le deuxième acte du drame... quand les femmes découvriront qu'elles ont perdu leur capacité reproductive, ou que leur maigre progéniture souffre de troubles incurables. Une prestigieuse clinique d'assistance marchande à la procréation s'appelle « Eugin ». Toutes les instances du business de la procréatique ont besoin de populations aussi infertiles que possible.

Après la guerre contre l'Allemagne, les USA ont protégé et recyclé les savants qui s'étaient distingués sous le nazisme. La famille Rockefeller a ainsi recruté les biologistes qui développaient les sélections eugénistes et euthanasiaient les déficients en tout genre. Les firmes qui investissent dans la communication, dans la diffusion mondiale de l'idéologie permettant de passer progressivement sous le contrôle d'un Nouvel ordre reproductif sont Soros, Google, la Fondation Rockefeller, la Banque mondiale, l'OMS, l'Alliance mondiale pour les vaccins, l'Agence US pour le développement, Médecins sans frontières, Bill Gates, l'UNICEF etc. Dans certains pays, les objectifs à atteindre sont bien précis : ainsi au Rwanda, les objectifs des organismes de « santé » sont de stériliser un septième des hommes en trois ans. Il va de soi qu'on fait en sorte que la population ne soit pas au courant.

Les premiers signes de réaction collective erratique aux effets catastrophiques du malthusianisme d'État sont déjà visibles, quoique non analysés comme tels. Ainsi, l'ouverture de la procréation artificielle y compris aux homosexuels s'inscrit dans l'angoisse des pays riches affolés de retrouver leur patrimoine génétique en grave recul à l'échelle mondiale. C'est ainsi que la peur des pauvres, malgré les « progrès de la science » ne cesse de stimuler la démence des riches. Au lieu de la prolifération naturelle des « enfants du bon Dieu », nous nous croyons autorisés à bloquer la libre reproduction naturelle ; et nous croyons pouvoir ensuite forcer la main à la nature… Avons-nous vraiment exercé notre liberté en consommant certaines idées « qui vont de soi » parce qu'elles nous arrangent sur le moment ? La société du bon plaisir qui nous semble enviable pourrait bien être une société qui stimule nos caprices les plus irresponsables.

Faut-il conclure qu'il y a des puissances occultes capables de programmer notre stérilisation à nous aussi, arrogants citoyens du monde dit développé ? Ce n'est pas nécessaire. Ce phénomène fait partie des effets boomerang déclenchés par notre ingérence brutale dans tous les processus naturels. En tout cas, une population à la merci des labos et des médias, incapable de se reproduire sans leur tutelle, est une proie idéale pour ceux qui voudraient asservir le genre humain tout entier. On castre bien les animaux domestiques, et aussi, ce qui est plus récent, les plantes, avec les programmes d'aliments à base d'OGM…

Acte II - L'industrie de la procréation

A près le business de la stérilité, celui de la procréation. Comme l'écrit Alexis Escudéro, « la beauté de la chose réside dans le fait qu'il suffit à l'industrie d'attendre que ses propres ravages lui ouvrent de nouveaux marchés. Mutilés de leur capacité à se reproduite, les humains sont contraints, chaque jour un peu plus, de payer pour avoir des enfants. C'est ce qu'on appelle un marché captif. »[47] Et nous sommes les prisonniers d'un même et unique business, celui de l'infertilité engendrant celui de la reproduction artificielle.

Les gestionnaires du bétail humain bénéficient du recul donné par la gestion moderne des élevages. C'est depuis 1940 que se pratique l'insémination artificielle chez les vaches, les truies, les juments, les brebis etc. Elle est maintenant systématique, et c'est l'INRA, organisme d'État, qui est seul habilité à déterminer quels mâles, archi minoritaires, se reproduiront. La castration de tous les autres est indispensable, mais un excellent taureau peut produire jusqu'à 10 000 naissances. « À partir de 2015, la loi contraint les éleveurs de vaches, chèvres et moutons au recours à des reproducteurs mâles certifiés par l'État, pour produire les générations futures. On appelle cela la 'voie mâle'. »[48] Et les éleveurs sont devenus des producteurs-fonctionnaires, comme les agriculteurs en général.

---

[47] Alexis Escudéro, op.cit., p. 42

[48] Alexis Escudéro, op. cit., p. 93.

Pour les humains, le marché du sperme de personnes aux capacités physiques ou intellectuelles exceptionnelles se porte bien.

L'application des méthodes d'élevage aux humains ne pouvait se développer qu'avec l'apparition d'une demande, d'une avidité d'enfants dans le cadre de la stérilité croissante des couples. Le premier grand marché global qui s'est implanté a été celui de l'adoption internationale.

La crise de l'adoption internationale

À partir des années 1980, avec la généralisation de la contraception et de l'avortement légal, les orphelins à adopter en France se sont faits rares. Il ne restait plus que des enfants déjà grands, ou infirmes, ou déjà malades, ceux dont personne ne veut, quand on a le choix. Ce phénomène est identique dans tous les pays industrialisés modernes. C'est alors que se développe l'adoption internationale. Dans certains pays pauvres, l'exportation d'enfants devient une ressource extraordinaire : en Thaïlande, au Guatemala où cela rapporte au pays autant que l'exportation des bananes, principale richesse du pays. [49] De Chine, on exporte les filles, parce que la politique de l'enfant unique fait préférer les garçons, et que les petites filles chinoises sont plus demandées à l'étranger que les garçons. En Roumanie, le gouvernement de Ceausescu refusait d'exporter ses petits orphelins ; après son renversement, en 1989, on découvre des orphelinats où les enfants sont misérables et on lance une grande campagne pour les envoyer à l'étranger ; la Roumanie a arrêté de fournir pour l'adoption internationale en 2001, c'était la fin des orphelinats mouroir et des trafics. Puis la Roumanie entre dans

---

[49] Les dessous d'un trafic, enquête par Hubert Dubois : https://www.youtube.com/watch?v=z-dtx_VOOtM, 57', en français, à partir de trente enfants malgaches, péruviens, guatémaltèques, (l'adoption internationale y est une industrie nationale encouragée, légale, la meilleure d'Amérique) adoptés en Belgique et France, volés à leurs parents. 3500 enfants étaient adoptés par an, au Guatemala.

l'Union européenne et l'Otan, et des pressions américaines insistantes lui font ouvrir à nouveau le marché de l'exportation des enfants pauvres ; signalons, parmi les financeurs, l'Unesco, Canal+.

En Haïti, au Pérou, au Brésil, en Colombie, les enfants voués à la rue sont pléthoriques ... En Afrique, partout où une guerre ou une catastrophe naturelle de grande ampleur sévit, les ONG étrangères moissonnent des enfants « adoptables. » Les parents adoptants sur le marché international sont riches, et vivent dans des pays riches. En 2004, il y avait 23 000 demandes d'adoption par an en France ; 4000 demandes ont été satisfaites en 2003, par adoption à l'étranger, chiffre qui a ensuite doublé. Les tarifs sont hiérarchisés selon la provenance, la race, l'aspect physique... c'est un business florissant. Mais les enfants grandissant, les dégâts commencent à être connus : d'une part, les adoptés veulent massivement retrouver leurs familles d'origine, et n'ont aucunement la gratitude ou la loyauté spontanée des enfants à part entière envers ceux qui les ont élevés ; d'autre part, les gouvernements découvrent les horreurs du trafic d'enfants, qu'ils ne parviennent pas à contrôler : une grande partie des enfants exportés sont des enfants volés à leurs parents, d'immenses réseaux de corruption se sont développés, impliquant médecins, avocats, institutions, police des frontières. On découvre que des enfants soi-disant sauvés de la misère finissent dépecés pour le trafic d'organes, ou vendus pour la prostitution et la pornographie. Les guerres fournissent un terrain de chasse idéal pour les trafiquants.

L'Affaire de l'Arche de Zoé

Pour la France, l'affaire de l'Arche de Zoé a révélé à quel point la guerre au Darfour, région frontalière entre le Tchad et le Soudan aux importantes ressources pétrolières, attirait les trafiquants sous prétexte d'aide humanitaire, et comment les guerres et calamités en général sont mises à profit par des organismes légaux, au milieu d'une confusion propice, et dans le cadre d'une médiatisation sentimentale qui fait écran à la réalité des faits. 103 enfants tchadiens raflés à leur famille par l'association « L'Arche de Zoé » et équipés de faux bandages pour paraître blessés, devaient être emmenés en France, à l'insu des autorités. Les parents tchadiens relayés par les journalistes locaux ont forcé leur gouvernement à mettre le holà à ce qui était de l'enlèvement d'enfants nullement orphelins, et prétendument soudanais. Tandis que Rama Yade, secrétaire aux Droits de l'Homme, s'indignait de l'usurpation d'autorité commise par le responsable de « L'Arche de Zoé » Eric Breteau, le ministre des Affaires étrangères Bernard Kouchner recevait celui-ci, et Nicolas Sarkozy, le président de la République, se précipitait au Tchad pour sauver, non les victimes, mais les voleurs d'enfants.[50] Il obtenait la grâce des six personnes condamnées au Tchad à huit ans de travaux forcés, parce qu'il avait envoyé des forces au secours du président Idriss Deby, menacé par une guérilla rebelle : un simple échange de bons procédés. Mais le président Deby avait publiquement dénoncé une opération de vol d'enfants dans son pays pour faire du trafic d'organes et pour le marché de la pédophilie. Eric Breteau invoquait pour sa défense la tutelle bienveillante de Cécilia Sarkozy. Le scandale n'en a pas moins éclaboussé le propre frère du président, François Sarkozy, membre du comité d'évaluation du laboratoire international Biotech Santé auquel était reliée l'Arche de Zoé. Eric Breteau avait récolté des fonds auprès de familles françaises émues par le supposé drame des réfugiés, pour affréter un avion devant quitter les lieux subrepticement. Il promettait à ces familles l'arrivée de 10 000 enfants qui satisferaient les longues listes de demandes d'adoption ! Toute l'Afrique s'est mobilisée sur un raisonnement simple : autrefois vous rafliez nos parents pour les emmener en esclavage, maintenant vous vous attaquez à nos enfants.[51]

Voici ce qui a été découvert : «L'objet social de l'association l'Arche de Zoé est 'd'intervenir en faveur des

---

[50] France Inter, déclaration de Rama Yade, le 23 février 2015, http://www.franceinter.fr/emission-affaires-sensibles-l-arche-de-zoe-la-derive-humanitaire.

[51] Voir Charles Onana, *Les Voyous de l'Arche de Zoé*, enquête sur un kidnapping, éd. Duboiris, 2008.

enfants victimes du tsunami du 26 décembre 2004, à Banda Aceh (Sumatra, Indonésie) pour leur permettre de retrouver des conditions de vie décentes par des programmes sanitaires, sociaux et éducatifs ; développer, mettre en œuvre et coordonner des programmes de réhabilitation de l'environnement familial et social de ces enfants ; développer tout programme en adéquation avec les besoins des enfants et de leur environnement de manière à favoriser le retour à l'autonomie, de façon plus générale ; mettre en œuvre toute action permettant de venir en aide aux enfants en difficulté, en détresse ou victimes de catastrophes naturelles'. Comme ne le laisse pas deviner cet énoncé humanitaire, l'association est une initiative d'un organisme semi-public français, Paris Biotech Santé. Celui-ci a été fondé conjointement par l'Université Paris-V Descartes, l'INSERM, l'École centrale de Paris, et l'ESSEC, et dispose de tous les agréments officiels nécessaires. Son objet est de soutenir des projets de création d'entreprises dans le domaine du médicament, des dispositifs médicaux et des services aux malades. Paris Biotech Santé gère un immeuble de 3 200 m², dont 2 500 m² de laboratoires, à l'hôpital Cochin. Ces installations ont été inaugurées en grande pompe, [en octobre 2007] par le maire de Paris, Bertrand Delanoë, le président de la région Île-de-France, Jean-Paul Huchon, et le président de l'université Paris-V Descartes, Jean-François Dhainaut.

Il résulte de ce montage que la finalité ultime de l'Arche de Zoé est de tester des programmes sanitaires sur des enfants en difficulté dans le tiers-monde en vue de leur développement commercial.

Les liens organiques de l'Arche de Zoé et de Paris Biotech Santé sont attestés par l'avis de création de l'association publiée au Journal officiel de la République française du 2 juillet 2005. Il précise : Siège social : 23, rue Hallé, 75014 Paris. Courriel : lefebvre.s@parisbiotech.org.

Au demeurant, Stéphanie Dhainaut-Lefèbvre, contact légal de l'Arche de Zoé est aussi la directrice adjointe de Paris Biotech Santé et l'épouse du président de l'université. En outre, l'Arche de Zoé est la déclinaison française de la Zoe's Ark Foundation Inc. (154 A'Becket Street, Melbourne 3000, Victoria, Australie).

Malgré le communiqué de la Fondation assurant n'avoir aucun lien avec l'association homonyme française, tous les responsables français sont membres de l'organisation-mère australienne, y compris Paris Biotech Santé qui figure parmi la liste fiscale en notre possession. »[52]

Les informations ci-dessus n'ont pas été démenties, mais étouffées. Pour leur défense, les inculpés reportaient leurs « erreurs » sur des intermédiaires, des rabatteurs locaux qui savaient leur amener des enfants prétendument orphelins. Mais ils avaient bel et bien utilisé des papiers à en-tête de l'ONU et de Children Rescue.

Après le procès au Tchad, l'affaire de l'Arche de Zoé a été jugée une deuxième fois, en France, puis est venue en appel. L'association avait été condamnée en première instance à 100.000 euros d'amende, et le tribunal avait prononcé la dissolution de l'association. Le procès en appel s'est terminé le 14 février 2014, avec un allègement étonnant des sanctions : deux ans de prison avec sursis pour Eric Breteau et Emilie Lellouch, et c'est tout. Ce n'étaient, paraît-il, que des « bricoleurs de l'humanitaire », et non pas des escrocs.

Les enfants ne provenaient même pas de la région en guerre...

Chaque bombardement dévastant une ville fournit un lot conséquent d'orphelins ou supposés tels, aussitôt pris en main par des mafias ... Le tsunami de 2004, le tremblement de terre en Haïti en 2010 ont été une aubaine pour toutes sortes d'escrocs prétendant faire de l'humanitaire. Les Africains le racontent : derrière chaque bombardement, arrivent des ONG qui raflent tout sur les champs de bataille, morceaux épars, cadavres encore chauds, agonisants bien saignants, enfants perdus hurlants. Des intermédiaires locaux savent prélever prestement le butin recherché, puis c'est le transfert dans les ambulances bien

---

[52] Article du 6 novembre 2007, par Thierry Meyssan, http://www.voltairenet.org/article152777.html .

réfrigérées, bien équipées : un rein, un œil, un cerveau palpitant, c'est tant de cfa, non celui-ci n'est pas assez frais... ah, un nouveau-né, ça c'est encore plus recherché...

C'est véritablement d'un cannibalisme moderne qu'il s'agit. Le grand patron de l'humanitaire en Afrique est à ce jour Bernard Kouchner, régulièrement mis en cause, depuis 2009, et la publication du livre de Pierre Péan *Le monde selon K,* aux éditions Fayard. Il s'est entouré des meilleurs avocats pour justifier le fait de cumuler des fonctions dans l'humanitaire et des activités privées extrêmement rentables, dans le même domaine. Et pour se défendre, son argument principal a été d'accuser ses adversaires d'antisémitisme. Il serait naïf d'imaginer que seuls des criminels portant les stigmates des mafias les plus rejetées par la société font du profit de ce commerce : les mafias sont les intermédiaires discrets, mais le produit fini, c'est le corps médical qui le bricole ; voilà comment des riches du monde entier changent de reins, d'yeux, de foies, de cœurs... et se plaignent de la pénurie des donneurs.

À noter que les trafics d'enfants inavouables nécessitent des transferts hors du pays d'origine, loin des parents et des autorités locales. C'est indispensable pour brouiller les pistes, particulièrement pour ce qui est de la pornographie et de la prostitution enfantine. En Afrique, ces réseaux se sont développés d'abord en Afrique du sud, sous le régime de l'apartheid, avec des gouvernements qui fermaient les yeux sur les abus et les viols concernant la population noire. Particulièrement reconnaissables, ce sont des Libanais ou se disant tels qui tiennent le marché de la prostitution et le réseau des boîtes de nuit dans de nombreux pays d'Afrique, notamment en Côte d'ivoire. Ils sont amenés à exporter beaucoup de femmes, les nuits de Beyrouth étant l'autre pôle où ils exercent.

Poussés par l'opinion publique, les gouvernements les plus touchés par le fléau de la soi-disant adoption internationale, pour des prédateurs, entreprennent de limiter l'hémorragie de leurs citoyens en herbe, et prennent des mesures législatives sévères. Ils sont nombreux à signer la convention de la Haye, qui stipule que les enfants doivent être élevés dans leur pays. Ainsi la Thaïlande, mais aussi la Russie, qui a récemment interdit l'adoption aux ressortissants américains, par suite de scandales touchant des couples homosexuels violant leur « fils ». [53] Un couple d'US gays avait même adopté neuf garçons, dont cinq ont porté plainte.[54]

Bref, le marché de l'adoption internationale est en chute libre : « Alors que 2000 enfants venant de l'étranger avaient été adoptés par des familles françaises en 2011, seulement 1569 l'ont été en 2012, selon les dernières statistiques, qui viennent d'être publiées ministère des affaires étrangères. Les enfants sont venus d'abord de Russie (235), puis d'Éthiopie (220) et de Colombie (159), le continent africain représentant presque la moitié des adoptions (701).»[55]

En 2015, on en est à moins de 1000 enfants étrangers adoptés en France. L'adoption internationale a été un mirage fascinant pour les acquéreurs, et un eldorado pour les marchands. Mais les enfants expriment fort bien par leur comportement leur souffrance niée, les mensonges dont leur arrivée dans la famille d'accueil a été entourée : ils sont ingérables, ils se vengent sur leurs parents adoptifs, ils dénoncent chacun de leurs travers. Ils sont si décevants, si dangereux pour l'équilibre de leurs proches, que désormais on cherche à s'en débarrasser : le marché de l'enfant d'occasion existe bel et bien sur internet.[56] Or, une fois de plus, si le marché existe, c'est qu'il est rentable. Ce sont des agences hors de tout contrôle qui gèrent le « rehoming ». Les moins cotés, les tarés, les méchants, les affreux sont même

---

[53] http://www.parismatch.com/Actu/Faits-divers/Adopte-et-viole-six-annees-en-enfer-521367

[54] http://www.ndf.fr/article-2/22-05-2013/encore-une-affaire-de-pedophilie-censuree-par-les-medias-francais-deux-gays-maries-accuses-de-viols-avec-tortures-par-cinq-des-neuf-garcons-quils-ont-adoptes#.VQF3pvmG9j8

[55] http://www.la-croix.com/Famille/Actualite/L-adoption-internationale-devient-de-plus-en-plus-difficile-_NG_-2013-02-19-912392

[56] http://www.liberation.fr/societe/2014/06/22/etats-unis-cede-enfant-adopte-10-ans-3-500-hors-taxe_1047727

donnés. Les cliniques spécialisées dans les greffes d'organes, les centres d'expérimentation de médicaments à la recherche de cobayes, les patrons du porno se lèchent les babines. Il y a aussi, comme pour les chiens, ceux qu'on abandonne sur le bord de la route, le plus loin possible de la maison, sans rien qui permettre de les ramener à leur « propriétaire » : on en trouve dans les aéroports internationaux, tout petits, incapables d'expliquer d'où ils viennent.

4000 familles américaines sur 58 000 ont rendu un enfant russe adopté, 15 enfants russes adoptés ont été tués à l'étranger depuis les années 1990. [57]

La mine d'or de l'Assistance Médicale à la Procréation

Le nouveau secteur industriel de l'Assistance Médicale à la Procréation pesait, en 2009, plus de 650 millions d'euros au Royaume Uni, plus de trois milliards de dollars aux USA en 2006. Il s'agit de la production d'enfants à partir de l'extraction des matières premières miraculeuses que sont les cellules sexuelles, les gamètes : spermatozoïdes et ovocytes (communément appelés œufs ou ovules). Il s'agit d'abord de récolter et de stocker tout en triant, ce sont des hôpitaux et cliniques qui s'en chargent. L'étape suivante est comparable, concernant les embryons issus de la rencontre forcée, artificielle, de ces quintessences du masculin et du féminin, du paternel et du maternel, ce qu'on appelle la FIV, ou fécondation in vitro. Mais déjà les laboratoires entrent en jeu, avec leur logique propre. Il ne s'agit plus de mettre en route un enfant, il s'agit de se constituer des banques de produits humains vivants, à toutes fins utiles. Une minorité d'entre ces embryons retourne aux structures médicales, qui vont gérer le projet jusqu'à la livraison d'un

---

[57] http://www.lefigaro.fr/international/2010/06/24/01003-20100624ARTFIG00780-etats-unis-le-douloureux-dossier-des-russes-adoptes.php

produit fini, le nouveau-né. Le destin des autres est confus, comme on le verra, les pistes sont brouillées à dessein.

Rien de tout cela ne pourrait exister sans d'énormes investissements dans la recherche, en amont, permettant d'atteindre des niveaux d'artificialité croissants. On est dans le domaine de la high-tech, et chaque prouesse hérite de l'expérience acquise sur les animaux, soit par les tests en laboratoire, soit par des pratiques bien rodées dans les élevages. Si les résultats sont encore très décevants (15% de réussite pour une grossesse avec assistance médicale qui parviendra à son terme), la demande est assez forte pour maintenir des tarifs élevés, et stimuler toujours plus d'expérimentations dans les pays leaders en la matière : USA, Israël, Canada, France, Grande Bretagne, et tous les autres pays se targuant d'être dans la course au progrès technologique.

En France, on annonce en fanfare la fabrication prochaine de spermatozoïdes, à partir de cellules immatures. Au passage, on découvre que les enfants fabriqués en laboratoire sont « plus fragiles » : euphémisme pour cacher ce que les futurs parents ne doivent jamais entrevoir : ce seront des enfants génétiquement affaiblis, puis assaillis par toutes sortes de maladies et de déséquilibres induits : on n'avait jamais vu certaines de ces pathologies congénitales et artificielles tout à la fois ! Les chercheurs sont contents, cela relance la demande de miracles.[58] Voici un exemple de publicité déguisée en information rassurante, assortie d'un rejet de façade, dans Le Figaro : «En France, le parcours de PMA s'interrompt lorsqu'il y a le décès d'un des deux parents», explique le Dr Chneiweiss, qui est aussi président du comité d'éthique de l'Inserm. Ainsi, il n'est pas possible de féconder des ovocytes ou d'implanter des embryons si l'un des deux parents meurt au cours de la procédure. De même, les gamètes n'appartiennent qu'à la personne qui les a congelés. «Il est impossible d'en transmettre la conservation

---

[58] http://reinformation.tv/kallistem-spermatozoides-cellules-testiculaires-immatures/

après sa mort, même dans un testament», rappelle le Dr Lévy-Dutel. En revanche, il est possible de faire un don de son vivant, mais il doit être libre, gratuit et surtout anonyme, contrairement au Royaume-Uni qui a abandonné ce principe en 2005.» Le lien indiqué pour l'Angleterre est comme un clin d'œil à ceux que ça intéresse, le billet pour Londres n'est pas offert, mais presque... !⁵⁹

Mais l'AMP c'est aussi un marché qui engendre des quantités d'activités dérivées : tourisme procréatif, services juridiques, marketing, communication et publicité, sans compter les activités de lobbying auprès des instances gouvernementales. Le premier salon de la chose s'est tenu en 2009, à Londres, avec 80 exposants et 3000 visiteurs. En avril 2013, devait se tenir à Paris une autre foire de ce genre. Les anti-mariage gay sont parvenus à la faire interdire.

Cela avait commencé avec les « bébés éprouvette », les enfants conçus en dehors du ventre de leur mère. Amandine a été la première réussite française, en 1982. Elle vient d'être maman à son tour, en 2013. « Cinq millions de bébés sont nés dans le monde grâce aux techniques de FIV, selon des estimations de la Société européenne de reproduction humaine et d'embryologie. Quelque 350 000 bébés sont désormais conçus chaque année par FIV, ce qui représente 0,3% des 130 millions d'enfants qui naissent dans le monde. La FIV est une fécondation qui se fait à l'extérieur du corps de la femme, en laboratoire, d'où le surnom de "bébés-éprouvette" donné à ces bébés. La britannique Louise Brown, née en 1978 grâce aux travaux du pionnier de la procréation médicalement assistée (PMA) Robert Edwards (décédé en avril 2013), a aussi eu un enfant par "fécondation naturelle" en décembre 2006.»⁶⁰ Très vite, la demande a débordé

---

⁵⁹ http://www.lefigaro.fr/international/2015/06/17/01003-20150617ARTFIG00255-la-justice-refuse-qu-une-anglaise-de-59-ans-porte-l-enfant-de-sa-fille-decedee.php

⁶⁰ http://www.lemonde.fr/sante/article/2013/06/16/amandine-premier-bebe-eprouvette-francais-donne-naissance-a-une-fille_3430992_1651302.html .

les couples stériles, les femmes célibataires ou en couple ont voulu y avoir accès. Or ces manipulations prodigieuses ne sont pas anodines.

Le « don » de sperme et la fabrication de l'inceste

L'insémination artificielle s'était d'abord développée comme traitement des couples ayant du mal à procréer naturellement, et cela se pratique toujours, dans ce cadre. Mais bientôt, on a fait appel au « don » de sperme d'ailleurs. Cette pratique est flatteuse pour les donneurs retenus pour leurs qualités génétiques, physiques et intellectuelles, au terme d'une sélection sévère et valorisante pour les heureux élus. Mais les chercheurs sont formels, le don de sperme, qui ne demande comme effort à l'homme qu'une séance de masturbation, n'est pas gratuit, dès lors qu'il est anonyme. C'est une source de revenus, plus ou moins déclarée, qui peut être importante pour des hommes jeunes et pauvres ! Et, quel que soit le « dédommagement » proposé au « donneur », le « produit » sera revendu très cher par la « clinique de fertilité » à des laboratoires, ou à des clients individuels fortunés ! On dit cependant que les lauréats de prix Nobel scientifiques sont systématiquement démarchés pour des dons de sperme gratuits.

En 1978, Milan Kundera publie un roman inspiré de faits divers réels, sur un gynécologue compatissant qui inséminait avec son propre sperme tout frais ses patientes, peuplant la ville d'enfants ayant tous le même nez. C'était *la Valse aux adieux*, un roman très drôle. En 2007, paraissait le roman *Spermatofolie,* attribuant de nombreux enfants à un masturbateur chronique. En 2011, c'était le film *Starbuck*, du Québecquois Ken Scott, attribuant 533 enfants à son héros également généreux. Il s'inspirait d'un cas réel concernant 150 enfants. Puis, en Angleterre, on découvre un *serial father* bien réel, le Dr. Bertold Wiesner, qui n'a sûrement pas été le seul à exploiter le filon : «L'affaire date des années 1940. À Londres, un biologiste crée une « clinique de fertilité » avant la lettre : la fécondation in vitro n'existe pas encore – on n'a pas accès aux ovules – mais l'insémination artificielle si. C'est une technique utilisée depuis longtemps dans le domaine vétérinaire. En ce début de siècle eugéniste – et pas seulement en Allemagne nazie – on l'applique aussi aux humains. Bertold Wiesner est aussi un bienfaiteur. C'est aux hommes inféconds qu'il vient en aide. De préférence de milieu aisé, voire très aisé : il aura des pairs du royaume parmi sa clientèle. Il leur promet une descendance provenant de « souches intelligentes », ce qui aide à faire passer la note, particulièrement salée. Et qui mieux que lui répond aux critères ? Sur les 1.500 « obtentions » de la clinique, on estime que quelque 300 à 600 bébés ont été conçus avec son sperme personnel. Les autres donneurs étaient de bons amis de Wiesner et de sa femme Mary Bartons, avec qui il avait lancé sa petite affaire... » C'est l'un de ses fils qui a découvert le trafic, et il milite désormais pour la fin du don anonyme.[61]

Jusqu'en 1976, en France, la rémunération était légale. Jusqu'en 1994, le « donneur » pouvait exercer sans limites ; il n'en est plus ainsi, et la loi actuelle stipule qu'il ne peut s'agir que de don ; la pagaille est quelque peu réglementée depuis la loi de bioéthique de 1994, qui interdit à un « donneur » de faire plus de dix enfants, mais il y a toujours des dossiers qui disparaissent, des contrôles impossibles, etc.

Voici quelques chiffres officiels, établis depuis la création des CECOS (Centre d'Etude et de Conservation des œufs et du Sperme humain). « Dans le cadre institutionnel, plus de 50 000 enfants sont nés sur le territoire français de 1973 à 2013 (plus de 38 000 de 1973 à 2002) grâce à plus de 9300 donneurs. Chaque année, ils sont en moyenne 2700 couples à être demandeurs. La demande étant bien supérieure à l'offre, les couples receveurs sont confrontés à des délais très importants de l'ordre de un, voire deux ans ; le nombre de donneurs de sperme est en baisse

---

[61] eblogdejeannesmits.blogspot.fr En savoir plus sur
http://www.lexpress.fr/actualite/societe/en-france-un-donneur-de-sperme-peut-il-avoir-533-enfants_1140817.html#2QivsyGFXgUov6gW.

constante en France depuis plusieurs années, passant notamment de 400 en 2009 à 235 en 2012 ».[62]

L'excédent des demandes par rapport à l'offre est une excellente chose pour le marché : les prix ne peuvent qu'augmenter. Il est probable que c'est le développement de la surveillance administrative qui fait que l'offre se tarit. Bien des associations demandent la levée de l'anonymat, ce qui implique un peu moins d'irresponsabilité, dans cette sorte de « paternité pour rire », dans un acte de jouissance crapuleuse. Voici quelques chiffres récents : «Chez le danois Cryos Bank, leader mondial du *sperm business*, le sperme est livré en 24 heures, moyennant 500 à 2000 euros selon la qualité souhaitée. La livraison à domicile est possible y compris si votre pays prohibe le don de gamètes. Cryos recrute ses donneurs à l'université, vivier de choix, et exporte 80% de ses récoltes. C'est une entreprise de 20 salariés, au chiffre d'affaires de 3 millions d'euros». *La* crise aidant, les candidats au « don »rémunéré sont en nette augmentation. « En moyenne, les banques de sperme ont vu une augmentation de 15 à 20% des donneurs» Et les résultats sont tout à fait satisfaisants : Cryos Bank annonce avoir donné lieu à 22 000 grossesses depuis 1991. Bien entendu, la sélection des candidats est strictement raciste, car adaptée à la demande. Si les Danois sont tellement performants, c'est pour leur haute stature et leurs beaux yeux de Vikings. Raffinement suprême, même avec une anatomie parfaite et un QI zénithal, personne ne veut de roux. [63] Aux USA, le nombre d'enfants par donneur anonyme est limité à 150. Et Cryos, qui a beaucoup développé son marché international, fait état d'étalons qui ont déjà dépassé la centaine de rejetons.

De fait, le problème de l'inceste se pose. Les « donneurs » peuvent fournir plusieurs cliniques (dans chaque clinique, le nombre de dos est limité). Grâce à l'anonymat, ils donneront

---

[62]http://fr.wikipedia.org/wiki/Don_de_sperme

[63] Escudéro, op. cit. p.58 et 94.

naissance à des demi-frères et sœurs qui se rencontreront, dans une même région, seront attirés par leurs ressemblances, et donneront naissance à des enfants incestueux. Les agents de ce business enivrant plaident bien sûr pour la légalisation de l'inceste, et le maintien de l'anonymat. Mais les mêmes agents se plaignent de la raréfaction des donneurs. Désormais, les tests génétiques se généralisent, l'irresponsabilité touche à sa fin, et c'est une bonne nouvelle, les enfants nés par PMA pourront avoir accès à leurs origines, s'ils le souhaitent, à leur majorité. Du point de vue de l'enfant dont la mère s'est délibérément offert une insémination artificielle pour ne pas avoir de comptes à rendre à un père en chair et en os, l'enfant dont la mère a voulu qu'il soit un bâtard non reconnu par son père, il y a eu une double trahison au départ, et une docilité médicale au double ou triple caprice d'adultes jouant avec la parentalité, toutes choses qui ne sont pas faciles à pardonner. Du point de vue de la femme, l'éjaculation anonyme tarifée, même s'il y a la médiation d'un tube et d'un personnel dit médical, relève de la prostitution masculine. Rien de bien reluisant, quel que soit le point de vue, impossible de se voiler la face durablement, une fois passée l'ivresse du défi à la nature et à la morale traditionnelle.

Le « don » d'ovocytes se paye en cancers

Les femmes sont priées de faire preuve de générosité comme les hommes, et de donner leurs ovocytes, comme on donne son sang ; ils seront fécondés in vitro, puis implantés dans l'utérus de femmes souffrant cruellement de leur stérilité. Or bien souvent, les femmes ne savent même pas ce qu'est un ovocyte, et ne se rendent pas compte qu'elles vont donner naissance, quelque part, sans qu'elles puissent revendiquer la moindre parenté, à un enfant bien vivant qui n'aurait pas pu voir le jour sans elles, dont elles sont bel et bien les mères partielles dans la mesure où elles fournissent la moitié de son « capital génétique» (terme qui mériterait une discussion et qui est certainement réducteur, ou pire). De fait, les « donneuses » comme les « donneurs » de sperme fournissent toujours de quoi faire naître des dizaines d'enfants. Généralement, les enfants issus d'un don de gamètes masculins ou féminins sont donc demi-frères ou demi-sœurs d'autres personnes, même s'ils n'ont aucun moyen de retrouver la piste de la fratrie occultée.

Le processus d'extraction comporte une stimulation ovarienne violente, par traitement hormonal. Les risques liés à cette pratique sont les suivants : syndrome d'hyperstimulation ovarienne (OHSS), torsion ovarienne (généralement mortelle), kystes des ovaires, douleurs pelviennes chroniques, ménopause prématurée, perte de fertilité, cancers du système reproducteur, caillots sanguins, insuffisance rénale, crise cardiaque et la mort éventuellement. Les femmes qui bénéficieront de ces dons quant à elles connaîtront le risque de pré-éclampsie (l'éclampsie de la mère fait des enfants qui souffrent de retard et des prématurés, quand ils s'en sortent) et de tension artérielle excessive. En France comme ailleurs, les labos recherchent les nullipares, les jeunes filles, qui risquent moins de se retrouver stériles plus tard, dit-on.

Les médecins connaissent parfaitement ces risques. Le plus fréquent, hautement prévisible, comme avec les traitements hormonaux pour retarder la ménopause, est le cancer, au bout de l'aventure. Aux USA, cela commence à se savoir et à freiner l'enthousiasme des candidates. La « donatrice » perçoit une indemnité, 300 euros pour les Ukrainiennes qu'on emmène à Chypre pour l'opération, 2000 ou beaucoup plus aux USA, où les témoignages catastrophiques se multiplient.[64] La plupart des femmes à qui on fait pondre leurs ovocytes comme des forcenées ignorent que cela alimente des banques qui les revendront fort cher ...

L'insémination sacrificielle

L'étape suivante, c'est l'insémination artificielle, pratiquée sur les femmes comme sur les vaches ou les juments, avec une

---

[64] Voir la vidéo « Eggspoitation, Maggie's Story, https://vimeo.com/ondemand/maggie?mc_cid=c2721a9413&mc_eid=d19e2d 5b02

différence : dans le cas des juments les plus favorisées du moins, on met à profit leurs périodes de chaleurs, on augmente leur stimulation hormonale en faisant rôder l'étalon autour d'elles, on les rend tous les deux fous de désir, et il s'agit juste de dérober son sperme au mâle avec une éjaculation dans un récipient pour le réinjecter selon les intérêts des éleveurs.

Mais pour les vaches comme pour les femmes, le sperme congelé en paillettes s'est généralisé, c'est plus pratique, pas besoin de déplacer le taureau ou l'étalon numéroté, et l'on n'a aucun intérêt à développer leur romantisme. Les femmes en demande d'insémination artificielle sont par définition celles dont les hormones naturelles du désir ne suffisent pas à les rendre fécondes : femmes âgées, au système reproducteur inadapté ou endommagé, ou repoussant avec horreur l'idée de copuler avec un homme au sang chaud, obsédées par l'ambition de confisquer en pleine propriété un enfant sans père. Il faut donc les bourrer d'hormones, artificiellement, et les soumettre à des intrusions désagréables à répétition, enfin à toutes sortes d'épreuves douloureuses. Le résultat, quand le forçage fonctionne, est qu'elles concevront simultanément souvent deux, trois ou plus d'enfants, qui seront ensuite « réduits » à un nombre viable, ce qui veut dire en clair, qu'elles vont mener à la fois une grossesse et un avortement, ou plusieurs, simultanément. On ne peut s'empêcher de constater le gâchis, dissimulé par les soi-disant bonnes intentions de tous les participants à ces opérations acrobatiques.

Le viol in vitro

La science progressant, on en est venu à pratiquer la conception in vitro, les ovocytes prélevés chez une femme étant fécondés hors du corps féminin par du sperme en paillettes, puis réimplantés dans un utérus. Les matières premières en jeu peuvent être congelées (on parle de vitrification pour les cellules féminines, c'est moins choquant), et stockés pour une utilisation différée théoriquement sans limites. Les embryons sont également congelés, souvent trimballés par-delà les frontières, puis décongelés pour … des acheteurs.

On dispose de nombreuses images et vidéos du processus de cette fécondation forcée. Il est saisissant de voir l'ovocyte forcé et percé avec une seringue : c'est un viol indéniable, in vitro, sans rapport avec le phénomène naturel de la rencontre par attirance mutuelle entre les spermatozoïdes désespérément entreprenants, comme fous d'amour, et l'ovule qui s'attendrit et s'épanouit comme une fleur, qui s'ouvre pour un seul et unique objet d'adoration, mystérieusement choisi, puis accueilli et englouti avec avidité. Bien au contraire, dans le cas de la copulation sous microscope et de la réimplantation de l'embryon, certaines « cellules tueuses » tout à fait naturelles, appartenant au système immunitaire, chez les femmes sur lesquelles on tente les FIV à grand coup de cortisone et d'hormones, réagissent de toute leur force pour rejeter la greffe ! L'enfant à naître, survivant de plusieurs combats, et non fruit d'un enchaînement de mystères merveilleux, est donc le produit d'un viol au niveau le plus intime qui soit, un viol physique délibéré d'une incroyable agressivité, et il est le témoin d'une bataille tragique dans la femme que la science a décidé de forcer, au niveau cellulaire. Les risques d'éclampsie, et l'hypertension, pour la femme, sont classiques, bien connus. L'équilibre psychique des enfants rescapés du viol de l'utérus de leur mère est loin d'être assuré. Les témoignages commencent à affluer, les premiers enfants conçus de la sorte atteignant maintenant la majorité. [65] Ne serait-il pas temps que les psychiatres empêchent ces crimes de s'amplifier, et que toute cette artificialisation de la reproduction cesse d'être considérée comme un éventail de pratiques bientôt normales ?

La stérilité masculine ou féminine que viennent réparer les différentes techniques étant toujours des blessures narcissiques à vif, il va de soi que les personnes qui ont recours à l'Assistance Médicale à la Procréation, mal nommée PMA, sont généralement discrètes. On a cependant quelques chiffres sur ce qui se passe dans les cliniques et hôpitaux : En France, en 2002, le nombre de

---

[65] Ce sont les sites de publicité pour la PMA eux-mêmes qui fournissent, sur leurs forums, les informations sur les innombrables ratés... https://lutinepma.wordpress.com/tag/fiv-avec-don-dovocytes/page/3/

bébés mis en route avec assistance médicale serait compris entre 219 000 et 246 000, avec une augmentation dans le temps. Le taux de succès, selon la procédure, est compris entre 15% (transfert d'embryon congelé) et 22% (fécondation *in vitro*).... En France, chaque année, « près de 50 000 enfants naissent grâce aux techniques de procréation médicalement assistée (PMA), avec un taux de malformations congénitales de plus de 4% » (contre 2 à 3% dans la population générale). Les enfants conçus à l'aide de procédures PMA en 2007, qui en comptent 20 657, représentent environ 2,5% des enfants nés cette année-là. En 2007, on compte 122 056 tentatives de procédures PMA (inséminations, fécondations in vitro, transfert d'embryons congelés). Dans 6% des cas, elles font appel à des spermatozoïdes, des ovocytes ou des embryons issus d'un don.[66] Cette notice de Wikipédia ne recense que les opérations légales, qui sont probablement dépassées par les autres.

Comme en France ces opérations étaient, jusqu'à la révision de la loi de bioéthique qui devrait s'imposer en 2021, réservées aux couples (homme-femme) mariés ou vivant maritalement depuis au moins deux ans et souffrant de stérilité, il faut y ajouter toutes les femmes seules ou en couple de femmes qui vont se faire faire un enfant à l'étranger. C'est l'Espagne qui est le pays proche le plus accueillant, avec la législation la plus permissive. En fait, en octobre 2014, la PMA est autorisée pour les couples de même sexe dans sept pays européens : la Belgique, le Danemark (pour les femmes mariées uniquement), l'Espagne, la Finlande, les Pays-Bas, le Royaume-Uni et la Suède. C'est en Europe de l'est, où les tarifs sont moins élevés, qu'a lieu le boum : République tchèque, Slovaquie, entre autres.

Le nec plus ultra, le bébé sur catalogue

66

http://fr.wikipedia.org/wiki/Procr%C3%A9ation_m%C3%A9dicalement_assis
t%C3%A9e

Et il faut ajouter les USA, pour les couples parfaitement fertiles, mais qui veulent choisir le sexe de leur enfant, en plus de toutes les perfections qu'on leur garantit. Voici un dossier vertigineux : « [À Los Angeles] le docteur Steinberg pratique des sélections d'embryons pour des centaines de femmes européennes. Parmi elles, quelques Françaises : "Comme les autres Européens, la moitié des couples français veulent des garçons, l'autre moitié des filles. Ce sont des gens aisés, instruits, bien informés sur le plan médical et juridique. Ils savent que c'est illégal dans leur pays et prennent des précautions pour rester incognito."

Cela dit, la situation en France est assez ambiguë : "Les Françaises viennent passer une semaine à Los Angeles, pour l'intervention et le diagnostic. Mais pour les auscultations préalables, les analyses, les traitements hormonaux, le suivi de la grossesse, elles sont prises en charge par des centres de FIV français qui sont parfaitement au courant de la situation."

Mais ce n'est pas fini : outre les lesbiennes qui ne veulent que des filles, « sur sa lancée, le docteur Steinberg a eu envie d'étendre le champ d'application de ses diagnostics. Début 2009, il annonce qu'il va proposer à ses clientes de choisir la couleur des yeux de leur enfant. Plus précisément, si les deux parents possèdent dans leur ADN la combinaison génétique donnant les yeux bleus, il pourra sélectionner parmi leurs embryons ceux qui deviendront des bébés aux yeux bleus.

Or, cette fois, les médias s'emparent de l'affaire et popularisent le terme provocateur de *designed babies* (bébés sur mesure). Des intellectuels de tous bords, des responsables associatifs, religieux et politiques s'interrogent, condamnent, se lancent dans des spéculations futuristes : "En Californie, se souvient le docteur Steinberg, le débat était équilibré, il y avait les pour et les contre. Mais les gens des autres régions étaient tous négatifs et agressifs. À cause des yeux bleus, on m'a traité de nazi, alors que je suis juif et que j'ai consacré ma vie à soigner mes semblables." Ses détracteurs les plus acharnés ont été les intégristes protestants et le clergé catholique : "J'ai même reçu un appel téléphonique du Vatican, qui se disait préoccupé." En revanche, les juifs se sont peu manifestés, les autres religions pas du tout. Voyant la polémique s'envenimer, le docteur Steinberg a annulé son projet. Pourtant, il reste persuadé que l'avenir lui donnera raison. Car contrairement aux élites intellectuelles, le peuple américain adopte ces innovations petit à petit, apparemment sans états d'âme : "C'est un diagnostic cher, je pensais avoir peu de clients. Mais en quelques semaines, j'ai reçu plus de 500 demandes, dont 300 de Californie – beaucoup aussi du Mexique. Tous étaient déçus d'apprendre que j'avais renoncé."[67] Le Dr. Steinberg n'est pas le seul à répondre à la demande selon toute sorte de critères de sélection supplémentaires.

La revente d'ovocytes

L'extraction d'ovocytes pour la revente, dans un anonymat total, est une industrie crapuleuse en plein essor. De jeunes femmes pauvres sont invitées à s'y prêter, pour des sommes variables, mais sans savoir qu'elles mettent leur santé en grave danger. Les Ukrainiennes sont recherchées pour leur teint de lait et leurs yeux célestes. Ce sont les préférées de la clientèle israélienne, les Russes le sont moins, car trop alcoolisées même très jeunes.

Un scandale a éclaté en Roumanie, en 2013 : « Les 11 membres de ce groupe --des représentants d'une clinique privée de Bucarest, Med New Life, et des ressortissants israéliens spécialistes des techniques de procréation assistée-- ont 'racolé des femmes roumaines' qui, en échange d'un montant de 600 à 800 euros, ont accepté qu'on leur prélève des ovocytes, ont indiqué la police et des sources judiciaires.

---

[67] http://www.internationalnews.fr/article-la-clinique-des-bebes-sur-mesure--54754235.html repris dans Le Monde, 31 juillet 2010.

La plupart de ces femmes étaient des étudiantes en situation précaire, âgées de 18 à 30 ans, a précisé la police. 'Leurs ovocytes ont été vendus par la suite entre 3.000 et 4.000 euros à des couples qui utilisaient les services de fertilisation in vitro de cette clinique', a-t-on ajouté de même source. La majorité des couples bénéficiaires habitaient Israël et venaient en Roumanie pour les procédures d'insémination. La Roumanie avait déjà été le théâtre d'un scandale similaire en 2009, lorsque les autorités avaient découvert à Bucarest une autre clinique se livrant à un trafic d'ovules. Quatre médecins israéliens ont été condamnés en 2012 à cinq ans de prison ferme chacun par un tribunal de Bucarest pour trafic d'ovules. [68]

L'assistance médicale à la procréation est pratiquement entrée dans les mœurs. Ceux qui y ont recours, en acceptant le secours de gamètes qui ne proviennent pas du couple stérile demandeur, sont gênés, ils savent bien que c'est une façon d'être infidèle, à froid, « la science » faisant l'entremetteuse ; ils se consolent ou se pardonnent à l'aide du concept « d'adoption en amont » ; mais le raisonnement est faux : ce ne sont pas des enfants en souffrance qui sont adoptés par implantation dans l'utérus : c'est juste un vol et un viol de la nature, pour satisfaire une volonté de puissance, labellisée « désir d'enfant » comme si le désir justifiait le butin. Il faut souligner le parallélisme avec la pornographie : les deux activités connaissent un essor fulgurant partout où l'Otan s'implante, avec son cortège d'entreprises dites médicales, et d'ONG prospectant bien souvent le marché de la viande fraîche.

CDD GPA, l'aubaine

La PMA pour toutes, c'est un calvaire pour la femme -stérile ou dont le conjoint est stérile- qui s'y prête, et dans plus de 80% des cas, pour rien, après des années d'acharnement ; il faut s'y

---

[68] http://www.lepoint.fr/monde/roumanie-trafic-d-ovocytes-un-israelien-et-une-roumaine-detenus-21-02-2013-1630408_24.php

reprendre à plusieurs fois, sans aucune garantie de résultat, c'est cher (à moins qu'à l'avenir la Sécurité sociale la prenne en charge), contraignant, anxiogène et très douloureux. De quoi dégoûter bien des candidates, qui effectivement, finissent par renoncer à leur rêve, épuisées par cette course d'obstacles. Avec la GPA, rien de tel, on délègue tout dès le départ, et il n'y a qu'à aller prendre livraison du produit quand il est à point, prêt à voir le jour. La GPA ou "Grossesse pour argent en toute légalité" semble à ses promoteurs un concept qui pourra bientôt reléguer dans les pays riches au moins l'AMP au rang de bricolage laborieux avec des bouts de ficelle, puisqu'enfin une offre diversifiée (des femmes misérables et fécondes du monde entier) peut satisfaire illico la demande (des hommes riches et des femmes riches frustrées ou simplement soucieuses de garder la ligne), avec des contrats formidables, entièrement à l'avantage des acheteurs : 100% de partenaires satisfaits, si on suit le raisonnement fallacieux des agences.

La GPA, officiellement « Gestation Pour Autrui » nous est présentée comme le nec plus ultra de la haute technologie médicale, avec un supplément d'âme, puisqu'elle suppose la coopération entre deux femmes et une équipe médicale extrêmement audacieuse et performante. Dans le monde entier, des chaînes de télévision présentent des femmes radieuses, des classes moyennes, dont l'une a fait cadeau à l'autre d'un nouveau-né, grâce au dévouement des médecins qui, telles de bonnes fées marraines, ont fait des miracles. Il s'agit en fait d'une publicité dissimulée (ou pas du tout !) pour ces médecins et leurs agences. Les premières réussites datent de 1980. En 1994, le gouvernement français interdit la nouvelle pratique. Dans chaque pays, au même moment, la réflexion mûrit. On peut imaginer l'ampleur du trafic souterrain à la lumière d'un phénomène concurrent : l'apparition de femmes proposant purement et simplement des bébés à vendre, tout prêts, sans intermédiaires, sur internet. On a eu connaissance de cas en Belgique, en Grande Bretagne, aux USA. Tout récemment, un grand-père roumain a offert le bébé de sa fille pour 160 euros. Combien d'autres parviennent à fourguer la chair de leur chair en toute discrétion...

En Europe de l'est, en Russie, en Amérique latine, des avocats savent faire faire de faux papiers aux nouveau-nés, et leur permettre de franchir les frontières. Ils ont déjà l'expérience de toutes les fraudes possibles en matière d'adoption internationale. En France, nous avons eu un champion de la publicité aux manettes : Pierre Bergé, qui applaudissait publiquement à la location d'utérus, est un personnage multifonctions : homme d'affaires multimillionnaire, militant LGBT, fondateur du journal Têtu, soutien financier d'Act Up, de Vacarme, de SOS Racisme et du Parti socialiste, enfin copropriétaire du Groupe Le Monde (*Le Monde, Le Nouvel observateur, Télérama*), ce qui explique la multiplication d'articles sur la chose dans ces journaux, depuis 2012, l'année de la grande offensive pour faire rentrer dans la tête des gens l'idée que l'homosexualité est la nouvelle norme des élites, et que celles-ci l'imposeront par la répression s'il le faut. Pierre Bergé avait aussi d'autres centres d'intérêt qui ne figurent pas sur sa carte de visite : pédophilie et soutien très actif aux dirigeants israéliens. Et il a fait des procès à ceux qui faisaient le lien entre toutes ces facettes.[69] Il est mort en 2017.

Alexis Escudéro souligne très judicieusement que l'immense majorité des publications et émissions de télévision sur le sujet fait, même s'il y a débat en direct, de toute façon la publicité de la chose, les plus audacieux se bornant à « dénoncer la marchandisation pour mieux la faire advenir »[70]. Nous aussi, lecteurs et auteurs de ce livre, en transmettant de l'information, sommes partie prenante, à notre corps défendant, dans l'immense entreprise de pollution des esprits. Il est difficile de résister à l'esprit faustien, à l'idée que tout devient techniquement possible, un jour ou l'autre, et doit donc, nécessairement, être anticipé, digéré d'avance, et considéré comme un progrès bienvenu et inéluctable. Nous osons espérer, cependant, qu'en

---

[69] https://hichamhamza.wordpress.com/2015/09/09/pierre-berge-contre-panamza/

[70] Op. cit. p. 77

soulignant ce que les autres veulent pousser sous le tapis, les effrayants « effets secondaires » de certaines innovations, notre travail de diffusion du maximum de ré-information finira par faire basculer du côté de la conscience les indécis, voire faire reculer les autres. Est-ce l'aigreur du troisième âge menaçant qui nous inspire, nous auteurs de ce livre et relais des réflexions les plus prudentes sur ce sujet ? C'est plutôt la peur, une peur panique, à l'échelle d'un danger planétaire bien réel.

Le boum de la GPA

Le boum de la GPA, autorisée dans plusieurs États d'Amérique, connaît en ce moment son apogée, avec offre et demande record ; les agences proposent des enfants à des tarifs variables, selon la race, l'aspect, la provenance géographique, les performances des fournisseurs de gamètes. La GPA fait intervenir au moins trois personnes : un fournisseur de sperme, une femme fournissant les ovocytes, une femme menant à bien la gestation. Les enfants naissent donc avec trois parents biologiques, voire deux autres parents éleveurs supplémentaires, les commanditaires stériles à 100% ou à 50¨%, le cas général (mais il y a déjà des couples riches et fertiles qui font porter le fruit de leurs entrailles par une « nourrice prénatale », dans un simple souci de leur propre confort.

Du point de vue de toutes les législations connues jusqu'à l'apparition de cette nouvelle technologie, la mère est celle qui donne le jour à l'enfant. En fait, dans la pratique, les enfants de la GPA naissent par césarienne, plus ou moins prématurés, et même s'ils arrivent à terme, c'est un choix des équipes techniques, pour que la femme qui accouche s'attache moins à son bébé, qu'il soit plus facile de le lui arracher, et que le couple commanditaire puisse prévoir les dates de son voyage pour assister à la naissance et s'emparer de l'enfant dès son premier cri. Les mères porteuses sont étroitement surveillées et encadrées par des psys, parce que, même si elles ont accepté un contrat qui doit leur rapporter une somme d'argent élevée, l'intimité avec l'enfant à naître, tout au long de la grossesse, les amène souvent à vouloir désespérément le garder. La séparation est souvent un déchirement, sans parler des séquelles psychiques : la mère conserve toute sa vie des cellules de ses enfants, ce qui l'attache physiologiquement à eux, de même que les enfants reviendront toujours vers leur mère pour la même raison, parce qu'ils ont des particules d'elles en eux, à vie.

Certains défendent la GPA en parlant de nourrices prénatales, de mères de substitution. Mais il s'agit plutôt de fabriquer des orphelins et des mères accablées par le remords d'avoir vendu ou donné inconsidérément leur bébé ; les témoignages déchirants de mères porteuses inconsolables commencent à affluer ; leur souffrance, qui peut se manifester avec des années de retard, sont très semblables à celle des femmes qui ont vécu des avortements. Elles remettent en question tout le sens de leur existence. Pour ce qui est des séquelles physiques, les médecins commencent à leur tour à briser la loi du silence qui protège les expérimentations hasardeuses mais rentables : ce sont pour commencer les mêmes risques que lors d'une AMP, mais aggravés, s'agissant de femmes souvent mal nourries, issues de générations de pauvres, et les opérations « médicales » ne visant nullement à leur rendre la santé, mais simplement à satisfaire une clientèle riche quelconque, au moindre coût. Il faut le faire savoir aux « donneuses » que la propagande veut berner et sacrifier : «Le processus médical de la GPA entraîne des risques pour la mère de substitution, pour les jeunes femmes qui vendent leurs ovocytes et pour les enfants nés grâce aux techniques d'assistance médicale à la procréation. Parmi les risques encourus par les femmes : le syndrome d'hyperstimulation ovarienne (SHSO), la torsion ovarienne, le kyste ovarien, une douleur pelvienne chronique, une ménopause précoce, une perte de fertilité, une tumeur cancéreuse du système reproductif, des caillots sanguins, une insuffisance rénale, un arrêt cardiaque et, dans un certain nombre de cas, la mort. Les femmes faisant une grossesse à partir d'ovocytes provenant d'autres femmes présentent un risque plus élevé de pré-éclampsie [souvent mortelle pour elles] et d'hypertension [souvent mortelle pour l'enfant].

Les enfants nés grâce aux techniques d'assistance médicale à la procréation qui sont généralement mises en œuvre dans la gestation pour autrui présentent aussi des risques de pathologies parmi lesquelles : une naissance avant terme [très fréquente], un décès à la naissance, un poids insuffisant à la naissance, des malformations du fœtus et une pression artérielle élevée. »[71] L'académie de médecine a exprimé ses craintes en 2014.[72] À sa tête, le pédopsychiatre Pierre Courbin.[73]

La GPA pratiquée « en famille », par la collaboration de deux femmes parentes ou amies, dont on veut nous faire imaginer que c'est un échange grandiose de bonheurs et de privilèges (fécondité contre défraiement généreux), est en fait exceptionnelle. Les pays qui autorisent la GPA tendent à interdire cette pratique entre proches, de même que le don de sperme d'un proche, afin d'éviter les contestations de paternité ou de maternité plus tard. L'anonymat, au contraire, permet des contrats infailliblement préférentiels pour les commanditaires. Ce qui se répand et se banalise, c'est un échange inégal particulièrement cruel, ce qu'on qualifiait jadis d'exploitation injustifiable. Selon les paramètres en vigueur actuellement, un homme marié pauvre accepte que la mère de ses enfants soit inséminée par des inconnus afin de porter un enfant qu'ils ont décidé de vendre ; de l'autre côté, des gens riches auront accepté un devis, et pris livraison, froidement. Pour le moment, les agences et les législateurs s'en tiennent à l'idée que les enfants doivent être achetés par deux personnes prêtes à se déclarer parents ; et l'on n'embauche pour ces sortes de CDD un peu spéciaux que des femmes offrant des garanties de fécondité, ayant donc déjà fondé une famille. Ces conditions du marché privent les enfants qui en sont issus de leurs origines, et ils vont

---

[71] http://www.stopsurrogacynow.com/the-statement/statement-french/#sthash.ifi3Eh0j.dpbs / (site multilingue)

[72] http://www.academie-medecine.fr/articles-du-bulletin/publication/ ?idpublication=100319

[73] http://www.huffingtonpost.fr/pierre-courbin/le-contrat-ne-peut-briser_b_5847904.html

donc développer les troubles propres aux enfants adoptés. Or c'est d'un abandon prémédité et concerté par plusieurs personnes qu'il s'agit, avec tout un réseau de complicités. Et les enfants en grandissant demanderont des comptes, surtout s'ils ont été doublement privés de mère, si l'on peut dire, par des couples d'acheteurs masculins ... [74]

La coordination internationale qui s'exprime désormais autour du site stopsurrogacynow.com, a lancé une pétition pour l'interdiction universelle de la GPA, ce qui est la seule solution éthique, toute autre formule relevant de l'acclimatation et de la banalisation d'un crime inédit. Comme nous le verrons, nombre de pays limitent donc désormais très sévèrement cette pratique (aux nationaux, aux couples hétérosexuels mariés) et offrent une meilleure protection aux femmes qui portent les enfants.

La femme gisement

Les associations de femmes homosexuelles qui reculent devant la GPA existent, tel le Cercle des réformistes féministes (CERF). Certaines, celles qui ont avalisé l'AMP avec fournisseur anonyme de sperme, ne se posent pas la question de la santé morale ou physique des enfants. Des enfants fabriqués pour être confisqués par des femmes, la production d'orphelins dès la conception, cela ne les gêne pas vraiment. Alors que les féministes de jadis justifiaient leurs revendications par l'intérêt de l'enfant qu'elles avaient à élever (ne fallait-il pas qu'elles aient avant toute chose accès à l'instruction elles-mêmes, et sortent d'un statut d'éternelles enfants, pour pouvoir donner une véritable éducation aux enfants ?) leur réflexion reste dans le cadre restrictif établi par le féminisme occidental officiel : « mon corps m'appartient », aucune autre dimension de la personne, de son sens de sa responsabilité envers ses parents, ses enfants et

---

[74] Ceci est développé avec toute l'autorité scientifique requise ici : http://www.academie-medecine.fr/wp-content/uploads/2014/05/27.5.14-HENRION-info-site.pdf

son entourage au sens le plus large, ou encore de sa loyauté envers les exigences de la conscience universelle n'intervient dans leurs raisonnements. Les arguments « féministes » contre la GPA relèvent de la critique sociale, insistent sur la régression que constitue l'invention de l'utérus en location, ou mère intérimaire ; [75] bien sûr, il faut être très pauvre pour accepter un tel abaissement de sa dignité, outre le viol de son instinct maternel et de son intimité vitale ; il s'agit bel et bien, comme l'a repris et popularisé le philosophe Lucien Cerise, de l'invention de la « prostitution utérine ». Mais les femmes concernées protestent : on ne prostitue pas une partie de soi, vagin, bouche, anus ou utérus, la dégradation affecte la personne tout entière, en profondeur. Certes, la prostitution a toujours existé, a toujours été justifiée par la demande sociale. S'il y a toujours eu aussi des prostituées de luxe, dites courtisanes jadis, call girls maintenant, acceptant leur statut marginal parce qu'il correspond à leur ambition d'ascension sociale et à des aptitudes exceptionnelles, dans chaque secteur géographique où règne la misère, la prostitution rentre dans le cadre de l'esclavage sauvage. La personne tombe entièrement sous la coupe de malfaiteurs, qui ne reconnaissent aucun droit à leur « cheptel », et commencent toujours par les priver de leurs passeports ou autres pièces d'identité pour qu'elles ne puissent pas s'enfuir.

Dans les zones de guerre, il n'est pas rare que des femmes capturées soient violées et engrossées sous bonne garde pour la récupération des enfants à naître, qui seront mis en vente ; des cas ont été documentés au Nigeria. C'est grosso modo ce qui attend les femmes isolées et sans défense, si la GPA se banalise, par l'augmentation de la demande des gens riches, les concessions législatives pour normaliser la chose dans chaque pays, et la recherche des meilleurs tarifs pour les agents recruteurs. On ne voit pas ce qui pourrait empêcher durablement un homme ou une femme seule de s'acheter un enfant, puisque les couples acheteurs divorcent et se séparent autant que ceux qui

---

[75] http://www.collectifdroitsdesfemmes.org/spip.php ?article335

ont des enfants par la méthode naturelle, si bien que l'enfant se retrouve de fait avec un seul parent éleveur, généralement celui qui est pour moitié son géniteur à proprement parler. L'attachement de celui-ci n'est d'ailleurs nullement garanti, et il y a aussi des abandons d'enfants nés par GPA. Il faut enfin signaler qu'il y aura aussi forcément, s'il n'en existe pas déjà, des enfants nés par GPA sans aucun lien génétique avec leurs commanditaires ni avec leurs géniteurs fournisseurs de cellules sexuelles, ni avec leur mère gestatrice, si la chose n'est pas radicalement éradiquée. Ces enfants orphelins dès la conception alimenteront les marchés de la pédocriminalité, et du trafic d'organes.

Notre idéologue Pierre Bergé avait un raisonnement de descendant d'esclavagiste. Son argument : les femmes louent bien leurs bras, dans le cadre du salariat, pourquoi pas leur utérus ?[76] Or au XIX° siècle, l'essor du salariat était justement dénoncé comme une forme de prostitution. Les grands mouvements révolutionnaires, de tendance communiste ou anarchiste, visaient l'abolition du salariat. Au XXI°, avec la menace du chômage de masse, au contraire, le « droit au travail » est devenu une obsession lancinante, parce que toute autre façon de survivre est en voie de disparition, chaque chômeur se retrouve en position de mendiant suppliant des patrons éventuels de l'embaucher. Est-ce que c'est une raison pour souhaiter activement que la chose s'aggrave, et s'étende à la fabrication des enfants ? Sur internet, c'est bien ce qui se passe, des femmes s'offrent, font leur propre réclame pour faire des gosses au plus offrant.

---

[76] « Moi je suis pour toutes les libertés. Louer son ventre pour faire un enfant ou louer ses bras pour travailler à l'usine, quelle différence ? C'est faire un distinguo qui est choquant » (Pierre Bergé au *Figaro*). Selon Wikipédia, « Pierre Bergé en 2010, prend le contrôle du quotidien *Le Monde*, conjointement avec Xavier Niel et Matthieu Pigasse, au travers d'une recapitalisation du groupe. En 2011, Pierre Bergé possède une fortune estimée à 120 millions d'euros ».

Comme le rappelle Sylviane Agacinski, « l'usage du corps d'autrui, au nom de la force, du droit ou de l'argent, est historiquement banal. Il prend au fond souvent la même forme : celle du remplacement, de la substitution. […] Le célèbre cas biblique de la servante Agar, que Sarah pousse dans les bras d'Abraham pour qu'elle lui donne un fils (Ismaël), s'inscrit dans une relation de servitude domestique proche de l'esclavage : encore ne lui est-il nullement demandé d'abandonner son enfant. C'est elle qui l'élève, et qui sera chassée avec lui lorsque Sarah donnera naissance à Isaac […] On ne saurait donc banaliser les mères porteuses en les inscrivant dans une longue tradition de servitude. Devant l'indifférence à l'égard de ces femmes dont on fait aujourd'hui des couveuses 'indemnisées', on ne peut s'empêcher de reconnaître la froideur égoïste et le vieux mépris de classe de ceux qui estiment normal de mettre la vie des autres à leur service ». [77] Il faut ajouter que l'institution de l'esclavage antique reconnaissait la qualité de sujet à la mère esclave autant qu'à son enfant. La loi romaine stipulait que l'enfant ne pouvait pas être propriété du maître de la mère[78]. Mais, comme on le verra ci-dessous, l'esclavage industriel instauré et développé par l'Occident n'avait pas reculé devant la négation de « l'irréductible originalité » du corps humain, s'agissant de corps humains africains. Et maintenant, on veut étendre les usages coloniaux à l'univers.

Bien entendu, la chose est activement défendue par des fondations des plus grandes multinationales, outre les laboratoires, qui d'ailleurs dépendent tous d'une même matrice : l'empire Rockefeller. On a Google, George Soros, la société américaine Planned Parenthood dont est issue le Planning Familial ; les choses sont donc parfaitement claires : c'est le « Big Business » qui pousse au développement de l'industrie de la procréation, le même qui fabrique et nous impose la stérilité

---

[77] Sylviane Agacinski, *Corps en miettes*, cit, p. 20-23

[78] François Terré, *L'enfant de l'esclave*, Flammarion, 1987, p. 13.

massive. Nous vivons dans le cauchemar combiné des deux grands romans d'anticipation rédigés à l'issue de la Deuxième Guerre mondiale : le « Big Brother » de *1984*, combiné avec le « Soma » du *Meilleur des mondes*, la drogue de la propagande nous empêchant de nous poser les bonnes questions, et nous incitant seulement à la satisfaction immédiate de nos envies, spécialement dans le domaine touchant au sexe. George Orwell, auteur de *1984*, pensait que le communisme soviétique étendrait au monde entier ses cruels abus dictatoriaux, et ce sont les anti-communistes qui ont donné une diffusion mondiale à son roman. Aldous Huxley était le frère d'un biologiste réputé qui se passionnait pour l'ingénierie génétique. Il savait que les nouvelles dictatures s'imposeraient en empruntant le détour de la séduction, de l'injonction de céder à nos appétits sans aucune autre considération. Lui-même expérimentait le LSD, dans la double recherche du plaisir maximum et d'une ultra-lucidité. Et tous les deux savaient que les dictatures pratiquent l'inversion linguistique systématique. Ainsi, on veut nous obliger à vendre et à acheter les enfants, mais on espère nous convaincre en glosant sur de nouveaux « droits à »… faire n'importe quoi. La morale naturelle est censée appartenir à une époque révolue, même si elle a régi toute l'histoire de l'humanité jusqu'à ce jour. La femme simple gisement d'organes à prélever, d'ovocytes, de gosses, de plaisir ou de travail sans reconnaissance, selon les aptitudes de chacune, quel rêve, pour les misogynes, les patrons cyniques, les haïsseurs de la nature. Et c'est à leur portée, sous toutes les latitudes, et avec de plus en plus de … latitude, en fonction des exigences des clients.

Le proxénétisme en bande organisée : les agences s'affichent

Mères à louer ou acheteurs de nouveau-nés ne sont jamais, dans les faits, poursuivis par la loi, même dans les pays qui interdisent la GPA, comme la France. Seuls les intermédiaires le sont, en théorie. De fait, un petit nombre d'agences racolant dans plusieurs langues sur internet raflent le marché, en toute illégalité. Comme elles le disent elles-mêmes, pour s'offrir un adorable bébé, il suffit d'avoir une carte bleue ! Les poursuites engagées ne suffisent absolument pas à les faire battre en retraite.

Faciles à trouver sur le web, il y a Surrogalia, Les Cigognes, Extraordinary conceptions, Association des familles homoparentales AFHP, Circle Surrogacy, Conceptual Options, NorthWest Surrogacy Center... Certaines n'ont investi que dans la création d'un site internet alléchant, en plusieurs langues, et disparaissent dès les premiers chèques encaissés. D'autres au contraire, ont des ramifications sans fin. Avocats et assureurs ont des marchés captifs ; auteurs, éditeurs, libraires vendent du rêve et du mensonge à grand tirage. La télévision dramatise et actualise le tout, imprégnant l'imaginaire des pauvres désespérément à la recherche de filons pour sortir de la misère quotidienne, ouvrant des horizons inespérés à d'autres. Il y a les interviews qui font explicitement la publicité pour la GPA interdite en France[79]. Il y a les séries télé qui arrivent et qui vont faire explicitement la publicité pour la GPA interdite en France... Il s'agit toujours de vanter le « modèle » US, où la GPA serait déjà entrée dans les mœurs en toute normalité.

Complément d'enquête : Santé, GPA, vieillesse : quand l'homme défie la nature ...

1er juillet 2015 – Programme télé News People ;

www.programme-tv.net › Culture Infos › Complément d'enquête

8 janv. 2015 - Programme TV : on vous recommande Complément d'enquête consacré à ... Duquesne : France 2 lui rend hommage avec des hors-séries TV ...

GPA : France 2 a suivi pendant un an un couple gay en ...

www.ozap.com › Zapping

---

[79] « Sa nouvelle vie de père, son combat en faveur de la GPA... Alex Goude se confie à Malika Ménard », *Télé-Loisirs*, 01/07/2015 http://www.programme-tv.net/news/people/68521-sa-nouvelle-vie-de-pere-son-combat-en-faveur-de-la-gpa-alex-goude-se-confie-a-malika-menard-video/

3 oct. 2014 - Toutes les Personnalités, Émissions, Séries, Télé-réalités, Films, Sociétés... En plein débat sur la GPA, France 2 donne la parole à un couple ...

(GPA) sur TMC - Toute la Télé

www.toutelatele.com/90-enquetes-un-temoignage-inedit-sur-la-gestation-...

5 août 2014 - Le documentaire retraçait l'expérience de ce couple avec la GPA de l'autre côté de ... lesbiens, gays, bi et trans marquants dans les séries TV ...

Les Maternelles : Julia Vignali ouvre le débat sur la GPA sur...

www.toutelatele.com/les-maternelles-julia-vignali-ouvre-le-debat-sur-la-...

17 févr. 2015 - ... est proposée autour de la GPA (Gestation Pour Autrui) en présence de spécialistes et de parents ayant eu recours à la GPA. NEWS TV.

La littérature correspondante est riche en informations scientifiques palpitantes. L'écart social entre vendeuse et acheteurs est soigneusement éludé. La haine de classe et les différences de normes éthiques entre les deux pôles, n'est jamais mise en scène ; au contraire, il s'agit de retrouvailles de la fraternité et de la charité entre riches donateurs et à peine moins riches emplis de compassion pour leurs frères en humanité. On n'évoque jamais la rancune à venir envers les enfants qui ne répondront pas aux attentes des acheteurs, encore moins celle des enfants quand ils seront en âge d'entreprendre la recherche du « vrai » lien maternel dont ils sont été privés et dont ils rêvent. Cette littérature « de gare » (certainement bien nommée, car c'est dans l'éloignement de son entourage familial qu'on se laisse aller à imaginer ou à expérimenter des délices honteux) a remplacé le roman d'amour à destination des femmes romantiques et pauvres : mais ce n'est que du racolage, qui devrait être interdit dans un pays où la pratique de la GPA est interdite. Pourtant on trouve cette littérature dans les bibliothèques municipales, en France.[80]

Les agences pratiquent la méthode Tupperware, suscitant les rencontres et le bouche à oreille à partir de personnes prêtes à raconter une expérience positive de la GPA. Pour l'association Juristes pour l'Enfance, «toute publicité ou réunion d'information est de nature à caractériser la tentative d'entremise, incriminée et punie de la même peine que l'entremise elle-même». «Ce n'est pas une information neutre et scientifique, renchérit Aude Mirkovic, ce sont des réunions qui ont pour but de conclure des contrats. Donc il s'agit bien d'une infraction». La Chancellerie confirme que «le fait de s'entremettre entre une personne ou un couple désireux d'accueillir un enfant et une femme acceptant de porter en elle cet enfant en vue de le leur remettre est puni d'un an d'emprisonnement et 15 000 euros d'amende, dès lors que les faits constitutifs de l'infraction ont été commis sur le territoire». Et précise que «si des plaintes ont été déposées, elles seront examinées par le parquet compétent qui déterminera si les faits peuvent faire l'objet d'une qualification pénale et engagera des poursuites s'il l'estime nécessaire».[81]

Le contrat de femme valise

Les proxénètes ont le vent en poupe parce que la demande ne tarit pas. Le résultat est une régression sociale féroce, observée partout où la libéralisation de la GPA s'est instaurée. Une véritable industrie de location de ventres et le commerce de gamètes se développent ainsi dans des pays qui vont du Bénin

---

[80] Juste un exemple : Sarah Levine et Aimée Melton, *Lorsqu'on n'a que l'amour*, Flammarion 2015 ; sous-titre : « Pour la première fois, une mère et une mère porteuse racontent », traduit de l'américain par Laurence Decréau.

[81] http://www.lefigaro.fr/actualite-france/2014/02/21/01016-20140221ARTFIG00407-gpa-une-societe-propose-des-reunions-d-information-en-france.php

aux USA où des agences proposent une prestation aboutissant à la livraison d'un produit à peine sorti de la femme valise, avec choix sur catalogue des donneuses d'ovocytes en fonction de leur physique, sélection des gestatrices sur leurs performances et prise en charge de la procédure juridique organisant l'inscription officielle de la filiation frauduleuse.

Tout y repose sur un dispositif contractuel d'essence libérale qui spécifie les obligations et droits des deux parties : les critères de sélection de la "gpiste" parfaite, ses obligations tout au long de sa grossesse, les dédommagements financiers, les conséquences d'une rupture du contrat avant terme... Naturellement, loin des caméras, on découvre que les candidates à l'embauche sont tout en bas de l'échelle sociale. Aux USA c'est dans la population noire qu'elles se pressent.

Si la GPA a commencé à se pratiquer dans les années 1980 (premier litige devant les tribunaux français : 1986), la réflexion sur son rapport avec l'esclavage et la traite des humains avait commencé dès 1975.

En théorie, la France comme la cour européenne des Droits de l'Homme considèrent l'esclavage comme absolument interdit. Et les premières études juridiques sur la GPA la condamnaient sur ce fondement conceptuel, l'esclavage étant « contraire à l'ordre public ». Trente ans plus tard, de nombreux juristes parviennent, au prix d'acrobaties morales, d'arguties et d'inversions sémantiques à défendre la chose, qui ne serait que cession de droits irréprochable. « Jacques Robert l'avait vu dès 1975 : « juridiquement, on ne voit pas ce qui empêcherait une femme qui peut faire commerce déjà de son corps et que la loi autorise à avorter pendant les premières semaines de sa grossesse, de céder à autrui pendant ces premières semaines l'embryon qu'elle porte en elle. Mais le fait que la vente ne puisse effectivement être opérée qu'à la naissance ne transforme-t-elle pas l'opération en une traite d'humains qui, elle, est, bien entendu, prohibée ? La question mérite d'être sérieusement posée ».[82]

Précisons encore avec la Revue des Droits de l'Homme : est qualifié d'esclavage « l'état ou la condition d'un individu sur lequel s'exercent les attributs du droit de propriété ou certains d'entre eux » (Convention relative à l'esclavage, signée à Genève, le 25 septembre 1926, article 1 alinéa 1). Selon la Convention elle-même, l'esclavage n'est pas une situation de droit comme le démontre Jean Allain. D'une part, l'esclavage est défini comme « l'état ou la condition » d'une personne ; or l'état désigne une réalité juridique et la condition une réalité sociale. D'autre part, l'esclavage désigne le statut ou la condition d'une personne sur laquelle sont exercés « les attributs du droit de propriété ou certains d'entre eux ». Il ne s'agit pas d'incriminer le droit de propriété mais l'exercice de ses attributs. »[83] Dans le cas de la GPA, l'objet de propriété qui est vendu est par définition un nouveau-né.

On verra plus avant l'apport spécifique des résistants juristes français. Quoi qu'il en soit, notre époque fait indéniablement preuve d'un génie inédit, puisque l'on voudrait nous faire légaliser une sorte de CDD rapportant le gros lot ; un CDD très spécial, puisque réservé aux femmes fécondes, rendues folles par la misère et l'appât du gain, agissant elles-mêmes en extraordinaires trafiquantes d'esclaves, puisqu'elles sont capables de vendre leur propre enfant. Et pour l'acquéreur, ces valises sur pattes ont un avantage énorme : elles sont automatiquement jetables après usage, comme les prostituées.

[82] « Le corps humain et la liberté individuelle en droit français », in Le corps humain et le droit, Travaux de l'Association Henri Capitant, tome 26, Paris, Dalloz, 1975, p. 473. Cité par la Revue des Droits de l'Homme, « La gestation pour autrui, d'un problème d'ordre public au conflit d'intérêts, par Marie-Xavière Catto, note 39 http://revdh.revues.org/201#ftn39

[83] http://revdh.revues.org/201#ftn39, note 40

Les contrats garantissent qu'elles ne puissent en aucun cas réclamer le bébé, ni se plaindre pour des atteintes à leur santé.

Acte III - Voyage en GPA pour tous

Comme en Europe, de nombreux États, notamment parmi les pays en développement, n'encadrent pas la gestation pour autrui, ce qui revient à la tolérer de fait. Seule une minorité d'États ont mis en place des statuts légaux pour l'encadrer (Grande-Bretagne, Irlande, Canada, Brésil, Inde, Mexique, Californie, Floride, Afrique du Sud, Russie, Iran, Thaïlande, Népal). A l'inverse, un certain nombre l'ont explicitement interdite, à l'instar de la France. Les pays qui y sont le plus farouchement hostiles sont ceux dont la législation est basée sur le droit du sang : l'Allemagne et l'Italie.

L'Inde et les États-Unis autorisent les mères porteuses à être rémunérées "commercialement" ; les tarifs autorisées pour la GPA "altruiste" ne sauraient dépasser les 20 000 euros ; pour inciter les candidates, de nombreux États sont bien tentés de basculer franchement du côté de la GPA commerciale. Ailleurs, elles sont censées ne pas être payées pour porter l'enfant d'un couple, mais "dédommagées" de leurs frais médicaux et annexes. Nous allons passer en revue quelques pays et régions qui connaissent des situations extrêmes, mais appelées à se multiplier, si notre travail ne porte pas ses fruits, car la mondialisation répand toute pollution et implante partout de nouveaux virus spirituels. On l'aura compris, ce guide ne se propose pas d'aider dans leurs démarches les gens qui rêvent d'être parents mais ne le peuvent pas, et qui cherchent simplement la meilleure agence, le meilleur filon. Après ce parcours de cas de figure assez inquiétants, nous proposerons de vraies solutions, des solutions qui coûtent beaucoup moins cher, et qui apportent infiniment plus de garanties de bonheur.

USA

Les USA, devenus la destination n°1 sur la planète, pour ce qui est des acheteurs, « voient fleurir les agences privées : en dix ans, le nombre de naissances après une GPA y a presque triplé, pour atteindre 2000 par an. Ce boum attire son lot d'escrocs, démasqués puis remplacés par d'autres.»[84] Aux États-Unis, il n'y a pas de cadre législatif fédéral pour encadrer la chose. Les candidats se précipitent donc vers les États les moins regardants, Californie et Floride. Les litiges surviennent, et « dans les États qui valident la gestation pour autrui, les juges passent souvent de Charybde en Scylla selon les besoins de la cause, l'objectif visé étant d'exclure la mère porteuse et de justifier que l'épouse du couple d'intention soit retenue comme la seule mère légale de l'enfant.» [85] L'intention des riches acheteurs prime toujours sur tout autre argument. Mais a il parfois fallu attribuer de force un enfant à un parent d'intention... qui avait changé d'intention. Le cas emblématique est celui du couple Buzzanca : aucun des trois « parents » n'avait fourni de gamète de son corps, la mère porteuse ne voulait pas de l'enfant, John et Luanne se retrouvèrent donc parents malgré eux de la petite Jaycee, alors qu'ils s'étaient séparés et n'en voulaient plus[86]. L'affaire est allée en appel, on imagine l'enfance de la petite fille, aux bons soins de la DDAASS locale, pendant des années...

Les États qui interdisent formellement la GPA sont New York, Indiana, Arizona, Kansas, Louisiane, Michigan, Nebraka.

Curieusement, c'est un catholique d'origine irlandaise qui le premier s'était emballé pour un projet de légalisation de la GPA,

---

[84] « Gestation pour autrui : la filière américaine », *L'Express*, 03/10/2014. http://www.lexpress.fr/actualite/societe/famille/gestation-pour-autrui-la-filiere-americaine_1603640.html#uBhxHQLVC8wo30Ct.99

[85] Muriel Fabre-Magnan, *La gestation pour autrui, fictions et réalité*, éd. Fayard 2013, p. 18

[86] Id., p. 20

l'avocat Noel Keane, qui négocia le premier contrat en 1976. On dit que Michael Jackson avait eu plusieurs enfants de la sorte ; bien d'autres stars reconnaissent y avoir eu recours : Ricky Martin, Sofía Vergara, Miguel Bosé, Nicole Kidman, Jessica Parker, Elton John, comme Cristiano Ronaldo au Brésil, etc. Dans certains États le choix de la couleur des yeux est légal : les yeux bleus sont réputés garantir une intelligence supérieure, permettant d'accéder au pouvoir.

Canada

L'article 5 39.1 de la loi québécoise aboutit à des absurdités. Ainsi dans un couple de femmes, celle qui n'a pas accouché est considérée comme mère d'intention, prioritaire selon les contrats. L'enfant a donc officiellement deux mères, l'accouchée peut à tout moment se trouver traitée en simple domestique, et on est en pleine contradiction des termes. Et si c'est un couple d'hommes, l'enfant aura deux pères et aucune mère. Les litiges et divorces fleurissent déjà... [87].

C'est un pays permissif au point que l'avortement sélectif en fonction du sexe de l'enfant à naître est légal, ce qui satisfait les communautés asiatiques, qui sacrifient traditionnellement les filles au profit des garçons. Les féministes ne semblent pas y voir d'inconvénient. Le Canada autorise la GPA pour les couples homosexuels.

Europe

La GPA est possible dans plusieurs pays européens, de façon bénévole ou rémunérée, et bien sûr le marché noir, stimulé par les prohibitions, est le plus rentable. Voici les pays à l'avant-garde dans l'extraction du fabuleux « or rose ». En Belgique, aux Pays-Bas, en Pologne et en Slovaquie, aucune législation ne l'interdit, ce qui l'autorise de fait. La GPA a été légalisée en

---

[87] Id., p. 22.

Roumanie, mais aussi en Irlande (où une loi protège cependant l'embryon) et au Royaume-Uni (où il est bien précisé qu'il est interdit de pratiquer des GPA « à titre onéreux » ou via une « exploitation forcée »). Il y a aussi, parmi les pays d'Europe occidentale la Grèce et la Bulgarie qui l'autorisent et la pratiquent à grande échelle.

Voici une liste exhaustive, dressée par la Cour européenne de justice en 2014 pour faire condamner la France, qui refuse jusqu'à aujourd'hui d'entrer dans le club du néo-esclavage légal. On notera qu'il suffit souvent de franchir une frontière pour passer outre les interdictions. « La Cour a procédé à une recherche de droit comparé couvrant trente-cinq États parties à la Convention autres que la France : Andorre, l'Albanie, l'Allemagne, l'Autriche, la Belgique, la Bosnie-Herzégovine, l'Espagne, l'Estonie, la Finlande, la Géorgie, la Grèce, la Hongrie, l'Irlande, l'Islande, l'Italie, la Lettonie, la Lituanie, le Luxembourg, Malte, la Moldova, Monaco, le Monténégro, les Pays-Bas, le Pologne, la République tchèque, la Roumanie, le Royaume-Uni, la Russie, Saint-Marin, la Serbie, la Slovénie, la Suède, la Suisse, la Turquie et l'Ukraine.

Il en ressort que la gestation pour autrui est expressément interdite dans quatorze de ces États : l'Allemagne, l'Autriche, l'Espagne, l'Estonie, la Finlande, l'Islande, l'Italie, la Moldavie, le Monténégro, la Serbie, la Slovénie, la Suède, la Suisse et la Turquie

Dans dix autres États, dans lesquels il n'y a pas de réglementation relative à la gestation pour autrui, soit elle y est interdite en vertu de dispositions générales, soit elle n'y est pas tolérée, soit la question de sa légalité est incertaine. Il s'agit d'Andorre, de la Bosnie-Herzégovine, de la Hongrie, de l'Irlande, de la Lettonie, de la Lituanie, de Malte, de Monaco, de la Roumanie et de Saint-Marin.

La gestation pour autrui est en revanche autorisée dans sept de ces trente-cinq États (sous réserve de la réunion de conditions strictes) : en Albanie, en Géorgie, en Grèce, aux Pays-Bas, au Royaume-Uni, en Russie et en Ukraine. Il s'agit en principe de la gestation pour autrui dite altruiste (la mère porteuse peut obtenir le remboursement des frais liés à la grossesse mais ne peut être rémunérée), mais il se confirme que la gestation pour autrui se développe dans de véritables usines à bébés, à caractère totalement commercial en Géorgie, en Russie et en Ukraine. Elle paraît en outre être tolérée dans quatre États où elle ne fait pas l'objet d'une règlementation : en Belgique, en République tchèque et, éventuellement, au Luxembourg et en Pologne.

Dans treize de ces trente-cinq États, il est possible pour les parents d'intention d'obtenir la reconnaissance juridique du lien de filiation avec un enfant né d'une gestation pour autrui régulièrement pratiquée à l'étranger, soit par l' exequatur, soit par la transcription directe du jugement étranger ou de l'acte de naissance étranger sur les registres d'état civil, ou d'établir juridiquement un tel lien par l'adoption. Il s'agit de l'Albanie, de l'Espagne, de l'Estonie, de la Géorgie, de la Grèce, de la Hongrie, de l'Irlande, des Pays-Bas, de la République tchèque, du Royaume-Uni, de la Russie, de la Slovénie et de l'Ukraine. Cela semble également possible dans onze autres États où la gestation pour autrui est interdite ou n'est pas prévue par la loi : en Autriche, en Belgique, en Finlande, en Islande, en Italie (s'agissant du moins du lien de filiation paternelle lorsque le père d'intention est le père biologique), à Malte, en Pologne, à Saint-Marin, en Suède, en Suisse et, éventuellement, au Luxembourg.

Cela semble en revanche exclu dans les onze États suivants : Andorre, l'Allemagne (sauf peut-être quant au lien de filiation paternelle lorsque le père d'intention est le père biologique), la Bosnie-Herzégovine, la Lettonie, la Lituanie, la Moldavie, Monaco, le Monténégro, la Roumanie, la Serbie et la Turquie.[88]

Chaque pays connaît en fait de grandes turbulences sur ces questions, et aucune situation législative n'est stable.

---

[88] Recueil Dalloz 2014 p. 1797. « Gestation pour autrui (transcription de la filiation) : condamnation de la France », Arrêt rendu par Cour européenne des droits de l'homme.

Grande Bretagne

Ayant été pionniers dans la légalisation de la GPA, les Anglais le sont aussi dans les cas de figure abracadabrants qu'elle entraîne. Ainsi, une grand-mère s'est vu refuser par les tribunaux de porter les embryons de sa fille décédée d'un cancer à l'âge de 23 ans, mais une Anglaise a porté l'enfant de son propre fils et en a accouché en juillet 2014. Même ménopausée, une femme peut tomber enceinte en utilisant les ovocytes et le sperme de donneurs. Mais cette démarche comporte de nombreux risques pour la mère porteuse. "À 59 ans, les complications sont beaucoup plus importantes", nous explique le Dr Laurence Lévy-Dutel[89], gynécologue-nutritionniste, attachée aux hôpitaux de Paris. 'Une grossesse à cet âge peut entraîner des risques de diabète, d'hypertension avec un risque d'accouchement prématuré' (comme les grossesses naturelles à un âge normal d'ailleurs) détaille-t-elle, sans oublier les possibles répercussions sur le développement fœtal.

Cette affaire soulève de nombreuses questions éthiques et morales. Comment une femme peut-elle envisager de porter l'enfant de sa propre fille alors que celle-ci n'est plus en vie ? Philippe Charlier, anthropologue et maître de conférence en médecine légale, voit dans le comportement de cette mère l'expression du syndrome de Frankenstein, 'c'est-à-dire la volonté de maintenir une vie de manière artificielle', explique-t-il. 'Ici, ce n'est pas tant le désir d'une nouvelle grossesse mais plus la volonté pour cette mère de faire renaître sa fille et de la garder en vie'. Pour le Dr Hervé Chneiweiss, membre du Comité consultatif national d'éthique (CCNE), 'on est dans un fantasme biologique'. 'Cette histoire illustre bien cette mythologie du gène tout puissant', commente-t-il. 'On est dans une fétichisation de l'ADN et de l'envie de le transmettre à tout prix, comme s'il était

---

[89] Co-auteur du *Grand livre de la fertilité*, aux éditions Eyrolles, 2015.

le seul vecteur d'hérédité. Or, la notion de filiation et de transmission va bien au-delà du patrimoine génétique'.[90]

Irlande

L'Irlande autorise déjà la pratique de la GPA, mais un jugement récent réaffirme que la mère est celle qui accouche[91] ; le mariage gay ayant récemment été institutionnalisé par referendum en Irlande, il est probable qu'une nouvelle offensive juridique suivra prochainement, d'autant plus que l'Irlande est en ce moment fascinée par les mirages de l'Union européenne et de toute modernité néo-libérale. La population irlandaise est plus jeune que dans les pays voisins, et ce sont les jeunes citadins qui sont enthousiastes de toutes ces innovations sociétales, par réaction contre l'Église, encore très puissante, et contrairement aux ruraux et aux gens plus âgés. En effet, l'Irlande reste un pays très catholique où l'avortement est exceptionnel et doit être justifié par la mise en danger de la vie de la mère, et ce, par décision majoritaire de la population, depuis 2013. Ces contradictions s'expliquent : « Par 62,4 % des votants, avec un taux de participation dépassant 60 %, les Irlandais ont approuvé, lors du référendum du 22 mai, le mariage déjà contracté par deux personnes sans distinction selon leur sexe. » Les opposants n'ont recueilli que 38 % des suffrages. Aucun parti politique, ni média important, n'avait appelé à voter non, [tout occupés qu'ils étaient par leurs dissensions internes....] *Le Monde* constate que les opposants sont « beaux joueurs » et que « l'archevêque de Dublin sait se remettre en question et tenir compte des scandales sexuels qui ont éclaboussé le clergé et ont limité sa légitimité à intervenir dans les questions de mœurs... »

---

[90] http://www.lefigaro.fr/international/2015/06/17/01003-20150617ARTFIG00255-la-justice-refuse-qu-une-anglaise-de-59-ans-porte-l-enfant-de-sa-fille-decedee.php

[91] http://www.genethique.org/fr/gpa-en-irlande-la-cour-supreme-invite-le-gouvernement-legiferer-62433.html#.VWYN4M_tmko

Une observation fine amène à constater que les prêtres catholiques étant, en Irlande, officiers d'état civil, ils vont pouvoir continuer à célébrer des mariages sacramentels qui auront une valeur civile. Tandis que les mariages purement civils seront seuls ouverts au mariage gay. Jusqu'à présent, les mariages civils ne concernaient pas grand monde. L'enjeu pratique est donc relativement faible. Cela explique sans doute, sinon l'absence de mobilisation, du moins le calme avant et après le résultat inattendu du referendum, qui a déjoué toutes les prévisions.... Les Irlandais ont également, le même jour, approuvé l'abaissement de l'âge pour être chef de l'État de 35 à 21 ans.»[92]

Le cardinal Parolin, secrétaire d'État au Saint Siège, a qualifié le vote irlandais du 22 mai 2015 de « défaite pour l'humanité ». Les résultats de ce referendum, le premier à être organisé en Europe, doivent probablement servir d'indicateurs d'un fossé d'une profondeur encore mal perçue ; si les jeunes se sont précipités pour légaliser le mariage gay, c'est parce qu'ils s'identifient à un idéal de légèreté ; le mot « gay » est joli ; le mot liberté, le mot égalité, le mot fraternité, leur semblent aussi combler leur désir de générosité, vue comme amabilité universelle, gentillesse systématique mais ne portant pas à conséquence. Les concepts de décadence, de suicide collectif, de sacrifice nécessaire, ou même d'inquiétude morale, ne semblent pas les atteindre. L'insouciance semble être pour eux une valeur en soi, et une valeur suffisante pour éloigner les dangers. Peut-être faudrait-il reporter l'âge de la majorité électorale de dix ans, pour que le dialogue entre générations puisse reprendre ? Heureusement, ces jeunes Irlandais aussi vont vieillir, et découvrir le revers de la médaille ; comme disait La Fontaine : « apprenez que tout flatteur vit aux dépens de celui qui l'écoute ». Ce sont des gens bien moins jeunes qui font croire aux jeunes qu'ils raisonnent mieux que les vieux.

[92] http://www.france-catholique.fr/Referendum-irlandais.html

Suisse

Le 27 mai 2015, la Suisse a donné un signe d'agacement très net face aux tentatives d'imposer aux législations nationales le fait accompli, sous prétexte de l'intérêt de l'enfant : « Le Tribunal fédéral suisse a fini par trancher en annulant un jugement ayant permis à deux hommes homosexuels d'être les pères d'un enfant né d'une mère porteuse californienne en 2011, montrant "combien l'identité de l'enfant est touchée lorsqu'il est mis au monde par une mère porteuse". Les mères porteuses sont en effet interdites en Suisse par la Constitution et par la loi sur la procréation médicalement assistée pour des motifs éthiques et moraux, ont rappelé les juges.

Selon le jugement rendu le 22 mai dernier, les deux hommes, qui ont eu recours à une mère porteuse à l'étranger, l'ont fait volontairement pour contourner la loi de leur pays qui le leur interdit, et leur acte est tout simplement contraire à "l'ordre public suisse". Les deux hommes pacsés dans le canton de Saint-Gall, deux mois après la naissance de l'enfant, avaient demandé à être inscrits tous les deux dans les registres de l'état civil comme ses parents.

Un seul père légalement reconnu

Le Tribunal administratif saint-gallois avait confirmé le verdict américain, mais essuyé aussitôt un recours de l'Office fédéral de la justice (OFJ) qui a entraîné aussitôt un inversement de tendance jusqu'au jugement définitif : seul le père biologique dont les spermatozoïdes ont été utilisés pour la fécondation des ovules de la donneuse anonyme peut être légalement reconnu comme le parent de l'enfant.

L'OFJ s'est félicité de cette décision qui "montre clairement que les juges ne sont pas prêts à abandonner leur attitude restrictive par rapport à cette question et surtout pas prêts à protéger le comportement de couples cherchant à contourner la législation suisse". La fermeté de la Suisse a également été saluée positivement par l'organisation d'aide à l'enfance Terre des Hommes (TDH), qui se réjouit d'une décision qui "fait primer le droit de l'enfant sur le droit à l'enfant". Pour TDH, la gestation pour autrui "est par définition une instrumentalisation du corps de la femme et une marchandisation de l'enfant".[93]

France

La pression qui s'exerce sur les autorités françaises est énorme, les juristes conformistes s'activent pour se préparer à légaliser le fait accompli, les publications donnant la chose pour pratiquement acquise se multiplient. C'est entre 2008 et 2010 qu'une commission du Sénat a fait une proposition de loi pour nous mettre au diapason des USA et du Royaume-Uni. « Après avoir organisé une cinquantaine d'auditions et effectué un déplacement au Royaume-Uni, le groupe de travail préconise d'autoriser, sous des conditions strictes, la gestation pour autrui. » Ces « conditions strictes » sont la gratuité, parfaitement utopique ou hypocrite (on le découvre par toutes les affaires qui viennent en justice) et des rapports harmonieux et suivis entre l'enfant et sa constellation de parents. Conclusion : « Pour la majorité des membres du groupe de travail, cette légalisation ne reviendrait pas à instituer un « droit à l'enfant ». Remède à une forme d'infertilité particulière, la maternité pour autrui pourrait en effet s'inscrire dans l'héritage des lois de bioéthique de 1994 ».[94] Le rapport a été rédigé par Alain Milon (Vaucluse, UMP) et Henri de Richemont (Charente, UMP). Mais quel intérêt aurait la GPA si elle en restait au chiffre de 100 nouveau-nés par an, évoqué par le rapport, et ne concernait que des gens bien élevés jurant qu'ils ne se disputeraient jamais ? Les agences grinceraient des dents et fermeraient boutique. Car si une bonne revalorisation de la fécondité naturelle reprenait le dessus, qui

---

[93] http://www.aleteia.org/fr/societe/actualites/gpa-la-suisse-ferme-contre-la-marchandisation-des-corps-
5232352737361920 ?utm_campaign=NL_It&utm_source=daily_newsletter&
utm_medium=mail&utm_content=NL_It-27/05/2015

[94] http://www.senat.fr/rap/r07-421/r07-421-syn.pdf

donc choisirait se faire faire des gosses décongelés à partir de gamètes surgelés, fragiles, coûtant très cher, et dont l'identité sera un casse-tête pour eux et pour tout leur entourage, sans parler des nouvelles maladies qu'ils inaugureront certainement ?

La volonté de se mettre au service des agences internationales est patente dans le fait que la proposition de loi soulignait d'avance que la mère porteuse ne saurait avoir le moindre droit sur l'enfant, comme c'est la règle aux USA, le pays phare. Un chantre de la chose est l'ex-maîtresse de Dominique Strauss Kahn, Marcela Yacub. Après usage, elle considère celui-ci comme un cochon. Elle est donc une cochonne en recherche d'un meilleur bestiau, mais au Sénat et ailleurs, on tient grand compte de ses avis en matière familiale. Marcela Yacub est l'auteur de *L'Empire du ventre, pour une autre histoire de la maternité (2005)*, plaidoyer contre la sacralisation de la maternité et de l'accouchement. Elle souhaite l'avènement de l'utérus artificiel, c'est-à-dire du projet selon lequel les hommes pourraient se passer entièrement des femmes pour faire venir au monde les enfants. Et elle en rêve d'un point de vue « féministe », et « juridique »… La légalisation du mariage gay était l'étape préalable indispensable pour que tout cela enclenche des chiffres d'affaire intéressants. Mais depuis 2013, notre résistance a pour l'instant bloqué les étapes prévues, et la commission enthousiaste du Sénat a préféré se faire discrète.

La résistance est bien présente dans les milieux officiels de gauche ; ainsi Jacques Delors, Lionel Jospin, Nicole Notat, Yvette Roudy, Catherine Tasca, Marie-George Buffet, figurent parmi ceux ont adressé au président Hollande une lettre ouverte le 13 juillet 2013, qui a le mérite d'appeler un chat un chat : «Si la France plie, si les filiations des enfants issus de contrats de mères porteuses faites à l'étranger sont inscrites à l'état civil français, alors le marché des bébés devient de fait efficace. Le contrat de mère porteuse fait à l'étranger sera aussi efficace que s'il était licite. Une fois cela acquis, monsieur le Président, comment allez-vous expliquer aux Françaises et aux Français que, s'ils ont de l'argent, ils pourront aller acheter un bébé à l'étranger et le faire inscrire comme leur fils ou leur fille sur l'état civil français tandis que, s'ils ne sont pas assez fortunés, ils devront subir l'interdiction qui demeurerait en droit français applicable aux contrats de mère porteuse réalisés en France ? Et comment interdire cette pratique en France si l'on en reconnaît les effets sous le prétexte qu'elle aurait été mise en œuvre dans un pays où elle est autorisée ? »[95]

Voici la liste complète des signataires : **Jacques Delors** Président de la Commission européenne de 1985 à 1994, **Lionel Jospin** Ancien Premier ministre, **Yvette Roudy** Ministre des Droits des femmes de 1981 à 1986, **Nicole Péry** Secrétaire d'État aux Droits des femmes (1998-2002) et vice-présidente du Parlement européen (1984-1997), **Marie-George Buffet** Députée de Seine-Saint-Denis, ancienne ministre, secrétaire national du Parti communiste français (2001-2010), **Catherine Tasca** Ancienne ministre, première vice-présidente du Sénat, **Nicole Notat** Secrétaire générale de la CFDT de 1992 à 2002, présidente de Vigeo, **Bernard Poignant** Ancien maire de Quimper, **Eliette Abécassis,** écrivain, **Sylviane Agacinski** Philosophe, **Marie-Josèphe Bonnet** Historienne des femmes, **Jocelyne Fildard, Marie-Josèphe Devillers** et **Catherine Morin Le Sech** Coprésidentes de la Coordination lesbienne en France, **Martine Segalen** Ethnologue, **José Bové** Député européen, **Pierre Courbin** Psychiatre, **Marie-Anne Frison-Roche** Professeur de droit à Sciences-Po, **Alice Ferney** Ecrivain, **Brice Couturier** Producteur de radio et écrivain, **Laurent Bouvet** Professeur de sciences politiques à l'Université de Versailles Saint-Quentin-en-Yvelines, **Fabrice d'Almeida** Professeur d'histoire à l'université,**Pierre-Michel Menger** Professeur au Collège de France, **Suzanne Rameix** Philosophe spécialiste de l'éthique médicale, **Olivier Poivre d'Arvor** Directeur de France Culture, **Marie Balmary** Psychanalyste et essayiste, **Odile Macchi** Membre de l'Institut, **Aude de Thuin** Fondatrice du Women's Forum, **Nathalie Heinich** Sociologue, directeur de recherche au CNRS, **Catherine Labrusse-Riou** Professeur émérite à l'école de droit de l'université Panthéon-

---

[95] http://www.liberation.fr/societe/2014/07/13/gpa-monsieur-le-president-de-la-republique_1063256

Sorbonne (Paris-I), **Jean-Noël Tronc** Directeur général de la
Sacem, **Manuel Maidenberg** Pédiatre, **Hervé Chneiweiss**
Neurobiologiste, président du comité d'éthique de
l'Inserm,**Catherine Paley-Vincent** Avocat à la cour, **Jean-
Pierre Winter** Psychanalyste et essayiste, **Sylviane Giampino**
Psychanalyste et psychologue, spécialiste de la petite enfance,
Emmanuelle Jardin-Payet Maire-adjointe à Hermanville-sur-
Mer, **Catherine Dolto** Médecin pédiatre, haptothérapeute et
écrivain, **Myriam Szejer** Pédopsychiatre, **Christine Angot**
Romancière et dramaturge, **Jérôme Vignon** Président des
Semaines sociales de France, **Maurice Ronai**Chercheur,
membre de la Cnil, **Ursula del Aguila** Chroniqueuse et
formatrice, **Sylvia Serfaty** Mathématicienne, lauréate du prix
Henri-Poincaré, **Véronique Baltaksé** Pédiatre, **Dorith Galuz**
Psychanalyste, **Asma Guénifi** Présidente du mouvement Ni
putes ni soumises, **Leili Anvar** Productrice sur France
Culture,**Geneviève Couraud** Présidente de l'observatoire droits
des femmes CG-13,**Christophe Charle** Historien et professeur
des universités, (Paris-I-Sorbonne),**Carol Mann** Anthropologue
et sociologue, **Geneviève Duché** Présidente de l'amicale du Nid,
Jacques Testart Biologiste, **René Frydman** Gynécologue
obstétricien, **Laurence Dumont** Vice-présidente de l'Assemblée
nationale, députée du Calvados, groupe Socialiste, républicain et
citoyen (SRC),**Huguette Bello** Députée de la Réunion, groupe
GDR, **Marie-Odile Bouillé** Députée de la Loire-Atlantique,
groupe SRC, **Marie-George Buffet** Députée de Seine-St-Denis,
groupe Gauche démocrate et républicaines (GDR),**Martine
Faure** Députée de la Gironde, groupe SRC, **Thierry Solère**
Député des Hauts-de-Seine, groupe UMP, **Jean-Philippe Mallé**
Député et conseiller général des Yvelines, groupe SRC, **Armand
Jung** Député du Bas-Rhin, groupe SRC, **Alain Claeys** Député de
la Vienne, groupe SRC, membre du CCNE. La députée socialiste
Anne-Yvonne Le Dain, de Montpellier, est également intervenue
avec force.[96]

96
http://lesalonbeige.blogs.com/my_weblog/culture_de_mort_biothique/page/2/

On remarquera qu'il y a nettement moins d'hommes que de femmes, dans cette liste. Ils sont plus nombreux à se préparer à retourner leur veste quand les temps seront venus, sans doute. Manuel Valls, le 3 octobre 2014 a réaffirmé être opposé à la GPA. Alain Juppé a promis de maintenir l'interdiction de la GPA s'il était élu en 2017. Nul doute que les « manifs pour tous » à répétition aient provisoirement échaudé plus d'un ambitieux.

Et voilà pour les associations signataires : Coordination des associations pour le droit à l'avortement et à la contraception (Cadac), Collectif national pour le droit des femmes (CNDF), Réseau «Encore féministes, aussi longtemps qu'il le faudra», Cercle d'étude de réformes féministes (Cerf), Coordination lesbienne en France (CLF), Réseau féministe «ruptures», Mouvement Ni putes ni soumises (NPNS). Claire Serre-Combe, du réseau « Osez le féminisme » s'exprime avec vigueur, en 2015, dans le même sens.[97]

Autre liste intéressante, celle des premières Françaises signataires de l'appel de mai 2015 pour l'interdiction universelle de la GPA :

Marina Vlady, actrice, **Michel Onfray**, philosophe, **Yvette Roudy**, ex-ministre des Droits des femmes, **Nicole Péry**, ex-secrétaire d'État aux droits des femmes, **Sylviane Agacinski**, philosophe, **Eliette Abécassis**, écrivaine, **José Bové**, député européen, **Anne-Yvonne Le Dain**, députée, **Martine Segalen**, professeure émérite en anthropologie, **Nathalie Heinich**, sociologue, **Geneviève Couraud**, présidente d'Élu-e-s contre les violences faites aux femmes (ECVF), **Monette Vacquin**, psychanalyste, **Irène Tabellion**, présidente de la Lune, association strasbourgeoise de femmes homosexuelles, **Marie-Josèphe Bonnet**, historienne des femmes, **Nora Tenenbaum** et **Maya Surduts**, coordination des associations pour le droit à l'avortement et à la contraception (Cadac).

---

[97] *Le parisien*, 16 juin 2015.

Et pourtant, alors que notre pays est à la pointe de la résistance mondiale, d'innombrables publications présentent la GPA comme inévitable, normale, progressiste, et les journalistes sont les premiers à anticiper. Sauf très rares exceptions, les universitaires, caste spécialement corrompue par ses privilèges, ne discutent pas du bienfondé de la chose, ils se bornent à étudier les modalités de ce qui se passe, dans la légalité ou l'illégalité, et à pondre des publications aussi fades qu'absconses, qu'ils font passer pour neutres, objectives, lourdes de respectables scrupules scientifiques.

L'astuce, pour se trouver une mère porteuse en France, consiste à faire accoucher la mère-valise « sous x » ; elle déclare alors légalement l'abandon de l'enfant ; aussitôt, le père biologique ou le commanditaire le reconnaît ; et son épouse peut faire des démarches pour l'adopter ! On est dans le « bricolage de l'illégalité ». Les autorités savent parfaitement comment ces gens tournent la loi. Les médecins français sont censés [provisoirement] ne permettre l'assistance à la procréation que pour les couples homme-femme atteints de stérilité. Mais il y a déjà des services plus complaisants que d'autres. Et de toute façon, toutes les procédures interdites en France se pratiquent en Espagne, en Grande Bretagne et en Belgique, légalement. Il suffit d'un billet de train pour l'insémination, plus quelques frais, évidemment. Si on veut aller chercher plus loin, alors on parle d' « exil gestationnel » : cela vous donne des lettres de noblesse, les effrontément gays vous parleront de leur « stérilité sociale » à laquelle l'égalité devrait impérativement remédier. Il serait inconvenant de leur rappeler que leur stérilité est parfaitement naturelle.

Pour les dames fuyant comme la peste les rapports de domination, conjugale ou charnelle, leur mot de ralliement implicite est « pas vues, pas prises », et elles se croient capables d'abroger le judicieux dicton : « pas de père, pas de repère». Et puis un jour les enfants grandissent et lisent dans la commisération générale la répugnance que suscite le spectacle d'une amputation prénatale, d'autant plus cruelle qu'elle a été voulue par un demi-père ou une demi-mère incapable qui a préféré acheter ses gamètes à une personne inconnue, plutôt que de donner à une personne de l'autre sexe la possibilité du bonheur dans un accomplissement naturel.

Voici les estimations de l'*Express* : « Selon de récentes estimations, quelque 200 bébés conçus par GPA entreraient en France chaque année. Les parents sont des hommes homosexuels, ou des couples hétérosexuels dont la femme ne peut porter d'enfant. La majorité passe par les États-Unis et le Canada. Un petit nombre d'entre eux se rendent en Inde ou en Ukraine, si l'on se rapporte à plusieurs affaires judiciaires en cours. La Grèce est également une destination, comme le révèle notre enquête. Dans ce business mondialisé, les agences spécialisées jouent un rôle central, attesté par les témoignages recueillis par *L'Express*. Les pratiques de ces officines très méconnues en France restent pourtant difficiles à évaluer, en raison de la complexité de ce mode de procréation. » En bon français, cela veut dire que l'essentiel se fait dans l'illégalité, et mériterait donc des sanctions dissuasives. En fait, c'est la ministre de la justice elle-même qui incite les acheteurs à persévérer dans leurs pratiques, puisqu'elle a cédé aux injonctions de l'UE pour permettre l'inscription à l'État civil français des enfants nés par GPA à l'étranger. Elle anticipe sur une légalisation complète de la chose à brève échéance, ce qu'elle appelle « un changement de civilisation », comme si quelques start-up expertes en techniques commerciales avaient le moindre rapport avec la civilisation.

Mais déjà, *Le Parisien* informait en 2013 en ces termes : « le nombre de couples français qui se rendent à l'étranger en vue d'assistance à la procréation avec don d'ovocytes *(NDLR : en particulier en Espagne)* ne cesse d'augmenter », s'inquiète la Direction générale de la santé (près de 3600 femmes seraient concernées), et « la situation tend à s'aggraver avec le démarchage de plus en plus offensif des établissements et des praticiens français par des cliniques et des organismes étrangers ». Le 16 mai 2015, *Le Parisien* commente la décision du tribunal de Nantes de légaliser en tant que fils bien français de leurs parents adoptifs trois enfants. La condamnation de la France par la CEDH en juin 2014, suivie de la décision de Mme Taubira d'obtempérer, installe donc une jurisprudence ; l'un avait eu une mère porteuse aux États-Unis, un autre en Ukraine, le dernier en Inde.

Avis aux blouses blanches : les services de Marisol Touraine menacent de cinq ans de prison et 75 000 € d'amende tout gynécologue français qui relaierait des offres commerciales auprès de ses patientes. En clair : qui les inciterait à se rendre en Espagne, par exemple, pour réaliser une PMA. Déjà, en 2011, un rapport de l'inspection générale des affaires sociales (IGAS) évoquait des « rétro commissions » proposées à des praticiens français par des cliniques espagnoles, une pratique visiblement en expansion : des lettres adressées à certains médecins, que nous nous sommes procurées, monnayent clairement l'envoi de patientes de l'Hexagone à Alicante ou Barcelone.

Aujourd'hui, la profession est en émoi. Sylvie Epelboin, gynécologue et coordinatrice du centre AMP de l'hôpital Bichat, à Paris, se dit « surprise de ce rappel à l'ordre, alors que [leurs] patientes en situation de détresse n'ont souvent pas d'autre choix que d'aller à l'étranger ». La France, selon elle, est d'autant plus hypocrite que l'assurance maladie veut encourager le don d'ovocytes, et prend en charge les frais médicaux requis pour cela à hauteur de 1600€ lorsqu'ils ont lieu dans l'Union européenne.

Au-delà de ces reproches de fond, beaucoup pensent que jamais le ministère n'aurait publié une telle circulaire si le business européen de la procréation médicalement assistée n'était pas en plein essor. De fait, en Espagne, Italie, Grèce, voire en République tchèque, de plus en plus de centres proposent à des couples d'accéder à leur rêve grâce à une donneuse aussi fertile que… rémunérée.[98]

Cet article ne concernait que l'AMP, mais c'est la première étape sans laquelle la GPA ne peut pas se développer. En France, les intérêts contradictoires donnent donc lieu à des situations

---

[98] http://www.leparisien.fr/espace-premium/fait-du-jour/pma-le-gouvernement-veut-mettre-fin-aux-derives-05-02-2013-2540433.php

difficiles à débloquer. En 2010, lors de la préparation de la loi de bioéthique de 2011, la France était le pays le plus conservateur d'Europe en matière de lois sur l'AMP ; psy et cathos étaient entendus, et bien d'accord pour freiner toute évolution dans le sens de la permissivité. Ce n'est probablement plus le cas, mais le gouvernement préfère retarder toute réouverture du dossier. En mai 2014, les agences pouvaient quand même se frotter les mains : une proposition de loi visant l'extension de la PMA au profit des couples homosexuels été adoptée par le groupe Europe Écologie Les Verts emmené par Sergio Coronado et Esther Benbassa [99] Le lobby LGBT, représenté par une seule association de 2000 personnes, avouait en 2012 obtenir des subventions destinées à manipuler l'opinion de 65 millions de Français, notamment de la mairie de Paris, tenue par Bertrand Delanoë.[100]

Espagne

En Espagne, il y a plus de 100 « centres de reproduction humaine », et les Français y représentent 10% des clients. Leur chiffre d'affaires était de 350 millions d'euros en 2010.[101] Le médecin espagnol Antonio Pellicer est une sommité mondiale dans le domaine de la fertilité ; ce dernier s'est vu remettre le prix Sallat-Baroux, qui récompense des avancées de la recherche dans le domaine de la reproduction humaine. Un choix loin d'être anodin de la part de l'Académie de médecine, qui jette ainsi un pavé dans la mare de la bioéthique française. Si Antonio Pellicer est aujourd'hui aussi en pointe sur l'implantation embryonnaire, « c'est que la loi, très progressiste en Espagne, lui permet des recherches de pointe et d'avoir pu créer en 1990 un centre

[99] http://www.lefigaro.fr/vox/societe/2014/05/06/31003-20140506ARTFIG00344-apres-la-loi-taubira-la-pma-et-de-la-gpa-sont-elles-ineluctables.php

[100] https://enfantsjustice.wordpress.com/2012/10/06/une-association-lgbt-reconnait-manipuler-lopinion-pour-imposer-lhomoparentalite/

[101] *L'Express*, 16 09 2010

d'excellence en matière de fertilité et d'implantation, à Valence ». En vingt-cinq ans, ce seul réseau de 22 cliniques IVI-fertility a permis la naissance de 90 000 bébés.

765 Françaises y sont venues pour bénéficier d'un don d'ovocytes en 2014. Un nombre en constante augmentation depuis quatre ans.[102] La GPA est formellement interdite en Espagne, selon la loi de 2006, mais on a bien plus de données qu'en France sur ce qui se passe en toute illégalité, les agences (illégales, mais démarchant en France comme en Espagne ! ! ! !) publient leurs résultats sur internet sans encombre. Certaines agences disent qu'elles ne souhaitent même pas que la GPA soit légalisée en Espagne, parce que les coûts y seraient élevés, alors que les acheteurs se précipitent sur les pays où la main d'œuvre est la moins chère, de l'Ukraine à la Thaïlande.! L'Espagne a réussi à interdire l'agence Subrogalia, dont le siège était à Barcelone, et qui a perdu plusieurs procès pour escroquerie.

800 couples espagnols achèteraient leur enfant aux USA (principalement en Californie) chaque année, et le chiffre est en augmentation rapide. L'Ukraine a aussi des centaines de clients espagnols. L'Espagne comme la France a été condamnée par les instances européennes, pour refus d'entériner le fait accompli délictueux, conduisant à octroyer la nationalité des parents d'intention à l'enfant acheté. Elle s'est inclinée depuis, mais chaque cas particulier donne matière à litige. A noter que les problèmes ont commencé avec les premiers couples homosexuels prétendant être inscrits tous deux comme parents de l'enfant, selon la loi espagnole du « mariage pour tous ». Auparavant, les consulats ne se posaient pas la question quand un homme et une femme venaient déclarer leur nourrisson, même si les dates du séjour à l'étranger de ces personnes prouvaient qu'elles n'avaient fait le déplacement que pour l'accouchement d'une mère porteuse. On assiste donc en Espagne, comme en France et en Suisse, à une résistance bien réelle aux directives

---

[102]   http://www.leparisien.fr/laparisienne/societe/don-d-ovocytes-des-medecins-plaident-pour-les-femmes-29-01-2015-4488607.php

européennes et aux privilèges en matière de trafic d'enfant que ces directives veulent faire reconnaître pour les homosexuels.

Mais le lobby LGBT n'a pas l'intention de lâcher le morceau. En Espagne, la loi pour le "mamariage" et le "papariage" est passée en 2005. En 2006, dans un véritable réveil en sursaut, la GPA, déjà florissante mais discrète, se voyait interdite. En 2015, dans la province autonome de Murcie[103] deux hommes arrivent à convaincre les juges de leur faire attribuer des congés de maternité en bonne et due forme, au nom de « l'égalité ». La Sécu locale renâclait : elle devra payer 114 euros par jour pendant 18 semaines à ce que la langue espagnole appelle un « desalmado », un sans-âme, capable de tous les crimes. L'archevêque de Valence, Mgr Antonio Canizares Llovera s'exprime avec fougue contre l'idéologie du "gender", la qualifiant de "plus grande menace pour l'humanité".

La langue espagnole appelle, selon la même logique, « desmadre » (reniement de sa mère) tout geste relevant de la folie criminelle. Le réalisateur Almodovar a beaucoup fait pour populariser toutes les aberrations sexuelles. Mais le peuple continue de mépriser les homosexuels, et d'estimer sans comparaison possible les hommes capables de faire naturellement d'une femme une mère, les femmes capables de faire des hommes des pères, et les couples capables de donner naturellement à la chair de leurs chair de vrais parents complets, du début jusqu'à la fin. Le parti Podemos s'oppose à la GPA, contrairement au parti Ciudadanos, qui voudrait qu'elle soit altruiste, et non commerciale ; le premier ministre Pedro Sánchez (socialiste) a comparé la GPA au trafic d'organes.

Les Espagnoles sont à la pointe de la résistance, en Europe, sur un terrain : celui de l'avortement ; et elles ont fait reculer le gouvernement, reculer la libéralisation de l'avortement pour convenance personnelle (depuis 2014, le Parti Populaire demande l'abrogation de la loi socialiste très permissive de 2010,

---

[103] http://www.elperiodico.com/es/noticias/sociedad/pension-maternidad-padre-dos-ninos-nacidos-vientre-alquiler-4136005

pour revenir à celle de 1985, la première ayant dépénalisé la chose, mais limitant la pratique aux cas relevant de la médecine, non de l'irresponsabilité). Elles ont raison : si on ne défend pas la maternité et la paternité à la source, alors toutes les usurpations seront légalisées petit à petit.

Sous la pression de la rue, le PSOE au pouvoir a proposé le 29 mai 2015 un amendement interdisant purement et simplement la GPA. Cet amendement a été rejeté. Et pour les agences, la GPA est un fait accompli en Espagne depuis longtemps, dans les couples de femmes, dont l'une choisit de porter le fuit des ovocytes de l'autre. « On ne reviendra pas en arrière », disent-ils, en faisant observer qu'autrefois les « bébés éprouvette » faisaient scandale, mais qu'on n'oserait plus employer un terme aussi méprisant. Les agences redoutent malgré tout, comme le lobby LGBT, que le mouvement populaire Podemos arrive au pouvoir.[104] Les féministes regroupent leurs forces, et refusent le statut de femmes "valise" ou "vaisselle", comme elles disent.

Ukraine

Kiev serait la capitale mondiale de la GPA, avec 4000 naissances à son actif. L'Ukraine est un vivier unique de jeunes filles recherchées pour la vente de leurs ovocytes et de femmes misérables pour la location de mères porteuses, avec un gouvernement très peu regardant. C'est là que se fournissent les Israéliens, de préférence. Biotexcom, qui se déclare la plus grosse entreprise de GPA en Europe, y a son siège, et annonce 250 "processus" par an. Elle y fait des promotions. La procédure se fait principalement sur internet, il suffit de deux voyages à Kiev, et le forfait inclut l'envoi d'un ventre en silicone, pour tromper l'entourage de la commanditaire censée être la mère, dans les pays où le recours à une mère porteuse est illégal. « Avant la guerre qui ravage sa partie orientale, la principale destination low-cost pour les Français était l'Ukraine, où cinq grandes

---

[104] http://www.subrogalia.com/es/ultimas-noticias.php

agences se partagent le marché moyennant environ 30.000 € la gestation. Sans compter les mères porteuses qui proposent, sur Internet, leurs services pour moitié moins cher.»[105] Le confinement du printemps 2020 a révélé l'ampleur des installations pour accueillir les enfants commandés, avec des centaines de bébés bloqués, leurs parents acheteurs ne pouvant pas aller les récupérer, parce que certains de leurs consulats leur refusent des visas pour l'Ukraine au motif que la GPA est illégale chez eux. La Coalition internationale pour l'Abolition de la Maternité de Substitution (CIAMS) rappelle que « la GPA a été expressément reconnue par la Rapporteuse spéciale des Nations-Unies comme de la vente d'enfants au sens du Protocole additionnel à la Convention des droits de l'enfant (Rapport 2018) « *et que le Parlement européen* » a condamné sa pratique "qui va à l'encontre de la dignité humaine de la femme, dont le corps et les fonctions reproductives sont utilisés comme des marchandises"», « la situation de ces enfants, bloqués en Ukraine, en raison des mesures de protection liées à la pandémie actuelle, est symptomatique des méfaits que peut engendrer le recours à la maternité de substitution transnationale ». L'Ukraine délocalise dans la partie nord de Chypre ses services de GPA pour couples gays, théoriquement interdite.

Roumanie

Forte de son expérience dans le domaine de l'adoption internationale, et de la vente d'ovocytes, la Roumanie s'est jetée à corps perdu, de façon anarchique, par petites annonces sur internet, dans le nouveau business. Voici un reportage saisissant : « J'ai aussi reçu une réponse du mari d'une personne prête à accepter de porter un enfant. Il m'a expliqué au téléphone que sa femme a seulement 24 ans, et deux enfants. "Comment voulez-vous qu'on procède ? Vous avez besoin d'une mère porteuse traditionnelle ou d'une mère porteuse gestationnelle ? Pour la

---

[105] « Enquête sur les filières de la GPA », *Le Journal du Dimanche*, 31/08/2014
http://www.lejdd.fr/Societe/Sante/Enquete-sur-les-filieres-de-la-GPA-683668

mère porteuse traditionnelle, son ovule est fécondé par le sperme d'un donneur, alors qu'une mère porteuse gestationnelle doit recevoir des embryons fécondés", m'explique en détail l'homme. Je lui ai demandé s'ils avaient déjà fait cela et il a répondu que oui, mais que les choses ne se sont pas déroulées comme il fallait. "Ma femme était enceinte pour un couple, mais le couple a changé d'avis et n'ont plus voulu de l'enfant. Nous avons dû interrompre la grossesse à nos frais", dit l'homme. Il ne regrettait pas l'avortement, mais l'argent dépensé.[106]

A l'occasion d'un procès, *Le Parisien* révèle le 9 février 2015 l'existence d'un trafic d'enfants roumains vendus par des Roms à des familles rom. La méthode la plus rudimentaire fonctionne parfaitement, nul ne sait à quelle échelle : une femme roumaine vient accoucher en France sous une fausse identité, livre l'enfant, et repart aussitôt.

Grèce

Pour les homosexuels, un pays se distinguait en 2013 par sa permissivité, la Grèce. Il était destiné à jouer pour les Euro-gays le rôle d'Eldorado, comme le Mexique pour les US-gays, et le Népal pour les israélo-gays. L'idée était d'appeler à la rescousse Alcibiade et Socrate, Achille et Patrocle, Praxitèle et ses modèles etc., comme parrains mythiques de la chose. Mais depuis quelques temps, ce pays ne figure plus sur les catalogues « spécial gays » des agences… La Grèce reste à l'avant-garde de la redéfinition juridique des notions de père et mère aboutissant à invalider les lois de la nature. La GPA a été validée en 2005 sans aucune opposition au parlement. Lors des débats, il a été reconnu qu'il s'agit de compenser le déficit de la natalité dans le pays. L'AMP est ouverte aux femmes célibataires. Pour encourager le baby business, la loi grecque stipule qu'il n'est pas nécessaire d'avoir la nationalité grecque pour pratiquer la GPA,

---

[106] http://www.courrierinternational.com/article/2012/10/23/quinze-mille-euros-pour-un-enfant

il suffit de « résider » dans le pays, ce qui est bien élastique : « Si la société accepte le recours à la maternité de substitution, les Grecques ne conçoivent pas d'être elles-mêmes des mères porteuses. Ainsi, Roumaines, Albanaises et Bulgares sont recrutées pour porter le bébé d'une autre. Pourtant, selon la loi, la mère porteuse doit résider en Grèce. « Ce n'est pas difficile de contourner cela, juge le professeur Papazissi, en haussant les épaules. Depuis la fin de la dictature, ce n'est plus obligatoire de déclarer son lieu de résidence en Grèce. N'importe qui peut dire qu'il habite là, le tribunal ne peut pas vérifier, il n'y a pas de registre ». Un legs historique bien pratique que les avocats utilisent pour arranger des résidences fictives. Depuis l'entrée de la Roumanie et de la Bulgarie dans l'Union européenne en 2007, l'exercice est encore plus facile : plus besoin de carte de séjour, les mères porteuses peuvent entrer et sortir du pays sans se faire remarquer.

Les futurs parents doivent aussi justifier d'une résidence permanente en Grèce. Certaines cliniques proposent même des intermédiaires rémunérés qui se chargent de constituer des fausses preuves de présence prolongée en Grèce : location d'un appartement bon marché pour obtenir un bail, tickets de caisse prouvant des achats dans la ville, inscription dans une bibliothèque...

Il suffit donc de s'arranger avec la législation, voire parfois de la contourner. Car si les restrictions imposées par la loi sont strictes, les contrôles sont rares. L'autorité indépendante chargée de surveiller l'aide à la procréation a fermé en 2008, officiellement pour des raisons économiques. « À mon avis, cette absence de contrôle n'est pas seulement le résultat de la crise économique, juge le professeur Fundedaki. C'est voulu. La procréation artificielle est une activité très, très lucrative. Les centres médicaux, les médecins, beaucoup de personnes ont intérêt à ce qu'on ne contrôle pas trop cet univers. »

Dans un pays où pullulent cabinets de gynécologie et cliniques privées d'aide à la procréation, difficile de résister à la pression des concurrents malhonnêtes. Si un médecin refuse de pratiquer des actes illégaux, comme l'achat d'ovocytes ou la rémunération de mères porteuses, il suffit de frapper à la porte de la clinique voisine pour obtenir satisfaction. Riche, le lobby médical est aussi très bien représenté au sein du parlement grec. Ses exigences sont relayées au plus haut niveau de l'État.»[107]

Pauvreté, migration, vente de ses organes ou de sa puissance d'enfantement vont de pair, partout dans le monde... Les pays les plus désespérés sont les moins chers à acheter, mais partout où les peuples se mettent en colère, le sale business recule.

Israël

Le pays le plus libéral de tous n'est jamais mentionné : il s'agit d'Israël, qui a été le premier pays à pratiquer la PMA, puis à légaliser la GPA, en 1996, et qui depuis la loi votée en première instance à la Knesset le 27 octobre 2014 autorise toute personne, en couple ou isolée, à s'adonner à la GPA, en tant que femme couveuse, acheteur, médecin, chef d'entreprise ou agent. Les homosexuels sont désormais bien protégés par la loi israélienne, s'ils souhaitent s'acheter un enfant et s'en déclarer père et mère. Pour ce qui est des productrices, elles doivent prouver leur judaïté. On verra ci-dessous qu'il y a beaucoup de restrictions destinées à garantir que l'enfant acheté soit bien classé «juif». Mais cela est également destiné à inciter des candidats juifs du monde entier à demander la nationalité israélienne pour bénéficier de ces critères de sélection rigoureux. Seul cas au monde, TOUS les frais de reproduction artificielle des citoyens y sont pris en charge par l'État. Les chiffres officiels parlent de 4000 enfants nés par GPA. Les enfants nés par GPA sont automatiquement inscrits comme fils israéliens des parents acheteurs ayant la nationalité israélienne, sans autre formalité, la mère porteuse disparaît de tout registre, sauf si elle est juive.[108]

---

[107] http://www.theparthenonpost.com/2013/04/11/un-bebe-pour-40-000-euros-a-trois-heures-de-paris/

[108] http://benillouche.blogspot.fr/2013/02/procreation-medicalement-assistee-la.html

Les performances israéliennes correspondent à un projet politique cohérent : un couple sur quatre se déclare infertile[109], véritable record mondial, et l'État juif peine à se renouveler en tant que tel, il s'agit pour lui de favoriser par tous les moyens la production d'enfants labellisés juifs ; la définition de la judéité est sujet à polémique, le point de vue religieux est bien plus restrictif que le point de vue politique. Mais il s'agit pour la loi civile de faire feu de tout bois. D'autant plus que les Palestiniens ont eu longtemps le taux de natalité le plus élevé au monde... Et Israël ne cache aucunement l'enjeu politique qui sous-tend ses choix : il s'agit de compenser la perte des innombrables victimes de l'Holocauste (selon le mode de calcul israélien, il faut ajouter aux chiffres officiels les générations non nées, et les suivantes) et les pertes résultant des guerres contre les Palestiniens[110]. Psychologiquement, le ressort de la revanche collective peut être extrêmement puissant.

Le soutien officiel à la procréation artificielle, amenant à des brassages de gamètes entre juifs du monde entier, obéit aussi à des contraintes génétiques. La population juive, dans le monde entier, pratique l'endogamie à un degré plus systématique que la plupart des sociétés, depuis des millénaires. Cela débouche sur une abondance de maladies génétiques produit de la consanguinité. La société israélienne fait le choix de l'eugénisme déclaré : aussi, pour améliorer la race, avec le dépistage prénatal, voire prénuptial systématique, l'avortement thérapeutique est pratiqué à une échelle bien plus vaste qu'ailleurs de par le monde[111], en particulier dans la communauté ashkénaze.

---

[109]   http://www.jpost.com/Opinion/Israels-double-game-on-the-surrogacy-issue-402477

[110] http://www.i24news.tv/fr/tv/revoir/reportage/3786019276001

[111] 17% du total de 3476 avortements pratiqués en 2003, selon le ministère de la santé (*www.health.gov.il* ; chiffre fourni, ainsi que la liste des maladies génétiques dépistées par Yael Ashiloni, dans son ouvrage *Between Mothers,*

La sociologue israélienne Yael Ashiloni Dolev explique dans son livre *Qu'est-ce qu'une vie « méritant d'être vécue »*?[112], l'ampleur du consensus sur ces questions. Nous traduisons ci-dessous les résultats de ses enquêtes qui la surprennent elle-même, parce qu'ils sont à l'opposé de ce qu'elle constate dans la société allemande (qui ne veut pas entendre parler de grossesse pour argent, à l'instar de la société française) :

Impossible de comprendre la logique culturelle qui sous-tend les usages de la médecine génétique sans tenir compte de la mentalité scientifique de la société israélienne. Tandis que les autres sociétés post-industrielles sont hantées par le thème du risque [que font courir les innovations sous couvert de science], cette sensibilité est quasiment absente en Israël, et le public a toute confiance dans la science et le 'progrès'. Ainsi pour ce qui est sujet à controverse partout ailleurs, la recherche sur les cellules-souche, le diagnostic génétique, le clonage. Cette attitude s'explique par le contexte du discours culturel, politique et religieux, qui présente la biotechnologue comme cruciale pour la perpétuation de l'existence juive au Proche Orient ; [il s'agit de contrer la « bombe à retardement » de la démographie palestinienne] et effectivement, la survie même d'Israël dans un environnement aussi hostile dépend de sa modernité, autrement dit, de la supériorité israélienne en matière de science et de technologie.

D'ailleurs, il n'y a eu aucune condamnation rabbinique sur la recherche dans le domaine des cellules souche, du clonage ou des expériences génétiques sur les humains. Au contraire, en tant que gardiens de la loi, les décideurs rabbiniques tendent massivement à considérer ces pratiques comme hautement morales, et ils cherchent des solutions légales pour que les gens puissent exploiter les bénéfices de ces recherches. Tandis que la

---

Fetuses and Society : Reproductive Genetics in the Israeli-Jewish context, 2006).

[112] What is a Life (un)Worthy of Living ? Reproductive Genetics in Germany and Israel is forthcoming (Dordrecht : Springer/Kluwer).

plupart des enseignements chrétiens insistent sur la subordination des humains à Dieu dans le processus de la création, dans le judaïsme, l'accusation de « se prendre pour Dieu » est hors sujet. Les êtres humains sont encouragés à prendre une part active dans la création divine, en luttant pour l'améliorer constamment, entre autres, dans le domaine du soulagement des souffrances. [L'élimination des handicapés avant la naissance, très courante, se justifie en termes de soulagement de la mère, de l'enfant qui vivrait un calvaire, et du fardeau économique qu'ils représenteraient pour l'État].

Traditionnellement les juifs ont le plus grand respect pour la médecine, et les grossesses sont hyper médicalisées en Israël. Et les Judéo-américaines, même si elles ne sont nullement pratiquantes, sont nettement plus ouvertes aux interventions médicales que les autres femmes, elles considèrent la médecine moderne comme une bénédiction, en particulier en matière de reproduction assistée. Cette foi dans la science se vérifie aussi dans le rapport à l'eugénisme.

[Dès les débuts du sionisme] bien des savants étaient portés par l'aspiration à dessiner et à ratifier l'identité nationale juive émergente en prouvant l'existence d'une origine biologique commune à tous les juifs israéliens, parfois au prix de travaux débouchant sur des conclusions quelque peu biaisées. En dehors du contexte de l'État juif, cela serait perçu comme une utilisation de la médecine génétique pour répondre à des questions racistes. Mais ce n'était pas le cas en Israël, et des recherches sont toujours en cours pour identifier le « génome juif ».

L'éminent professeur de génétique Raphaël Falk en vient à lire l'histoire entière du sionisme comme un projet eugéniste. Le judaïsme comme essence biologique est un postulat indissociable de la pensée sioniste à la fin du XIX° siècle. Alors que les juifs européens luttaient contre l'idée que les juifs soient une race, les dirigeants sionistes tels que Hess, Herzl, Bialik, Nordau ou même Martin Buber insistaient pour qu'on ne fasse pas l'impasse sur la dimension biologique du peuple juif. Sachlay Stoler-Liss, écrivant sur la maternité sioniste, montre que dans les années 1920, 1930 et au-delà, l'eugénisme était le dénominateur commun des pédiatres, gynécologues et autres experts sionistes dans les yishuv, les communauté juives de Palestine, avant la création de la structure étatique, et ils faisaient tout pour améliorer quantitativement et qualitativement les prochaines générations de « sabras ».

Il semble que rien n'ait changé dans la société israélienne, comme si les conséquences historiques fatales de la médicine génétique pour les juifs européens n'avaient laissé aucune trace. Les généticiens israéliens se perçoivent comme les victimes du racisme, et n'ont en conséquence aucun regard moral critique sur leurs propres activités professionnelles, encore moins sur le rapport qui pourrait exister avec les errements du passé. Cette tournure d'esprit caractérise aussi les militants pour la cause des handicapés. Ils perçoivent le diagnostic prénatal comme tout à fait eugénique, et le soutiennent précisément pour cette raison, ils ne voient là que le moyen d'améliorer la santé des futurs Israéliens. En Occident, « eugénisme » est un terme for mal connoté, mais nullement en Israël. » [113]

---

[113] En 2013, Israël comptait 8.059 millions d'habitants, dont 75,4% de juifs. En 2014, 24 801 juifs ont immigré. Trois juifs sur cinq continuent de résider en dehors d'Israël. 75% des Israéliens qui quittent le pays s'installent aux États-Unis. Sagi Balasha, le responsable du Conseil Israël-USA qui représente les Israéliens vivant aux États-Unis et dont le siège est à Los Angeles, confiait au mois de juin 2014 au journal Haaretz que le nombre d'Israéliens vivant aux États-Unis oscille entre 500.000 à 800.000 personnes. Selon le Times of Israël, «près de 15 900 Israéliens ont quitté Israël l'année 2012 mais à peu près 13 500 sont revenus – il y a donc une perte nette de 2400 citoyens, que l'on peut comparer avec les 10 000 citoyens par année qui sont partis entre les années 1986 et 2008. En fait, selon les fonctionnaires chargés du contrôle des frontières, plus d'un quart de ceux qui ont émigré en 2012 sont restés à l'étranger pendant plus d'un an avant de revenir. Cette perte nette de 2400 citoyens israéliens ne prend pas en compte les chiffres de l'alyah – l'immigration juive – ou les naturalisations, qui ont permis d'ajouter à la population 18 000 nouveaux citoyens en 2012. En d'autres termes, grâce à seule la migration, Israël a gagné 15 000 nouveaux citoyens ou résidents cette année-là. » (http://fr.timesofisrael.com/le-taux-demigration-israelien-historiquement-bas/) Enfin, selon un sondage de la chaîne Arutz 2, un Israélien sur trois émigrerait s'il le pouvait. http://www.i24news.tv/fr/actu/israel/societe/42963-140907-un-tiers-des-israeliens-envisagerait-d-emigrer

De fait, le renouvellement des générations juives, et en particulier en Israël, est loin d'être assuré. Les femmes israéliennes, comme toutes les femmes qui ont le choix, ont tendance à retarder l'âge de la maternité. Tout cela diminue d'autant le taux de fécondité du pays. Le facteur religieux est utilisé par les autorités sanitaires dans le sens des intérêts du business de l'avortement ; comme en islam, le judaïsme considère que le statut de personne n'est pas conféré à l'être humain depuis sa conception, ce qui est le point de vue catholique ; le statut d'humain s'acquiert graduellement, pendant la vie *in utero*. Le Talmud réduit d'ailleurs la catégorie des êtres humains à part entière à la race juive, telle que définie par une lignée maternelle juive identifiée. Les discussions « talmudiques » permettent donc tout à fait de projeter sur les humains des techniques ayant fait leurs preuves sur les animaux. Cette permissivité explique qu'il n'y ait pas de freins moraux à la recherche et au commerce issu de l'ingénierie génétique, en particulier quant à l'utilisation de « matière première » non juive (gamètes, embryons et fœtus destinés à des usages médicaux ou pharmaceutiques, enfants destinés à servir de réservoir d'organes ou à d'autres usages : de même les « mères porteuses » sont considérées comme des moyens de production neutres. Le concept de bioéthique, très à l'honneur en Israël, est très généralement utilisé pour légaliser ce qui, selon la morale naturelle, est inadmissible.

Enfin les outils juridiques israéliens servent de modèle dans tous les pays qui légalisent la GPA. Le droit naturel d'une mère sur l'enfant qu'elle porte, et celui de l'enfant à être élevé par sa mère, sont évacués au profit de la considération unique d'un contrat commercial à honorer, signé entre acheteurs et vendeurs. Les agences garantissent la légalité de ces contrats, et fournissent les avocats qui auront raison des législations nationales récalcitrantes à appliquer les normes israéliennes.

Il ne faudrait pas inférer de ce qui précède, qu'il n'y ait pas d'opposition philosophique se revendiquant du judaïsme. Certains penseurs s'accrochent à l'épisode fondateur de la Genèse, interdisant à Adam et Eve de consommer les fruits de « l'arbre du Bien et du Mal », ou « arbre de la connaissance », dans un vocabulaire laïque, ce qui rattache notre problématique à celle de l'inceste, consommation suprême du « fruit » défendu.

Ainsi Habermas et son école interdisent aux parents de se faire « les architectes de leurs enfants », ce qui constituerait une transgression de la frontière légitime entre enfants et parents, et priverait les enfants de leur pleine autonomie éthique[114]. Un écrivain israélien chrétien se distingue par sa radicalité critique contre les sophismes de la biotechnologie reproductive israélienne, parmi d'autres facettes de ce qu'il appelle notre néo-cannibalisme moderne : Israël Adam Shamir. Il écrit : «La question correcte n'est pas « est-ce que les mères porteuses devraient être autorisées à porter un enfant dans leur corps pour d'autres ? », comme on nous présente parfois la chose. C'est une question du même acabit que celle-ci : « devrait-on autoriser les gens à nourrir les crocodiles de leur propre corps ? »[115]

La biotechnologie israélienne à l'international

Le secteur high-tech de la procréatique se développe encore plus à l'international, car "l'industrie israélienne des biotechnologies est la plus dynamique du monde, avec plus de start up par habitant qu'aucun autre pays. Il s'agit de 180 entreprises de biotechnologie, toutes construites sur la combinaison d'excellence académique, de main d'œuvre hautement qualifiée, d'inventivité avant-gardiste et d'audace entrepreneuriale"... les exportations du secteur des sciences de la

---

[114] David Heyd, Genethics : Moral Issues in the Creation of People (Berkeley : University of California Press, 1992) ; Jurgen Habermas, "On the Way to Liberal Eugenics ? The Dispute over the Ethical Self-Understanding of the Species" (Paper presented at the Colloquium in Law, Philosophy and Political Theory, New York University, August 2001).

[115] « Esclavage et cannibalisme dans le monde moderne », http://plumenclume.org/blog/35-esclavage-et-cannibalisme-dans-le-monde-moderne-par-israel-adam-shamir

vie génèrent aujourd'hui plus de 3 milliards de dollars par an".[116] Autres concepts clés du « bouclier de l'innovation technologique » : le transfert de l'étatique au libéral, de la recherche à l'entreprise, comment créer un cluster ou une "vallée de l'innovation"... faire tomber les murs ou passer par-dessus... une terre promise pour le capital-risque... le goût du secret, les passerelles militaire-civil, ouverture et décloisonnement dans la circulation de l'info etc. La biotechnologie générait 3 milliards de dollars en 2014. La procréatique en fait partie, et tout est mis en œuvre pour la développer et la vendre à l'étranger. En effet, il n'y a aucun obstacle légal au commerce résultant de la procréatique. Les agences de gestation pour autrui, à but strictement lucratif, ne sont soumises à aucune réglementation. Le « tourisme médical embryonnaire » gravite autour de ces sociétés, qui visent le marché mondial. La logique mercantile y règne donc en maître, d'autant plus que les acheteurs ou demandeurs viennent de pays au contraire très restrictifs. Les firmes Alphaclinic et Kadymasten se distinguent. Cette dernière fait de la culture de cellules souches embryonnaires, produisant artificiellement des cellules cérébrales, et en particulier de la myéline destinée à être utilisée dans le traitement des maladies neurodégénératives. Les usages « médicinaux » des embryons et des fœtus ne rentrent pas dans notre sujet, mais le marché du prénatal fait appel aux mêmes pondeuses, à la même main d'œuvre et aux mêmes spécialistes, quel que soit le client, futur parent ou labo. La France achète des embryons à Israël pour la recherche. Les recruteurs trouvent principalement en Arménie, en Roumanie et en Ukraine des gisements de femmes "donneuses" d'ovocytes (l'extraction se faisant dans des cliniques israéliennes, principalement à Chypre) et pourvoyeuses d'utérus à louer. Et ils redirigent beaucoup de clients acheteurs vers d'autres continents moins chers, en encadrant étroitement leurs démarches, en les accompagnant dans leurs voyages reproductifs avec des interprètes etc.

---

[116] *Israel Valley, le bouclier technologique de l'innovation*, par Edouard Cuckierman et Daniel Rouach, 2013, Pearson, France, p. 133.

Le film *Google Baby*, traduit en français comme *Bébés en kit*,[117] et diffusé par Arte une seule fois en 2011, mais désormais à la portée de chacun, en français, sur youtube, a fait connaître l'homme d'affaires pionnier en matière de commerce triangulaire : Doron Mamet, un homosexuel qui s'est acheté une petite fille, et a depuis créé le réseau faisant concurrence à la filière purement américaine : production de gamètes ultra-sélectionnés aux US, mise en route d'embryons surgelés en Israël, gestation dans les usines à bébés hyper-contrôlées en Inde, livraison sur place, par césarienne, aux acheteurs commanditaires, cabinets d'avocats facilitant l'exportation légale du produit puis son importation tout aussi légale dans les pays de destination. Doron Mamet et son équipier Roy Yoldouz sont les créateurs de la start up Tammuz (« Renaissance »), très performante, dont le séisme qui a frappé le Népal en avril 2015 a révélé les scandaleuses pressions sur le gouvernement népalais, au nom des intérêts israéliens. Les Népalais, qui interdisent la location d'utérus à leurs ressortissantes, sont indignés.[118] L'agence Tammuz y gérait la production de 80 nourrissons, et elle a exigé que soient sauvés et rapatriés en priorité 15 nouveau-nés commandités par des Israéliens, au mépris de l'urgence de sauver également les Népalais, entre autres les mères de leur

[117] Ce film est désormais en accès libre :
https://www.youtube.com/watch?v=CHj21kk1I18

[118] Débat éthique sur les bébés israéliens « importés » du Népal
Posted : 29 Apr 2015 12 :51 AM PDT
http://alyaexpress-news.com/2015/04/debat-ethique-sur-les-bebes-israeliens-importes-du-
nepal/?utm_source=feedburner&utm_medium=email&utm_campaign=Feed
%3A+AlyaexpressNews+%28Alyaexpress+News%29
Les Israéliens au Népal : « Les Népalais sont de plus en plus agressifs envers les Israéliens, nos vies sont en danger »
Posted : 28 Apr 2015 10 :30 AM PDT
http://alyaexpress-news.com/2015/04/les-israeliens-au-nepal-les-nepalais-sont-de-plus-en-plus-agressifs-envers-les-israelites-nos-vies-sont-en-danger/?utm_source=feedburner&utm_medium=email&utm_campaign=Feed
%3A+AlyaexpressNews+%28Alyaexpress+News%29

butin. L'agence Tammuz se vante d'avoir produit 382 enfants, dont 122 en 2014.[119]

Bref, un immense réseau parfaitement globalisé à découvrir. Quel lien avec Israël ? Si les agences sont concurrentes, elles n'en partagent pas moins une expérience, un savoir-faire et des services juridiques performants. Et avant l'assemblage, le couvage et la mise en circulation, les pièces d'origine, spermatozoïdes et ovocytes, voyagent énormément, les emballages isothermes sont parfaitement au point, les compagnies aériennes n'y voient pas d'inconvénient.

Du point de vue israélien, la mondialisation du commerce des cellules sexuelles humaines, des embryons, des fœtus et des nouveau-nés correspond simplement à une adaptation de la notion de famille à un univers de liberté sans frontières pour le bonheur de tous, s'élargissant considérablement, et ce n'est en rien une transgression. Une simple question de bon sens, en somme, comme le dit le document ci-dessous. Publié juste avant l'adoption de la loi étendant aux homosexuels les bienfaits de l'invention de la GPA, qualifiée à juste titre d'invention israélienne, cet article enthousiaste de Jacques Benillouch est comme la matrice d'innombrables articles, dans le monde, destinés à ouvrir les mentalités à l'innovation, et à faire taire la réprobation.

… « D'ordinaire, les juifs orthodoxes, conservateurs et fidèles à leur dogme figé depuis l'origine de leur religion, n'acceptent aucun amendement aux lois datant de l'époque de Moïse. Tout essai de moderniser des pratiques anachroniques est assimilé pour eux à une déviation religieuse, sinon à une profanation de la loi orale. Ils ont interdit aux juifs libéraux d'avoir droit de cité en Israël et rejettent en bloc toutes leurs décisions cultuelles. Ils s'accrochent à leurs textes avec toute l'énergie de leurs convictions.

---

[119] https://www.youtube.com/watch?v=HUZS_1n05Dc

Pourtant, dans le domaine de la gestation pour autrui (GPA), ils font preuve étonnamment d'une ouverture d'esprit exceptionnelle qui les rend modernes et éclairés là où les autres religions restent frileuses, sectaires, et d'une certaine manière anachroniques. Ils ont redonné l'espoir là où il n'y avait plus.

En Israël, les mères porteuses ont une existence légale, encadrée par la loi civile et la loi religieuse, la Halaka. Le judaïsme, tiraillé *«entre le commandement qui impose à l'homme de procréer et la règle selon laquelle la mère est celle qui accouche»* a définitivement tranché en faveur de la GPA avec une restriction cependant : il s'agit d'aider à remédier à la stérilité d'une personne. Les couples doivent être obligatoirement mariés religieusement pour permettre de considérer le nouveau-né comme juif au sens religieux du terme. Le couple doit apporter la preuve médicale que la mère est dans l'incapacité de porter elle-même un enfant. Les couples homosexuels sont ainsi éliminés de facto de cette technique.

Exemples bibliques

La loi civile a été promulguée avec l'imprimatur du Grand Rabbinat, nécessaire pour qualifier de juif le nouveau-né, bien que la religion estime que le judaïsme ne se transmet que par la mère. Le Tribunal rabbinique, très attaché aux écritures, s'est tout simplement appuyé sur les exemples puisés dans la Bible.

D'une part, la femme d'Abraham, Sara, qui ne lui avait pas donné d'enfant, avait une servante égyptienne nommée Agar. Elle proposa à Abraham : *«Vois, je te prie : Yahvé n'a pas permis que j'enfante. Va donc vers ma servante. Peut-être obtiendrai-je par elle des enfants.»* Et Abraham écouta la voix de sa femme. (Genèse 16.1 & 16.2).

Par ailleurs Rachel, voyant qu'elle-même ne donnait pas d'enfants à Jacob, devint jalouse de sa sœur et elle lui dit : *«Fais-moi avoir aussi des enfants, ou je meurs !»* Il s'emporta en se défendant : *«Est-ce que je tiens la place de Dieu, qui t'a refusé la maternité ?»* Elle lui conseilla alors : *«Voici ma servante Bilha. Va vers elle et qu'elle enfante sur mes genoux : par elle j'aurai moi aussi des enfants !»* Jacob s'unit ainsi à sa servante Bilha qui enfanta à Jacob un fils. (Genèse 30.1 à 30.5) À l'époque, il ne s'agissait pas de voter des lois mais de se fier tout simplement au bon sens. Cette possibilité donnée en Israël aux couples ayant des problèmes de conception a entraîné l'installation de nombreux Français venant chercher sur place la possibilité de procréer avec l'aide d'un tiers. Mais la loi encadre précisément la GPA et ne permet pas d'ouvrir la porte au «tourisme procréatif».

Loi cadre

Pour éviter toute déviation des textes, seuls les couples disposant de la nationalité israélienne ont droit à bénéficier de cette loi ce qui entraîne de facto une alyah (immigration) spécifique de candidats au bonheur. Les règles sont strictes et leur application nécessite un délai de plusieurs mois avant que l'opération ne puisse être effective.

Les couples candidats doivent d'abord passer devant une commission médicale étatique qui s'assure de la réalité de la stérilité et qui doit attester de l'impossibilité de procréer naturellement. Une deuxième commission psychologique doit garantir l'état d'esprit du couple stérile et celui de la mère porteuse dont l'analyse médicale doit faire ressortir une santé irréprochable pour garantir une naissance dans les meilleures conditions.

Afin d'éviter les dégâts collatéraux et les conflits avec un éventuel conjoint, la mère porteuse doit être officiellement divorcée, civilement et religieusement, ou veuve et doit avoir au moins un enfant. Elle doit être juive selon la loi religieuse, ce qui exclut par exemple de fait les femmes immigrées russes qui détiennent une carte d'identité israélienne mais qui ne sont pas reconnues comme juives par le Rabbinat. En effet de nombreuses immigrants ont bénéficié de la Loi du Retour parce qu'ils pouvaient justifier d'une ascendance juive au cours des deux précédentes générations, mais le Rabbinat leur dénie l'appartenance religieuse au judaïsme si la mère n'est pas juive. C'est le cas de 30% des femmes immigrées de l'ex-URSS qui pour certaines continuent à pratiquer ouvertement leur religion chrétienne.

Lorsque ces étapes ont été franchies, un contrat est établi devant les tribunaux garantissant l'impossibilité pour la mère porteuse de se rétracter et sa déchéance d'un quelconque droit sur le bébé qui naîtra. De même, la famille commanditaire ne peut refuser la naissance pour « non-conformité », dans le cas par exemple d'un handicap sérieux du nouveau-né ou d'une malformation non détectée pendant la gestation (bébé trisomique). Le sperme et les ovules sont impérativement en provenance de l'un des parents commanditaires, ce qui implique que le bébé naîtra avec les gènes de l'un des vrais parents. La mère «sociale» suivra l'évolution de la grossesse pendant les neuf mois de gestation pour s'imprégner au mieux de sa future condition et, au moment de l'accouchement, elle recevra, la première, le bébé sur son corps, dès son premier cri, de façon à ce que le premier contact du nouveau-né avec la vie soit avec celle qui l'élèvera. Les règles psychologiques sont ainsi bien établies.

L'État officialise la naissance par un acte où la mère porteuse n'a aucune existence légale et les nouveaux «vrais» parents seront reconnus par toutes les instances administratives et religieuses du pays. L'ambassade de France entérine donc légalement cette naissance, puisque l'extrait de naissance ne mentionne jamais qu'il s'agit d'une GPA. De ce point de vue, le secret médical est bien gardé.

Contrepartie financière

Certes le contrat mentionne une indemnité financière qui est la contrepartie évidente de la GPA. La solution est coûteuse et n'est réservée qu'à quelques couples privilégiés puisque le montant global de l'opération avoisine les 30.000 euros répartis entre les frais médicaux et la mère porteuse. Cette somme est bloquée sous séquestre entre les mains d'un avocat assermenté qui assure à la mère porteuse un revenu de 25.000 euros et au couple stérile la garantie de bonne fin de l'opération. Cette opération peut être plusieurs fois renouvelée sans limite.

En Israël, la GPA est de plus en plus courante et elle ne provoque aucun problème moral ou psychologique. Elle donne du bonheur à ceux qui en manquaient. Les statistiques manquent car les couples et les hôpitaux tiennent au secret pour éviter les conséquences psychologiques pour le bébé et surtout pour la mère. Dans le seul monde francophone, on peut évaluer à une cinquantaine par an le nombre d'enfants conçus en Israël par GPA[120].

La Bible a bon dos... Les contrats de GPA seraient un modèle gagnant-gagnant pour les trois parties signataires. On ne demande pas son avis à l'enfant.

Le paradigme du « Pink-Washing »

En Israël, on ne rappelle pas aux couples homosexuels l'histoire de Sodome et Gomorrhe, sur qui s'abattit le terrible courroux divin, parce que le stupre et l'orgueil y régnaient en maîtres. Tel Aviv est la Mecque des gay-prides, si l'on peut dire, et depuis 2006, il en est même d'organisées à Jérusalem, malgré la colère des religieux. C'est en fait tout un système de propagande qui s'est bâti autour de l'idée que les homosexuels sont, comme les juifs, discriminés dans le monde entier et depuis la nuit des temps, sans aucune raison. Tout commerce qui conjugue un aval juif avec des accointances dans le milieu homosexuel jouit donc d'une double sécurité. Le « pink washing » (« lavage en rose ») est l'outil publicitaire manié par les Israéliens : il s'agit d'affecter d'une valeur positive à n'importe quel produit parce qu'affichant de la sympathie pour les homosexuels. La réclame exige à la fois du nouveau, le label innovant et donc défiant la pratique coutumière, et une bannière vaguement morale. Faire étalage de couleur rose ou arc-en-ciel associe donc une attitude de riposte face à la répugnance immémoriale et universelle pour l'homosexualité avec une inversion carnavalesque des modèles traditionnels, sur le mode

---

[120] http://www.slate.fr/story/93287/gpa-israel, 16 octobre 2014.

de la dérision légère, festive et jeuniste, bref il s'agit de « voir la vie en rose » ; d'un autre côté, le pink washing exploite l'habitude ancrée en Occident de raisonner en termes de victimes et oppresseurs, installée par les médias selon le schéma traditionnel juif, répandu et exacerbé à l'issue de la seconde guerre mondiale.

Mais la propagande politique ne s'arrête pas au label joyeux et souriant ; elle précise qu'Israël se distingue de ses voisins arabes qui eux persécutent férocement les homosexuels. Les femmes sont appelées à la rescousse, dans l'argumentaire, comme également opprimées par l'islam et protégées par l'idéal démocratique de l'égalité, dont Israël se veut le pays phare.

C'est par la conjugaison des pressions sur le thème de l'extension des droits humains que l'on est arrivé à persuader la gauche occidentale qu'il était indispensable de s'attirer les bonnes grâces des juifs détenant quelque pouvoir en donnant des protections légales et des garanties commerciales à tout ce qui pourrait porter le label homosexuel. La vacance idéologique créée par l'effondrement du bloc soviétique a même amené des gouvernements révolutionnaires et comme tels plutôt tentés par les valeurs viriles et militaires à considérer qu'il leur serait utile de faire un geste d'ouverture en direction des intellectuels et des artistes, les catégories sociales où l'homosexualité a toujours été répandue (ainsi le mouvement indigéniste ELN « Armée de Libération Nationale » du sous-commandant Marcos, lui-même philosophe de formation et remarquable écrivain, précise, dans ses communiqués, qu'il soutient les mouvances gay, lesbienne, bi et trans). À Cuba, c'est la propre fille du président Raul Castro qui officie comme « ministre des gays », avec une émission régulière sur la chaîne publique de TV, pour « lutter contre la discrimination », en fait pour répandre la banalisation de l'homosexualité et de ses marchés dérivés. Cette dynamique rencontre cependant une hostilité déclarée dans tous les milieux populaires, dans le monde entier. Jusqu'à une date récente, la propagande israélienne a soigneusement évité de mettre en avant le label israélien dans la promotion de l'homosexualité ; comme pour tout autre produit, ce label nuirait à la commercialisation, entraînerait des tentatives de boycott. Mais avec la loi israélienne ouvrant la location de femmes pondeuses aux homosexuels, et l'imposition du mariage gay à tous les États Unis d'Amérique, le 26 juin 2015, nul ne va plus pouvoir ignorer le lien entre les deux mouvances. Aux US, c'est le vote de trois magistrats juifs sur cinq, contre quatre opposants à la cour Suprême, qui a fait basculer tout le pays, alors que 13 États interdisent encore formellement la GPA. 32 États avaient voté contre le mariage gay, par referendum, mais les juges n'ont pas souhaité en tenir compte. Le ministre de la défense israélien Yaalon s'est félicité de ce vote, et I24 News (chaîne israélienne en plusieurs langues) l'a commenté en ces termes :

"Depuis 109 années l'American Jewish Committee s'est battu pour la liberté et les droits de l'Homme", a déclaré l'organisation dans un tweet. "Aujourd'hui c'est un jour heureux pour cette tradition dont nous sommes fiers." Ce pilier de l'establishment juif qui défend les droits des Juifs américains a été rejoint par la ligue anti-diffamation, qui a félicité la décision en tweetant #LoveWins. Bien d'autres associations juives se sont alliées et ont célébré la victoire.[121]

Nous sommes désormais tenus de considérer que nos réactions de dégoût éventuelles tombent sous l'appellation d'homophobie, et que c'est un délit aussi grave que l'antisémitisme, auquel il est désormais officiellement associé peu ou prou : interdit de vomir en public !

Conclusion provisoire : si les réactions israéliennes et juives se multiplient, soit du côté des religieux, soit des philosophes laïques, o encore du côté antisioniste, contre toutes ces innovations, il faut bien voir qu'elles pèsent peu face aux principes de l'économie israélienne : transfert de la recherche vers l'industrie, innovation et néo-libéralisme effrénés, techniques publicitaires imparables à ce jour, pour la diffusion mondiale « spontanée » des nouveaux produits langagiers sur les réseaux sociaux, sous faux drapeau universel, libertaire,

[121] http://www.i24news.tv/fr/actu/international/ameriques/76255-150626-le-mariage-homosexuel-legalise-partout-aux-États-unis

égalitaire ou humanitaire. En 2020 la GPA pour les couples homosexuels a été enfin validée par le Parlement, ainsi que l'adoption, pour les mêmes.

Russie

La GPA rémunérée y est légale depuis 2009, et connaît un boum effrayant. Mais l'église orthodoxe s'y oppose : « L'Église orthodoxe russe n'a pas d'arguments religieux contre la pratique des mères porteuses. Notre position sur cette question est motivée par des valeurs humanistes, et non dogmatiques. Nous considérons que l'enfant, comme l'être humain en général, ne constitue pas un objet pour l'expérimentation. Le lien de l'enfant et de la mère est le plus important des rapports de la vie, le plus sacré », explique Andrï Kouraev.[122] Les témoignages poignants abondent :

« Olga Botchenkova a entendu ce terme de « mère porteuse » pour la première fois il y a déjà longtemps, lorsque la télé avait diffusé des reportages sur la chanteuse Aliona Apina, qui avait eu recours à une mère porteuse pour avoir sa fille [il y a une dizaine d'années]. En février 2009, Olga a été licenciée de l'entreprise où elle travaillait comme comptable. Mère célibataire, elle a une fillette de 6 ans. *"Elle voudrait avoir sa chambre, des animaux de compagnie et des plantes vertes, mais pour l'instant nous vivons avec ma mère dans une seule petite pièce, une sorte de baraquement."* A 27 ans, Olga est donc la candidate idéale. En bonne santé, résistante, déjà maman, elle vit en province, près d'Orenbourg [à plus de 1200 kilomètres au sud de Moscou] et a grand besoin d'améliorer sa situation matérielle.

Elle a commencé par passer des annonces sur les forums spécialisés, et dès le premier jour elle a reçu plusieurs appels de toute la Russie et de l'étranger. Certains étaient éminemment suspects, posant des conditions inacceptables. Elle a donc décidé

---

[122] http://www.lecourrierderussie.com/2014/01/gpa-pourquoi-Église-contre/

de s'adresser à une agence à Moscou. Celle-ci lui a expliqué par téléphone en quoi consistait la procédure et lui a communiqué une première liste d'examens médicaux à réaliser. Une fois les résultats obtenus, Olga a rappelé pour savoir quand elle devrait se rendre dans la capitale. Elle a alors eu la mauvaise surprise de s'entendre dire qu'à cause de la crise, le paiement ne serait que de 500 000 roubles au lieu des 700 000 annoncés au départ. Elle a malgré tout accepté. *"Je n'ai pas du tout aimé la manière dont j'ai été traitée par l'agence. On m'a fait attendre très longtemps, on m'a tout de suite tutoyée, puis les choses se sont passées de façon précipitée, on m'a fait signer un contrat, passer d'autres examens et le lendemain je suis repartie chez moi, en attendant qu'on me convoque."* Quelques semaines plus tard, l'agence a trouvé un jeune couple. Ils vivaient à Moscou et ont posé comme condition que la mère porteuse vive avec eux. En outre, ils ont refusé de signer le moindre contrat avant que la grossesse soit certaine. Or la fécondation n'a pas marché. *"Lorsqu'on s'est aperçu que les embryons ne s'étaient pas accrochés, ils m'ont hurlé des insultes, amenée devant un hôtel et ils ont jeté mes affaires devant la porte. Ils m'ont aussi menacée de représailles contre ma fille si je parlais d'eux à qui que ce soit. Aujourd'hui, je suis à nouveau prête à tenter l'aventure, mais je serai plus prudente."*

Elle devra sans doute patienter un peu, car l'offre dépasse la demande. Il y a dix ans, c'était l'inverse. *"Avant, les mères porteuses avaient très peur d'être dupées, et les premières expériences se sont faites en famille"*, rappelle Emma Vaitanian, spécialiste en médecine reproductive. *"Au début des années 1990, on cultivait le secret, car il n'y avait pas de législation en la matière. Le premier cas de succès officiellement mentionné remonte à 1996."* [123]

Ces histoires d'extorsion et d'arnaque autant sur les acheteurs que sur les engrossées, on les retrouve dans tous les

[123] http://www.courrierinternational.com/article/2010/04/29/12-500-euros-le-bebe

pays où les tarifs sont intéressants pour les riches commanditaires. Mais en Russie, on fait état d'un phénomène nouveau, et fort prometteur : l'offre est maintenant supérieure à la demande ! Cela pourrait entraîner très vite une baisse des tarifs, et la fin du boum.

Cas exceptionnel, la législation russe permet à la mère porteuse de garder l'enfant pour elle si elle change d'avis à la naissance. La culture chrétienne orthodoxe règne donc bel et bien encore sur le pays. En 2020, c'est la règle aussi pour la République tchèque et pour la Pologne. La GPA n'est pas autorisée pour les couples homosexuels.

Thaïlande

La Thaïlande exportait énormément d'enfants pour l'adoption ; on sait que la prostitution « pour nourrir la famille », pratiquée par des jeunes filles de la campagne qu'on envoie en ville y est une vieille tradition, et que les tarifs engageants des compagnies aériennes a développé un tourisme sexuel effréné. Après bien des scandales, le gouvernement a essayé de mettre un peu d'ordre dans ce panorama peu glorieux. Mais les professionnels du baby business étaient confiants, ils espéraient bien pouvoir offrir des prix 20% moins chers que l'Inde.

"À l'Hôtel Patio, tout près d'une des cliniques réputées pour les « grossesses sur commande » de Bangkok, une clientèle un peu particulière commence à s'inquiéter : ces couples qui attendent depuis des semaines de pouvoir repartir avec un enfant, une fois venue l'heure de l'accouchement de la mère biologique. La direction de l'établissement confie qu'il en vient de toute la planète, des Britanniques, des Israéliens, des Australiens... Une enseignante australienne, qui explique n'avoir pas eu d'autre choix que de recourir à une mère porteuse, s'angoisse. La femme thaïlandaise qu'elle et son mari rémunèrent doit accoucher dans deux semaines. « Du jour au lendemain, nous avons appris que le recours à une mère porteuse allait devenir illégal », dit-elle.

Après une série de scandales qui ont connu un retentissement médiatique mondial, la junte au pouvoir à Bangkok depuis le coup d'État du 22 mai 2013 a commencé à se pencher sur cette pratique. A la mi-août, le gouvernement annonçait à la hâte son intention de rendre illégale la gestation commerciale pour autrui et a présenté un projet de loi, actuellement en discussion, censé interdire la gestation à titre commercial, la rémunération d'intermédiaires, ainsi que la GPA bénévole pour les couples non mariés et les homosexuels."[124]

« L'Australie, dont plusieurs citoyens seraient bloqués en Thaïlande dans l'attente de pouvoir partir légalement avec leurs bébés, a demandé à Bangkok d'accepter une période de transition pour protéger les accords déjà conclus par des Australiens avec des mères porteuses. L'ambassade d'Australie en Thaïlande se refuse à tout commentaire sur ce dossier ».[125]

L'Australie a donné une bien mauvaise image avec l'histoire de Gammy, l'enfant trisomique dont ses acheteurs de voulaient pas, et n'avaient emmené que le jumeau... selon la logique toute commerciale en vigueur. Cette histoire a fait le tour du monde, nous n'y reviendrons pas ; c'est sa jeune mère thaïlandaise qui s'est fait attribuer Gammy, comme elle le réclamait. Elle vient d'obtenir la nationalité australienne pour Gammy, dont le « père de non-intention » n'a donc pas pu se débarrasser complètement.[126]

Désormais, la Thaïlande interdit purement et simplement la GPA rémunérée, et les agences peuvent réexpédier vos embryons en sursis vers le Cambodge, où on fait ce qu'on veut, pour le moment. Mais les magazines gays sont optimistes : on finit

---

[124] http://lesalonbeige.blogs.com/my_weblog/2014/11/m%C3%A8res-porteuses-le-monde-%C3%A0-lenvers.html

125 http://www.challenges.fr

126 http://www.huffingtonpost.fr/2015/01/20/bebe-trisomique-gammy-thailande-australie_n_6506712.html

toujours par s'arranger avec la loi, en Thaïlande, même si il y a une hostilité particulière envers les israélo-gays.[127]

Sud-Est asiatique

En 2020, Népal, Thaïlande, Cambodge et Viet-nam n'acceptent plus de vendre des enfants aux homosexuels.

Inde

C'est le grand réservoir pour la demande occidentale. La GPA y est autorisée depuis 2002. Depuis 2013, la chose prend des proportions industrielles, avec plus de mille usines à bébés. Le chiffre d'affaire y atteindrait un milliard d'euros, 25 000 à 30 000 étrangers y font appel tous les ans, le tarif tourne autour de 28 000 dollars[128]. Le Dr Nayna Patel, la pionnière et vedette, a fait ses études en Corée du sud, Grande Bretagne et à Singapour. Établie à Anand, dans le nord-est de l'Inde, elle n'a pas hésité à se faire connaître, et à laisser filmer ses activités. Le film *Google Baby* a fourni, dans les courts extraits les plus visionnés sur youtube, des séquences terriblement frappantes. Les commanditaires du film (l'agence Tammuz) espéraient que ce serait une excellente publicité. Mais ce qui saute aux yeux du public occidental, c'est la souffrance des femmes qui se prêtent à l'internement pendant neuf mois, des jeunes femmes « très pieuses, très propres et très sérieuses » dit la doctoresse, et soutenues par leurs maris, dont le regard anxieux trahit les embarras. Nayna Patel est rayonnante et performante, elle répond au téléphone tout en pratiquant une césarienne. D'après la BBC, en 2014 500 bébés ont vu le jour depuis la création de son

127 http://yagg.com/2014/01/20/thailande-des-dizaines-de-bebes-nes-par-gpa-prives-de-passeports-israeliens/

128 Alexis Escudéro, op. cit., p.65-66.

établissement, parfaitement légal. Le tarif tournait autour de 28 000 dollars en 2013. Et le marché des mères porteuses en Inde n'est pas près de décroître. Dans un pays où un tiers de la population vit avec moins de 0,6 dollar par jour, porter l'enfant d'un autre laisse espérer aux mères porteuses un avenir meilleur, grâce aux 8000 dollars qui leur sont versés pour chaque naissance. La « compensation financière » s'élève à 10 000 dollars si elles portent des jumeaux. En cas de fausse couche lors des trois premiers mois de grossesse, elles ne touchent en revanche que 600 dollars.

La BBC rapporte que la clinique abrite jusqu'à 10 mères porteuses par chambre. Celles-ci sont nourries et logées mais sont aussi soumises à des règles de vie très strictes et « en cas de complications » ou de mise en danger de la vie de la mère porteuse, ni le médecin, ni l'hôpital ne pourront être tenus responsables. Enfin, note la BBC, la clinique ne délivre pas de certificat de naissance aux parents adoptifs. Impossible donc pour eux, de connaître l'identité de la mère, et encore moins d'espérer entrer en contact avec elle ».[129]

À noter qu'à l'occasion des reportages qui se sont multipliées sur les usines à bébés indiennes, on apprend que les femmes porteuses sont constamment surveillées ou « soignées » par des psychologues, car les tentatives de révolte ou d'évasion ne sont pas rares. Elles viennent de régions éloignées, et à leur retour chez elles cachent à leur entourage comment elles ont gagné l'argent qu'elles rapportent, car la sensibilité religieuse populaire n'admettrait pas cette activité de couveuse-pondeuse. Elles disent qu'elles sont allées voir leur famille aux US, par exemple. On apprend aussi qu'il est bien rare qu'une grossesse soit menée jusqu'à son terme naturel... et que la césarienne est

[129] http://www.terrafemina.com/societe/international/articles/31537-gpa-linde-ouvre-sa-premiere-usine-a-bebes.html

de rigueur, de préférence le mardi, parce que c'est le plus pratique pour les acheteurs qui viennent de loin.

Mise à jour tarifaire :

Les agences locales sont moins chères que les autres ; on peut aussi négocier directement, mais ce n'est pas sans risque de racket là-bas, et d'ennuis au retour en France. Dans une affaire récente (10 janvier 2012), on apprend qu'un homme célibataire est parti en Inde et revient avec deux jumelles. Il a versé 1 500 euros à une femme pour porter les enfants, ce qui représente pour elle trois ans de salaire, et les juges déclarent qu' « il ne s'agit pas seulement en l'espèce d'un contrat de mère porteuse prohibé par la loi française, mais encore d'un achat d'enfant, évidemment contraire à l'ordre public ».[130]

Mais depuis 2013, en Inde les actes homosexuels sont punis par la loi, et l'Inde a interdit l'accès à la GPA pour les célibataires et les couples homosexuels étrangers. C'est ce qui explique le repli sur le Népal, qui ne devrait pas être durable, après le scandale découvert à l'occasion du tremblement de terre. Naturellement, en Inde comme ailleurs, les associations LGBT se vantent de ne pas relâcher la pression, et de défier le gouvernement avec une forte présence à la télévision.

Si le terme « usine à bébés » peut paraître choquant, on peut aussi dire « ferme de naissage », terme technique plus approprié qui veut dire : « Activité du naisseur consistant à faire naître et à vendre des animaux jeunes. Activité de production de l'élevage qui consiste à entretenir le troupeau de reproducteurs, faire féconder les femelles reproductrices, assurer la mise bas d'un animal né vivant ».

---

[130] http://revdh.revues.org/201#bodyftn31 La Revue des Droits de l'Homme est favorable à la légalisation de la GPA, elle conteste qu'il y ait vente et achat, comme l'ont considéré et dénoncé les juges français. Pour cette revue, il y a juste une libre cession de droits.

Corée

La Corée du Sud, pays satellite très lié aux USA, autorise la GPA. Elle y connaît un prodigieux essor mafieux, étant donné la corruption régnante. Voici déjà ce qui se passe du côté de l'avortement, qui est le substrat indispensable du business de la fabrication des enfants. Par exemple, la presse a rapporté que « la police sud-coréenne tente de lutter contre un trafic de genre nouveau, celui de pilules réalisées à partir de chair humaine.

Selon les douaniers sud-coréens, les contrôles ont été renforcés après la découverte de certaines pilules destinées soi-disant à améliorer les performances sexuelles des hommes. Mais ce médicament serait, en fait, réalisé à base de fœtus morts ou avec de la chair d'enfants décédés. Une pratique inacceptable moralement mais également d'un point de vue sanitaire étant donné que chacune de ces pilules représente un véritable danger pour les personnes qui les ingurgitent. Celles-ci seraient un véritable nid à bactéries, selon les responsables coréens qui tentent désormais de lutter contre le trafic de ces pilules qui viendraient de Chine. C'est en août dernier que ce trafic a été découvert. Depuis près de 18.000 boîtes de pilules de viande humaine ont été saisies par les douaniers sud-coréens ».[131] Cela recoupe une autre information bien triste : dans un aéroport désaffecté, des éboueurs découvrent des fûts entassés contenant des fœtus de six mois.

Chine

En Chine, comme dans tous les pays échappant à la sphère de l'OTAN, le gouvernement tente de freiner le business de la procréation. Une campagne a été lancée au Yunnan. « Les médias proposant des publicités pour la GPA sur Internet, à la télévision, à la radio et dans la presse sont également visés par la campagne.

[131] http://www.wikistrike.com/article-coree-du-sud-une-pilule-realisee-a-base-de-foetus-morts-ou-avec-de-la-chair-d-enfants-decedes-fait-104736684.html

Les autorités renforceront en outre le contrôle de la vente et de la circulation des médicaments et équipements pour la procréation médicalement assistée. [132] Mais comme l'interdiction d'avoir plus d'un enfant a été abolie, les couples qui en voudraient un deuxième sont souvent âgés, et c'est en Ukraine, au Laos et en Russie qu'ils vont s'en faire faire.

La GPA est interdite en Chine, mais le secteur est florissant dans ce pays le plus peuplé au monde, alors que des études indiquent qu'un couple sur huit a des problèmes de fertilité en Chine.

Japon

Le Japon est une terre d'extrêmes. C'est ainsi qu'on y trouve un engouement cauchemardesque pour les expériences en biotechnologie et en procréatique. Le docteur Helen Hung Ching exerçant à l'université de Cornell aux USA est à la pointe des recherches sur l'utérus artificiel.

La législation reste en règle générale très prudente, de par la tradition conservatrice et le droit du sang qui prime au Japon, comme en Allemagne et en Italie. Ainsi, le couple connu Mukai et Takada qui ont eu un enfant né par GPA aux États-Unis n'ont pas pu reconnaître leur enfant en tant que leur propre enfant, mais en tant qu'enfant adoptif.

Mais d'un autre côté, on a l'incroyable histoire de Mitsutogi Shigeta, le jeune homme riche qui avait pour projet de se faire faire 1000 enfants en Thaïlande : «Scandale d'un fils de milliardaire de 22 ans qui a le projet de faire 1000 enfants et qui en a déjà au minimum une quinzaine. Il est homosexuel et la personne qui gère le projet, Yuko, est un(e) transsexuel(le). Il est soupçonné de trafic d'êtres humains. Chef d'entreprise parfaitement cohérent, il veut aussi procréer après sa mort, et il possède 4% d'une start-up appelée Familionet qui a créé une

---

[132] http://french.xinhuanet.com/2015-07/24/c_134444328.htm

151 |

application qui alerte automatiquement les parents des mouvements de leurs enfants. Il est probable qu'il avait lui-même monté son usine à bébés, rapportant de 7000 à 9400 euros aux femmes engrossées. En fait, « son père est le magnat des télécoms Yasumitsu Shigeta, qui fut la 5ᵉ fortune mondiale jusqu'à la débâcle des dot-coms (la bulle internet). Depuis, il se classe seulement au 11ᵉ rang des fortunes de l'archipel, avec des avoirs estimés tout de même à 2 milliards d'euros. Son fils possède 34 millions d'euros et des sociétés dans la plupart des pays de la région. »¹³³

Pour l'épargner, les médias ont été (facilement) convaincus de le traiter comme un cas pathologique. Mais il est probable qu'il constitue un cas plein d'avenir et un exemple pour bien des Japonais proches de l'oligarchie. La combinaison du contrôle génétique des prochaines générations, d'une conception militaire et purement masculine du pouvoir, servie par des moyens financiers sans limites et un mépris sans fond pour les femmes et pour les autres peuples, tout cela nous propulse dans un avenir de despotisme high-tech, celui que les lecteurs de mangas découvrent comme une friandise de l'esprit, avec incrédulité, et sans mesurer la réelle capacité de ce paradigme à dévorer nos sociétés.

En ce qui concerne l'homosexualité au Japon, elle suit la même évolution que dans les autres pays développés, mais plus que l'homosexualité, le phénomène des individus qui se suffisent à eux-mêmes est très frappant : une clientèle en or à l'avenir, les gens qui à titre strictement individuel, se commanderont un enfant, sans s'embarrasser en rien du modèle Adam et Eve. Les Japonais sont à la pointe de la technologie, de la robotique, et donc friands de trans-humanisme dans toutes ses applications. Ils sont spécialement attirés par le domaine de la GPA par le fait qu'ils ont un très faible taux de natalité, et n'envisagent pas de

¹³³ http://tempsreel.nouvelobs.com/societe/20140905.OBS8301/la-folle-usine-a-bebes-d-un-jeune-millionnaire-japonais.html

recourir à l'immigration. Comment le projet de Shigeta ne ferait-il pas rêver tous les ambitieux ?

Globalement, c'est en Asie, et particulièrement au Japon, que sont réalisés 22% des traitements de FIV ; cela recouvre l'IAD (insémination artificielle avec sperme de donneurs) : plus de dix mille enfants nés par ce moyen au Japon depuis 1948. [134]

Le Japon, Extrême Occident s'il en est, connaît maintenant une nouvelle étape dans l'évolution des mœurs. Après le porno, le gay, le bi, le trans, le sado maso, la pédophilie, la zoophilie, les jeunes semblent s'adonner avec passion à la masturbation devant des objets sexuels virtuels. Ils renoncent à toute recherche d'humanité amoureuse, pour ne s'intéresser qu'à l'éjaculation, une « rigoureuse ascèse », cela s'appelle la less-sex live (vie avec moins de sexe). Nul doute que cette stérilité physique et mentale extrême se répandra dans toutes les sociétés dites développées. [135]

Mais au Japon, on assiste à une forte résistance à la GPA et à l'assistance médicale à la procréation purement commerciale. Des associations se battent, principalement sur le terrain social et sanitaire, telle Dairi shussan wo toinaosu-kai (Association pour remettre en question la GPA). L'association est présidée par YANAGIHARA Yoshie, professeur assistante dans la Faculté d'ingénierie de l'université Tokyo Denki University. [136]

Les activités de l'association consistent à organiser de manière irrégulière des groupes de recherche sur la maternité de substitution ainsi que des colloques.

---

[134]
http://www.medecine.unige.ch/enseignement/apprentissage/module4/immersion/archives/2009_2010/travaux/10_r_fiv.pdf

[135] http://reseauinternational.net/japon-du-sexe-virtuel-ou-rien/

[136] http://nosurrogacy.lib.i.dendai.ac.jp/

En 2014, l'association a organisé par exemple une dizaine de diffusions du Film américain « Eggsploitation » traduit en japonais (sur le trafic d'ovocytes).

Il existe une « Association de réflexion sur les techniques de reproduction engageant un tiers »[137], qui souhaite donner la parole aux personnes nées ou ayant donné vie par dons d'ovocytes.

En règle générale, comme dans les autres pays d'Asie, les mouvements citoyens sont très peu actifs étant donné que l'individu ne compte guère dans ces sociétés. Seuls pourraient avoir une audience les médecins qui dénonceraient l'avenir qui attend les enfants nés par GPA…[138]

Islam et Iran

L'islam considère le corps humain comme un don de Dieu, tout comme l'âme ; l'homme n'en a que l'usufruit ; mais, dans la limite de ce qui est utile pour sauver des vies, l'usage des corps décédés ou des organes vivants est courant dans les centres de recherche et les hôpitaux. Cette souplesse concerne aussi le fœtus, qui n'est pas considéré comme humain jusqu'à la vingtième semaine. Cependant, l'islam condamne le « don » de gamètes dans la mesure où il constitue un adultère ; l'attachement à la tradition, si fort parmi les musulmans, constitue donc un rempart de protection de l'équilibre identitaire. Les musulmans sont très attachés à la généalogie, dans le droit fil de la Genèse biblique. « Fils de personne » ne saurait devenir dans ce cadre un statut normal, comme le voudraient nos idéologues de la technologie sans limites, prêts à développer aussi clonage, utérus artificiel etc. Cependant, l'Iran chiite autorise la gestation pour autrui à condition qu'elle ne concerne que le couple marié et

---

137 http://daisansha.exblog.jp/

138 Nous remercions Mylène S., étudiante spécialiste de la culture japonaise, pour la plupart des données ci-dessus.

stérile, et que cela se passe entre membres d'une même famille ; ce pays dispose d'un système hospitalier équipé de la technologie de pointe. Il y aurait une jurisprudence qui autorise la rémunération de ce service, mais, comme partout dans le monde, la polémique est intense, de même que l'activité illégale.

Maroc

« Selon Rachida Oueriaghli, activiste droit-de-l'hommiste et assistante sociale marocaine, interrogée par un quotidien arabophone marocain, elles seraient plus de 600 femmes marocaines qui se déplaceraient à l'étranger, notamment au Luxembourg, pour signer des contrats avec de riches familles européennes et arabes, en tant que mères porteuses. L'activiste marocaine, citant pour sources des gynécologues luxembourgeois qui lui en auraient fait part, affirme que les Marocaines offrent de porter dans leurs utérus des ovules fécondés de femmes ne pouvant tomber enceintes, contre d'importantes sommes d'argent.

Ainsi, un marché des mères porteuses marocaines serait en cours de création, de riches couples européens et moyen-orientaux du Golfe, feraient de plus en plus, appel à des Marocaines, contre des sommes d'argent pouvant atteindre les 40000 Dh. »[139]

Mais les conditionnels prudents sont dépassés ; comme les Marocaines, toutes les nationalités immigrant volontiers en France et en Espagne ont leurs réseaux pour contourner la loi française, et alimenter le marché. Lorsqu'une femme se présente dans un hôpital public en proie à des contractions avancées, on ne fait pas de vérifications poussées sur son identité, encore moins sur son titre de séjour. Même avec une Carte vitale avec photo, la fraude sera encore longtemps facile...

---

[139] http://www.lemag.ma/Presse-Un-marche-de-meres-porteuses-marocaines-a-ete-cree-en-Europe_a67659.html

Afrique noire

L'Afrique reste fortement imprégnée de la civilisation négro-africaine de type matriarcal, qui préexistait à l'apparition des sociétés nomades à support patriarcal, celles-là mêmes qui ont donné naissance aux trois religions du Livre. Les liens familiaux étant très forts, aucune des déviances du monde occidental n'a de prise au plan spirituel, la stricte surveillance intra-familiale et la soumission aux règles morales y constituent de solides garde-fous. Cependant, la corruption aidant, l'industrie crapuleuse s'y développe aussi, et il est à craindre que le phénomène des femmes voyageant en Europe pour se faire inséminer ou pour accoucher sous une fausse identité, comme dans le cas des Marocaines et des Roms, soit en plein essor.

Il y a tout d'abord la demande croissante, dans les classes dirigeantes, comme l'a révélé *Libération*. Il s'agit d'une affaire qui « a éclaté en octobre 2013 à l'occasion du baptême, célébré en grande pompe, des jumeaux d'un inspecteur de police, à Niamey (Niger). Le hic : l'épouse et mère présumée n'avait apparemment jamais été enceinte.

Depuis, rapporte *Jeune Afrique* , l'enquête a permis de mettre à jour un trafic sordide, qui implique plusieurs pays de l'Afrique de l'Ouest (**Niger, Nigéria, Bénin, Burkina Faso et probablement Togo**) et vise des personnes parfois haut placées.

L'organisation permet à des femmes en mal d'enfants – que la culture et la loi de certains pays africains stigmatisent et défavorisent – de « s'approvisionner » dans de sordides maisons, basées en particulier au sud Nigéria. Ces « usines à bébés » retiennent, plus ou moins de gré et dans des conditions le plus souvent misérables, des jeunes femmes enceintes, par accident ou viol. Parfois, elles sont mises enceintes sur place, comme dans cette maison , où un jeune homme de 23 ans officiait seul, pour le compte d'une matrone. Ces jeunes femmes sont « débarrassées de leur fardeau » pour quelques centaines d'euros, alors que les enfants en rapportent jusqu'à plusieurs milliers. Sur ce marché de la honte, les garçons valent plus que les filles et les jumeaux, vus le plus souvent comme porte-bonheur par la croyance populaire africaine, encore davantage.

Le processus est bien rôdé, comme l'explique *Jeune Afrique* : l'acheteuse, le plus souvent nigérienne, se met en relation avec une « clinique », par le biais d'un intermédiaire. S'en suivent plusieurs rencontres, tout au long de la grossesse présumée. Détail sordide : la première fois, on administre à l'intéressée une substance susceptible de lui faire gonfler les seins. Arrive le jour J, où elle part « accoucher» (au Nigéria), c'est-à-dire où on lui remet le nouveau-né. Retour par le Bénin, où une attestation de naissance lui est fournie, et voilà « maman » et bébé(s) à la maison.

Celui-ci sera en principe bien traité et même peut-être aimé. Tous n'ont pas cette « chance » : certains enfants sont destinés au travail domestique, à la prostitution ou même aux sacrifices rituels. Ceux-ci se multiplient notamment à la veille des élections, les sacrifices humains de nouveaux nés, enfants ou même adultes permettant aux sorciers de vendre la richesse, la jeunesse, ou le pouvoir.

L'enquête a déjà permis d'écrouer un certain nombre de coupables. Parmi eux : le ministre d'état Nigérien à l'agriculture Abdou Labo, dont l'épouse serait allée à Omo, au sud Nigéria, pour « acheter » ses jumeaux. Les trois épouses d'un ancien directeur de banque, devenues soudainement mères de jumeaux, après des décennies de mariage, sont également visées par les enquêteurs, rapporte encore *Jeune Afrique*. À noter : certaines femmes interpellées, qui ont renoncé à un voyage au Nigéria, à la demande de la justice, curieusement, ne sont plus enceintes.

Grâce aux efforts conjugués des enquêteurs, de la police et des autorités, de nombreuses « fabriques » ont pu être démantelées. Mais ce trafic, très lucratif, aura du mal à être totalement éradiqué.

C'est au Nigeria que le phénomène d'usines à bébés a pris des proportions rarement égalées. En 2012, un rapport de l'Union européenne sur le trafic d'êtres humains épinglait d'ailleurs ce pays comme celui où le fléau est le plus répandu au monde. Lequel nourrit régulièrement la chronique des faits divers : ainsi en mars, une autre maternité clandestine a été démantelée par la police, qui a libéré huit jeunes femmes enceintes.

En 2013, deux autres usines à bébés avaient été découvertes. Dans l'une d'elle, 17 adolescentes affirmaient être tombées enceintes après avoir été violées par le même homme de 23 ans, qui avait aussitôt été arrêté.

Dans la plupart des cas, il s'agit de jeunes femmes qui fuient leurs familles pour cacher une grossesse indésirée. Le prix d'un nouveau-né peut atteindre jusqu'à 1 500 euros. Mais parfois ils ne sont pas adoptés : comme dans cet orphelinat, découvert en avril 2012, où les nourrissons étaient destinés à la vente pour des rituels de magie noire. »[140]

Au Kenya, la GPA se développe officiellement en direction d'une clientèle étrangère. Mais la mère porteuse conserve ses droits à garder l'enfant si elle change d'avis, el l'Agence Biotexcom déconseille vivement de passer par ce pays.

La Tanzanie a été signalée pour pratiquer l'exportation, par bateau, de femmes en Inde, pour répondre à la demande de GPA : partout, on fait appel à des étrangères pour les tâches qui répugnent aux femmes du pays, comme la prostitution, et bien sûr, aux tarifs les plus bas à l'échelle du monde.

Il est probable que tout cela n'est que la pointe émergée de l'iceberg.

Or l'Afrique est aussi à la pointe de la résistance à la tyrannie LGBT que veulent imposer au monde entier les Occidentaux. Au **Congo Kinshasa**, les transferts d'enfants adoptés par des étrangers ont été bloqués pour qu'ils ne tombent pas entre les mains de couples homosexuels, en 2013.

Les prélats catholiques africains sont extraordinairement pugnaces, qu'il s'agisse du cardinal Wilfrid Napier, archevêque de Durban, ou du cardinal Robert Sarah, Guinéen, nommé préfet de la Congrégation pour le Culte divin de la discipline des

---

[140] Reportage de Maria Malgaris,
http://www.liberation.fr/monde/2014/06/27/une-usine-a-bebes-demantelee-au-nigeria_1052464

sacrements en 2013, et des évêques de chaque pays. **Le Nigéria** a fait voter à l'ONU une résolution pour la protection de la famille naturelle, en réponse au vote US rendant le mariage gay obligatoire pour tous les États de l'Union ; **l'Ouganda** a refusé un programme d'aide conséquent pour combattre le SIDA parce que les financeurs exigeaient une modification des lois nationales sur l'homosexualité.[141] Le président Obama a vu rejeter par le gouvernement sa prétention à faire changer les lois du pays sur l'homosexualité, précisément au Kenya, le pays de sa famille paternelle. Une manifestation de 5000 personnes a été annoncée, pour refroidir les ardeurs du fils de Kenyan Obama[142]. « L'homosexualité est laide », disaient leurs pancartes. Les soldats US violent des enfants. Les évêques d'Abuja Mgr John Onayekan, au Ghana, Mgr Palmer Buckel, et le pasteur Mark Kariuki au Kenya se sont vigoureusement exprimés contre les moeurs dégénérées de l'Occident.La résistance est belle.

Mexique

Seuls deux États du Mexique (république fédérale) ont légalisé à ce jour la GPA : Tabasco et Sinaloa. Au Tabasco, c'est pour l'exportation à partir de Cancún, mégalopole touristique, desservie par des vols directs des US et d'Europe). Sinaloa a pour débouché naturel la Californie ; comme entre le Maroc et la France, les mères porteuses franchissent souvent la frontière une seule fois, pour accoucher. L'intérêt pour les clients de nationalits diverses est que l'enfant aura la nationalité américaine, ce qui permettra plus tard à ses parents d'obtenir au moins une "carte verte", le permis de résidence, convoité dans le monde entier. La GPA est inscrite dans le Code Civil depuis 1997, mais à condition qu'il s'agisse d'une pratique altruiste et

---

[141] http://www.medias-presse.info/onu-cinglante-defaite-du-lobby-homosexuel/35312

[142] https://ijsbergmagazine.com/breves/29995-5000-manifestants-anti-gay-accueillent-obama-au-kenya/

non mercantile. En 2010, l'État Fédéral a autorisé la chose sur tout le territoire, mais le décret d'application n'a jamais été publié. Au Sinaloa, c'est une innovation de 2015, annulée depuis. Au Guerrero, le projet présenté n'a pas été retenu. Partout, l'argument des députés qui tentent d'imposer la légalisation de la GPA est de type humanitaire : dans l'illégalité, un horrible marché s'est constitué grâce à internet, il faudrait donc protéger par des lois permissives les femmes qui s'offrent. La résistance des Mexicains s'exprime au niveau de l'État civil des enfants ; alors que le droit du sol s'applique automatiquement au Mexique, les autorités fédérales refusent de délivrer un passeport mexicain aux nourrissons commandés par des étrangers.[143] La loi mexicaine ne reconnaît pas le mariage homosexuel, mais la Cour suprême, au cas par cas, le valide.[144] Les agences spécialisés dans la demande homosexuelle considèrent que le Mexique, comme le Canada et les USA, sont des pays où la chose est autorisée.[145] Le Mexique est un pays réputé pour son haut degré de corruption, et il est lié par le traité de l'ALENA aux US, traité qui est le modèle du Traité Transatlantique qui devrait bientôt lier l'Europe à sa métropole, la même. C'est la société d'assurance Axa qui vous y protège, informe la centrale espagnole des achats d'enfants…, information réservée à ses clients. De fait les Espagnols, premiers clients intéressés par le Mexique, se sont détournés de cette destination, qui ne fonctionne plus guère, entre autres parce que les droits de la mère porteuse à changer d'avis y sont maintenus. Et les Mexicains ne veulent plus de clients gays.

Argentine

---

[143] http://www.tiempoenlinea.com.mx/index.php/oaxaca-2/36112-jamas-recomendariamos-alquilar-un-vientre-en-mexico (cas Luis Delgado et José Antonio Fernandez, entre autres)

[144] http://www.nytimes.com/2015/06/15/universal/es/suprema-corte-de-mexico-legaliza-matrimonio-gay.html ?_r=0

[145] https://gayswithkids.com/changing-surrogacy-options/

L'Argentine est le premier pays en dehors du monde dit développé à avoir légalisé le "mamariage" et le "papariage", le 10 juillet 2010, et les représentants du lobby LGBT international donnaient pour acquis la légalisation de la GPA dans le nouveau Code Civil, qui est appliqué depuis le 1ᵉʳ août 2015. Ainsi, le Dr. Fernando Ackerman, Argentin, exerçant à Miami, bénéficie d'une grande couverture médiatique en langue espagnole, et comme au Mexique, les téléfilms et vidéos célébrant la PMA pour toutes, et la GPA pour tous, sont produites et diffusées avec des budgets conséquents depuis plusieurs années. Puis, contre toute attente, le pouvoir exécutif (la présidente Cristina Fernandez), a refusé de soumettre cet article au vote, en 2014. Mais les homosexuels ont le droit d'adopter des enfants. De fait, donc, la GPA se pratique comme en France, avec une femme livrant son enfant contre rémunération ; le père à moitié se présente pour reconnaître l'enfant, puis son compère l'adopte. Mais le nouveau Code civil interdit la « livraison directe » d'un bébé par sa mère à quelqu'un d'autre... [146]. Cela n'empêche pas, le 8 septembre 2015, la sénatrice Laura Montero de présenter un projet de loi en faveur de la GPA pour tous, au nom de l'égalité ; la GPA serait ouverte aux célibataires et aux couples homosexuels, il suffirait qu'ils puissent justifier de leur « incapacité à concevoir naturellement ». Avec le pape François, la résistance à la légalisation de l'avortement a longtemps été vigoureuse, comme au Pérou et au Chili voisins. Il a fallu remettre sept fois le projet de légalisation de l'avortement sur le tapis. En 2018 enfin, la chose a été acquise au Parlement, par 64 voix contre 57, après l'intervention de 738 orateurs. Les conditions autorisées sont très limitatives.

Le Brésil, avec un président, le "Trump tropical" qui aime à prendre pour modèle Vladimir Poutine, la propagande pour l'homosexualité est interdite dans les écoles, et la GPA aussi, comme à Cuba.

---

[146] http://www.lavoz.com.ar/ciudadanos/polemico-caso-de-alquiler-de-vientre-en-mendoza-gestionado-por-una-agencia

La Colombie était un grand exportateur d'enfants pour l'adoption ; désormais la GPA couvre le marché. Elle est interdite, mais le législateur regarde ailleurs.

ACTE IV - La Résistance

Le travail des juristes français

L a constitution française de 1946 a introduit la notion de dignité, en plus de l'égalité, pour tous, dans le préambule ; et dans la Déclaration Universelle des droits de l'Homme, promulguée par l'ONU en 1948, apparaît trois fois la mention de la dignité. Mais tout cela est lettre morte, car l'aspiration à satisfaire aux exigences de la dignité pour tous est constamment foulée aux pieds. Nous vivons sous le régime de la loi de bioéthique de 2004, précisée en 2011, que les partisans de la GPA veulent absolument abolir ou « réformer », sous prétexte de « remédier » à l'infertilité naturelle de l'homosexualité, et à l'infertilité artificielle des autres, résultat de notre mode de vie toxique. Or seul l'État peut empêcher une industrie mafieuse de prospérer. Mais l'État est bien souvent l'expression des plus puissants bénéficiaires du capitalisme... Et toute activité nouvelle illégale, héritant d'une longue expérience aux marges de la société, sait se battre pour la reconnaissance, étape après étape, par la pratique du lobbying, et y parvient à la longue s'il n'y a pas de volonté de bloquer la corruption. Ainsi de l'industrie des casinos, vilipendée à ses débuts, et faisant désormais la gloire officielle de Las Vegas, ville développée artificiellement par le gangster Meyer Lansky pour cette activité ; de même pour la pornographie, entrée dans les mœurs par le biais parfaitement légal de la télévision. Le trafic de femmes indispensable à l'essor de la GPA bénéficie de l'expérience des réseaux internationaux de prostitution.

Cependant, le droit, au-delà des politiques d'État, a son mot à dire. Et les juristes honnêtes relèvent la tête depuis des années :

Parmi les juristes, Aude Markovic, jeune professeur de droit à Lyon, s'est jetée dans la bataille avec son livre *PMA, GPA, la controverse juridique*, éd. Pierre Téqui, 2014, sous-titré *PMA GPA, après le mariage pour tous, l'enfant pour tous ?*

Aude Markovic est véhémente, elle dénonce la complicité de nos élites au pouvoir pour favoriser l'ensemble du business procréatif : «Le tribunal de grande instance de Nantes a ordonné, le 13 mai 2015, la transcription sur les registres français d'état civil des actes de naissances de trois enfants nés à l'étranger d'une GPA. Pour mettre le droit français en conformité avec les exigences de la cour européenne des droits de l'homme, paraît-il. Il n'en est rien.

Tout d'abord, l'honneur du droit français eût été de résister à la jurisprudence irresponsable de la cour européenne qui, sous prétexte de protéger la vie privée des enfants, entérine la nouvelle forme de traite dont ils sont victimes. En effet, que la mère porteuse vende l'enfant ou qu'elle le donne, l'enfant est traité comme un objet de propriété car on ne peut donner ou vendre que ce qui nous appartient. Or, précisément, le code pénal définit l'esclavage comme le fait d'exercer à l'encontre d'une personne l'un des attributs du droit de propriété (art. 224-1 A). Les bonnes intentions ne changent pas le contenu du contrat de GPA qui prévoit la fabrication et la remise de l'enfant, et planifie à cette fin une situation d'abandon objectivement infligée à l'enfant séparé de sa mère de naissance, quand bien même il serait immédiatement accueilli et choyé.[147]

---

[147] http://www.lefigaro.fr/vox/societe/2015/05/15/31003-20150515ARTFIG00356-gpa-la-decision-du-tribunal-de-nantes-releve-du-deni-de-justice-a-l-egard-des-enfants.php

Du point de vue juridique, Aude Markovic déconstruit radicalement les sophismes des tribunaux qui se mettent de fait au service des trafiquants : ils ne défendent pas l'intérêt et le droit des enfants, mais l'intérêt à court terme des acheteurs, tout simplement.

C'est Muriel Fabre-Magnan qui a publié les travaux les plus fouillés condamnant à jamais la procréation artificielle. Elle raisonne comme suit : dès le départ, ce sont les sociétés intermédiaires qui ont posé problème et donné lieu à des procès. En 1988, était rendue la première décision déclarant irrecevable l'association « Les Cigognes » ; en 1989, c'était « Alma Mater » qui était contrainte à la dissolution. Puis l'examen des contrats a abouti à déclarer leur nullité, parce qu'ils violent le principe de l'indisponibilité de son propre corps et de son état, pour ce qui concerne la mère. Cela a été confirmé en 1994 par l'introduction d'un article 16-7 dans le Code Civil qui stipule que « toute convention portant sur la procréation ou la gestation pour le compte d'autrui est nulle. » Sans s'aventurer sur d'autres sujets, on peut rappeler que le « don » d'organes ou le changement de sexe devraient tomber sous la même condamnation. Ainsi, il n'y a pas d'aménagement possible, même à partir du détournement de l'adoption. C'est en ce sens qu'en 2011, un arrêt de la Cour de cassation a refusé d'inscrire à l'État civil français un acte de naissance étranger basé sur une entente préalable entre mère porteuse et mère d'intention.

Muriel Fabre Magnan souligne que nos fanatiques promoteurs de la GPA pratiquent le déni de la réalité. Au niveau de la Cour européenne c'est systématique : « Ce que la Cour européenne de justice met en place sous le nom d'un droit de chacun à devenir parent génétique implique nécessairement d'instituer non seulement un 'droit à l'enfant', mais encore un 'droit' à avoir un enfant 'génétique' c'est-à-dire issu de ses propres gamètes.[148] Mais la réalité biologique ne se laisse pas évincer. Françoise Héritier est une championne de l'incohérence,

---

[148] Op.cit., p. 27

et cependant très courtisée par les médias. Enthousiaste du mariage gay et de la GPA, elle pense qu'elle arrêtera la marchandisation de la GPA en déclarant qu'elle s'y oppose, tout comme elle évacue la biologie de son champ de vision en le qualifiant de « destin organique » qu'elle rayera par sa simple rhétorique. Elle se félicite de 'l'invention de techniques de procréation –don de gamètes, [elle] insiste sur la notion de don – qui permettent de sortir d'un destin organique', mais il faut nécessairement, au contraire, pour mettre en œuvre ces techniques, produire toujours plus de gamètes et d'embryons, et techniciser et médicaliser toujours davantage la reproduction. »[149]

D'ailleurs, selon l'article 227-13 du Code pénal, « la substitution volontaire, la simulation ou dissimulation ayant entraîné une atteinte à l'état civil de l'enfant est punie de trois ans d'emprisonnement et de 45000 euros d'amende. En l'état du droit positif, une femme qui voudrait fallacieusement déclarer l'enfant né d'une mère porteuse comme étant le sien s'exposerait à être condamnée sur ce fondement. »[150]

Une multiplication de procès d'enfants contre leurs parents « de (mauvaises) intentions » va certainement, d'ici quelques années, faire renoncer bien des imprudents à la GPA. Des affaires de divorce sanglant montrent que les « parents d'intention » se déchirent comme les autres et sacrifient l'enfant à leur caprice, malgré la soi-disant pureté parfaite de leurs intentions lors de l'acquisition. Et les autres parents partiels ajoutent leurs revendications de propriétaires « pour le bien de l'enfant ». Résultat du capharnaüm issu de la malhonnêteté des promoteurs de la GPA, les « enfants du don » se tournent avec passion vers les études de droit. Et ce qu'ils constatent, c'est au départ, une immense violation du droit, soit par l'enlèvement soit par l'abandon volontaire d'un enfant, pour raisons de confort, pour

---

[149] Op. cit. p. 31

[150] Op. cit. ? P ; « é

ne pas dire mercantiles, et ce, avec l'approbation de certains « pouvoirs publics » censés conforter la morale et sa cellule fondamentale, la famille. On chosifie, on tue sur le papier, on raye un parent bien réel ; toutes les parties sont complices. Ensuite on fabrique une victime absolument sans défense, un survivant parmi des quantités de fœtus ou d'embryons testés, triés, utilisés puis éliminés, un jouet de la volonté de puissance de plusieurs adultes. L'enfant, traité comme une épave maritime, une chose en errance, devient propriété de celui qui s'en empare. Au bout du processus, un « crime parfait », si l'on reprend le raisonnement de Jean Baudrillard sur la gravité de la manipulation des mots : « Il s'agit en définitive d'imposer des mots et des définitions s'écartant le plus possible de la réalité, comme pour soutenir la prétention et la vanité de la faire disparaître, ou à tout le moins de la maîtriser. » La réalité fondamentale de la conjugaison indispensable entre père et mère, au plan de la responsabilité comme au plan de la génétique, est atomisée, déclarée abolie, à coup de sophismes.

Le summum est atteint avec l'invention du terme de « stérilité sociale » qui affecterait les homosexuels[151]. Comme si la stérilité naturelle pouvait être gommée par magie. Il s'agit bien d'une tentative de meurtre de la réalité, et il est assez amusant de constater l'incitation à la pré-logique chez les agents hyper confiants en la rationalité de la technologie : ils font semblant de croire qu'ils vont annuler la réalité de par leur simple volonté, pour nous y faire croire. On reconnaît là un procédé typique des bonimenteurs, des prestidigitateurs qui exercent leur talent pour capturer l'esprit de leur public dans un but mercantile, et non pas simplement pour faire admirer leurs talents d'hypnotiseurs, de mentalistes, d'acteurs, d'escamoteurs et d'acrobates de leurs mains. Il y a le public consentant, ceux qui paient pour se laisser éblouir par un spectacle de magie. Mais ceux qui paient parce qu'ils y croient sont soit des simulateurs rémunérés à leur tour par le bonimenteur, soit des victimes aveugles d'une escroquerie

---

[151] Op.cit., p. 122.

grave. L'arnaque part des intermédiaires, des commerçants. Tous les parents acheteurs, comme les mères porteuses s'en plaignent. Mais il y a encore des gogos pour se jeter à leurs pieds...

Du point de vue de l'enfant, les choses sont claires : « pour rattacher l'enfant à ceux qui l'ont souhaité et commandé, on invoque la volonté et l'amour. L'argument de la volonté des adultes est en réalité une preuve supplémentaire qu'on n'a aucun égard pour l'intérêt de l'enfant. Ainsi, les partisans d'une gestation pour autrui « éthique » proposent que la mère porteuse ait un certain délai pour garder l'enfant si elle le souhaite, comme en Angleterre par exemple. Cela prouve bien, tout d'abord, que la mère porteuse est la mère naturelle de l'enfant, et que l'intérêt de l'enfant est a priori de rester avec elle. Comment soutenir qu'on a égard à l'intérêt de l'enfant, et notamment à ce qu'on suppose que seraient ses propres désirs, alors que son sort dépendra uniquement du point de savoir qui veut de lui. S'agissant de l'amour, il n'est pas possible non plus d'en faire le critère juridique de la filiation. Qui dit amour dit désamour possible, et ce qui est admissible en matière de couple (un divorce en cas de disparition de l'amour) ne l'est pas en matière de filiation. L'enfant a besoin de durée et de stabilité, et la filiation ne peut reposer sur des bases aussi fragiles que la volonté ou l'amour. »[152]

Muriel Fabre-Magnan répond à la question : comment régler le statut juridique des parents d'intention lorsque l'enfant est né à l'étranger, dans le cadre d'une pratique légale là-bas ? « Des solutions existent, en droit français, qui permettraient de résoudre ces contradictions : un lien juridique pourrait être établi et reconnu en France entre le couple et l'enfant, qui ne consacre néanmoins pas la fraude et ne soit donc pas un lien de filiation. Le couple commanditaire pourrait ainsi, lorsque l'état civil étranger a été régulièrement établi et si tel est l'intérêt de l'enfant, se voir attribuer l'autorité parentale. De fait déjà, les

---

[152] Muriel Fabre-Magnan, Les trois niveaux d'appréciation de l'intérêt de l'enfant, Recueil Dalloz 2015, p. 224.

administrations, écoles, etc. admettent cette autorité sur la base de l'état civil étranger.

D'autres que les parents peuvent, en effet, avoir sur un enfant une autorité parentale permettant de les éduquer et de s'occuper d'eux : on peut citer les tuteurs, les administrateurs légaux ou judiciaires, ou d'autres personnes encore à qui peut être confiée ou déléguée l'autorité parentale. On pourrait concevoir sur ce modèle un système d'attribution légale ou judiciaire de l'autorité parentale au couple commanditaire. Cette autorité parentale pourrait être totale ou partielle, et elle se ferait sous le contrôle du juge.

C'est ainsi que la délégation volontaire de l'autorité parentale prévue à l'article 377, alinéa 1e r, du Code Civil a pu être utilisé pour les couples homosexuels avant que la loi sur l'ouverture du mariage aux couples de même sexe n'autorise l'adoption homoparentale, lorsque tel était l'intérêt de l'enfant (7). L'alinéa 2 du même texte prévoit une délégation forcée d'autorité parentale « en cas de désintérêt manifeste ou si les parents sont dans l'impossibilité d'exercer tout ou partie de l'autorité parentale » et ce texte pourrait là aussi servir de modèle pour confier l'autorité parentale au couple commanditaire de l'enfant, toujours à la condition que tel soit l'intérêt de ce dernier.

De façon plus organisée et plus complète, on pourrait surtout s'inspirer du modèle de la tutelle, mécanisme de protection des intérêts personnels et patrimoniaux de l'enfant prévu aux articles 390 et suivants du Code Civil.

Les principaux besoins et intérêts de l'enfant seraient ainsi assurés, puisque les tuteurs sont tenus des mêmes devoirs vis-à-vis de lui que les pères et mères : devoir d'éducation et d'entretien, devoir de veiller sur sa santé.

La nouvelle barbarie

Tous les pays ayant fondé leur droit sur l'évidence que la mère est celle qui accouche, la GPA ne s'introduit dans les différentes législations que par deux voies : le fait accompli (il faut bien donner un statut cohérent aux enfants nés par GPA), et la validation de la fraude, l'une supposant l'autre. Ce sont deux arguments absolument opposés à l'esprit du droit dans son universalité, et dans chaque corpus législatif national. Mais il faut bien constater que ces deux attaques frontales au fondement du droit sont au cœur de toute l'évolution sociétale qu'on veut nous imposer, et on peut le constater à tous les stades. Un exemple frappant est donné par le vote à l'Assemblée nationale, censé autoriser le mariage homosexuel. Comme l'a dénoncé le philosophe Lucien Cerise[153], les séances filmées et diffusées par la chaîne parlementaire prouvent qu'étaient minoritaires ceux qui ont voulu la chose. Mais il y avait beaucoup d'absents, et certains présents ont voté pour les absents, sans mandat. Donc la loi a été proclamée malgré des résultats qui prouvaient l'opposition d'une majorité bien réelle des députés. La fraude a été constatée, reconnue. Pourtant, personne n'exige l'annulation de la loi et de la proclamation des résultats du vote, parce qu'une circulaire de 1987 précise que lorsqu'une fraude n'a pas modifié le résultat attendu « de notoriété publique », eh bien on ne doit pas la sanctionner, on doit donc reconnaître le fait accompli. La bataille n'est pas terminée cependant. Le sénateur de Vendée Bruno Retailleau est monté au créneau, suivi par vingt-quatre autres sénateurs. En effet, le gouvernement n'a pas publié les décrets d'application correspondants, dans les six mois où il aurait dû le faire selon la loi, certainement pour éviter une nouvelle « Manif pour tous » qui l'aurait mis en danger. Tous les mamariages et papariages célébrés après le 18 novembre 2013 sont donc nuls et non avenus[154]. Bruno Retailleau conclut, sur le laxisme systématique concernant la pratique de la GPA en France, qu'un « véritable système de détournement de la loi est en train de se

---

[153] http://www.scriptoblog.com/index.php/blog/actualites/1159-le-mariage-homo-toujours-illegal-en-france-le-vote-truque-a-l-assemblee-par-lucien-cerise

[154] http://www.forumpatriote.org/viewtopic.php ?t=35579

mettre en place, avec la complicité hypocrite du gouvernement ».[155]

Si la chose est toujours aussi choquante, il faut bien constater que ce procédé imposé à nos sociétés remonte très exactement à l'année 1945 (autrefois, le phénomène existait, mais il était considéré comme la marque infamante des tyrannies). Le tribunal de Nuremberg a considéré l'extermination programmée de six millions de juifs dans des chambres à gaz comme un fait de notoriété publique (alors qu'aucune enquête, absolument aucune enquête n'a été diligentée jusqu'à aujourd'hui pour examiner la scène du crime et l'arme utilisée, le minimum et l'étape initiale pour toute enquête criminelle). Par la suite, la fraude pour parvenir au consensus sur des faits « de notoriété publique », a été systématique, notamment par l'usage de la torture pour obtenir des aveux délirants, par le refus de tenir compte des expertises indépendantes, par la falsification de nombreux documents, par l'imposition dans les tribunaux de raisonnements illogiques et contraires aux faits prouvés et reconnus par ces mêmes tribunaux.

Ainsi donc, progressivement, s'impose à nous, au sens strict, une nouvelle barbarie, un déni total du droit, s'agissant du crime de masse considéré en Occident comme le plus extraordinaire de toute l'histoire, dit « de notoriété publique ». Et on cherche à nous imposer un processus semblable, au mépris des règles judiciaires, pour valider un déni du droit, en ce qui concerne la « fabrication » des prochaines générations, si vivement encouragée par Israël : s'agissant du passé récent de l'Europe, et de notre avenir proche, les deux bouts de la chaîne, en quelque sorte. Rappelons que pour le brouillard inquiétant qui entoure les persécutions contre les juifs, il a fallu imposer en 1990 la loi Fabius-Gayssot pour interdire aux historiens de se prêter à des débats contradictoires, et clore le bec aux sceptiques. Une "révision de la loi bioéthique", en fait une véritable loi Taubira-Marcela Yacub- est en 2020 mitonnée en tapinois pour forcer le

---

[155] http://www.lesrepublicains-senat.fr/Bruno-Retailleau-GPA-la-loi.html

passage à l'AMP pour toutes. Le génie révolutionnaire juif a fait ses preuves dans le domaine de la maîtrise de la reproduction humaine ; c'est pour les maîtres de l'ingénierie sociale un simple préalable à l'imposition "en douceur" de la « GPA pour tous » ? C'est plus que probable.

Début 2015, la ministre de la justice a cédé face aux injonctions de la Cour européenne. Cette concession a une immense portée, comme l'établit Muriel Fabre-Magnan :

«Le refus de la transcription à l'état civil français [était] le seul et dernier outil qui permette d'éviter l'admission de la gestation pour autrui en France. Car le jour où la transcription [est] admise, la pression pour la légalisation de cette pratique [sera] intenable. Comment, en effet, justifier que l'on régularise ces pratiques faites à l'étranger dans des conditions d'exploitation des femmes et de la misère humaine que l'on sait, et que l'on refuse une gestation pour autrui contrôlée en France ? Comment, en outre, justifier la discrimination en faveur de ceux qui ont les moyens d'aller se payer les services d'une mère porteuse à l'étranger ? »[156]

On en revient toujours au néo-esclavage qui se met en place à la faveur de d'une demande et d'une offre qui ne cessent de croître parallèlement. Mais l'esclavage industriel mis en place par les Européens au détriment des Africains a débouché sur de formidables révoltes, des situations juridiques se retournant contre les maîtres, un non-sens économique, et finalement l'abolition. La question des réparations dues aux descendants d'esclaves par les États assumant la continuité des États coloniaux n'est pas réglée. Elle se posera aussi pour les nouvelles formes d'esclavage. Ce sont dans une grande mesure les enfants bâtards de maîtres esclavagistes enfantés par des femmes sans droits qui ont dirigé et conceptualisé la grande dynamique de l'abolition. Les enfants de la GPA seront eux aussi bien placés pour demander des comptes.

---

[156] Recueil Dalloz 2015 p. 224

GPA et trafic d'organes

La traite des humains est le 3ᵉᵐᵉ type de trafic le plus lucratif au monde après celui des drogues et des armes. Selon l'Organisation Mondiale du Travail, il y aurait dans le monde 20,9 millions de victimes de trafic humain. On a vu que l'adoption internationale avait servi de paravent à des trafics atroces.

La fabrication d'orphelins par GPA peut être considérée comme relevant de la greffe d'organes, l'enfant à naître étant greffé artificiellement dans un utérus étranger à sa conception. À ce titre, il y a du commerce d'organes, cellules sexuelles et embryons, dès le départ, dès la conception. Avec une particularité : à l'arrivée, il peut y avoir des enfants « greffés » puis rejetés, des enfants qu'aucun parent ne réclamera ; il y a déjà des cas d'enfants handicapés dont plus personne ne veut, relégués dans des orphelinats … Il y a probablement déjà des enfants fabriqués clandestinement pour des marchands, « sans traçabilité », sans identité, sans parents, apatrides, et revendus ensuite, sous des prétextes divers. C'est pourquoi il faut regarder les faits en face : ils seront à leur tour des proies de choix pour le trafic d'organes et la prostitution infantile, des enfants à disposition du plus offrant.

En France, le commerce de sang ou d'organes est interdit. Tout est basé sur le volontariat, en théorie. Les candidats au don d'organes sont rares, en dehors des membres d'une même famille. Mais on sait que le prélèvement d'organes se fait principalement sur les personnes déclarées en état de mort cérébrale, c'est-à-dire qui, mourant dans un environnement médicalisé, sont prolongées artificiellement le temps qu'on prélève vivants les organes souhaités. Et l'on sait aussi, par certains scandales, qu'il y a des gens tués, dans des structures hospitalières, dans ce but, comme dans d'autres pays. Il ne s'agit bien entendu que de personnes dont on suppose qu'il n'y aura pas de famille pour réclamer une autopsie. Or voilà qu'une famille martiniquaise victime s'acharne depuis plus de dix ans pour faire reconnaître un crime de ce genre, un crime parfaitement limpide, et l'on découvre à l'occasion des procès qu'elle mène, qu'il y a une incroyable désinvolture avec les dépouilles des gens qui meurent à l'hôpital. Il s'agit de l'histoire d'Éliane Kabile, entrée à l'hôpital de Gonesse pour des douleurs à la cheville, et qui n'en est jamais revenue. La famille a constaté une immense cicatrice, au côté gauche, de l'épaule jusqu'au nombril, « elle était recousue grossièrement, comme un cochon à Noël, avec un gros fil bleu » selon sa sœur, et ses yeux n'étaient plus que des orbites vides, sans iris ni cristallin. La famille a obtenu deux certificats de décès à des dates différentes, puis encore, six ans plus tard et par hasard, encore un autre !. Trois autopsies ont été réclamées, en 2001, 2003 et 2007, et chaque fois, les restes trouvés dans le cercueil ne correspondaient en rien à la dépouille d'Éliane Kabile. [157] Depuis 2001, l'hôpital n'a eu de cesse d'accuser la famille de diffamation, jusqu'en 2015, où la justice semble enfin prendre les plaignants au sérieux : la famille avait d'abord été condamnée à une amende de 15000 euros pour « constitution de partie civile abusive ». En septembre 2015, l'hôpital se désiste de sa plainte en diffamation. M° Gilbert Collard avait donné une forte médiatisation à l'affaire, sans succès. Dans 80% des cas, on perd son temps à attaquer frontalement les hôpitaux. Maître Missamou, qui a pris la suite, a beau faire étalage d'incohérences et d'illégalités : ce qui manque au dossier, ce sont des témoignages en provenance du personnel hospitalier, absence qui n'a pas de quoi surprendre ; même les experts, comme dans l'affaire des cadavres mutilés de Lens, refusent de rendre publiques leurs conclusions. Mais la famille est pugnace : l'avocat du fils d'Éliane Kabile a « déposé une plainte à l'encontre de l'hôpital de Gonesse, des mairies de Gonesse et de Sarcelles, de l'Institut médico-légal de Garches, du professeur Durigond, des professeurs Rivebery et Urbaitel, experts judiciaires, du docteur Torjman, médecin de Mme Kabile, et du

---

[157] http://blogs.mediapart.fr/blog/jean63/161014/affaire-Éliane-kabile-trafic-de-cadavre-et-actes-de-deces-falsifies.

docteur Deliou à l'hôpital de Gonesse à l'époque des faits ».[158]
Cette affaire est entre les mains de la Cour de cassation, en 2020.
Même si les accusés continuent à invoquer la diffamation, c'est
"du folklore", dit Christian Cotten, défenseur de la famille
Kabile, car les questions sérieuses sont toujours en attente de
jugement : le 7 janvier 2021, doit être examinée une citation
directe à l'encontre du maire de Gonesse, J-P Blazy, du
commandant de police E. Humlot, du directeur de la société
Arpège responsable du logiciel utilisé pour la transcription des
Actes de décès, B. Bertélémé, et du Procureur de la République
au TGI de Pontoise, E. Corbeau, pour "faux en écritures
publiques, dans le cadre d'un meurtre avec préméditation en
bande organisée, de manœuvres criminelles pour dissimuler la
destination finale du cadavre de Mme Kabile, d'entrave à
l'application de la loi, et de non-dénonciation de crime portant
atteinte à la nation".

Comme pour les cadavres avortés, le commerce des
dépouilles en pièces détachées existe bel et bien, dans nos
propres pays donneurs de leçons au monde entier, et il ne
concerne pas que la pègre interlope, mais aussi une clientèle riche
qui ferme les yeux, des « médecins » criminels, et des
organismes publics. À l'occasion des mesures "sanitaires" prises
au printemps 2020, les entreprises de pompes funèbres ont reçu
l'ordre le 27 mars 2020 de procéder à la mise en bière immédiate
de TOUS les corps, indépendamment des causes de décès. Les
proches n'ont donc pas pu vérifier de visu l'identité ni l'état des
cadavres. "Des cas de faux certificats de dons d'organes
prétendument signés par les défunts seront rapportés dans les
semaines suivantes" (*Faits et Documents*, n° 486, paru le 1ᵉʳ
octobre 2020).

On dispose d'aveux en très haut lieu sur ce genre de
pratiques : En Israël, on a tué des Palestiniens pour les dépecer
au profit des juifs, comme nous l'ont appris les aveux de Yehuda

[158] http://www.martinique.franceantilles.fr/actualite/faitsdivers/nouveau-rebondissement-dans-l-affaire-Éliane-kabile-279774.php

Hiss [directeur de l'Institut médico-légal de Tel Aviv[159]. Et des organes étaient prélevés par les Albanais du Kossovo sur des Serbes vivants, a dit Carla del Ponte, procureur à la Cour pénale internationale de La Haye [dans son livre *La Traque, les criminels de guerre et moi*][160].

Le trafic d'organes tire le meilleur profit des guerres et bombardements, non seulement par le pillage des corps blessés ou tués, mais parce que les civils, pour fuir le pays où ils ont tout perdu, acceptent de vendre leurs organes pour payer des passeurs.[161] Et naturellement, étant données les performances en biotechnologie de l'État hébreu, des ressortissants israéliens se distinguent depuis des années dans ces réseaux ; après d'autres procès retentissants, sept personnes ont été inculpées pour recruter des « donneurs » en Albanie, au Kossovo, en Azerbaïdjan, au Sri Lanka, au profit de riches malades israéliens, payant jusqu'à 100 000 euros pour une greffe.[162] Les Israéliens se plaignent d'être toujours cités en premier dans les scandales les plus crapuleux. Le problème est qu'il y a des même des rabbins qui s'adonnent au trafic d'organes et au blanchiment d'argent[163]. Combien n'ont pas encore été démasqués dans le trafic de nourrissons ?

Le trafic d'ovocytes et d'embryons, indispensable à « la recherche » et à l'essor de la GPA, rentre pleinement dans la

---

[159] De jeunes Palestiniens sont tués pour cela, leurs familles portent plainte, le scandale a éclaté dans la presse suédoise. Voir http://www.michelcollon.info/Israel-et-la-collecte-d-organes.html,

[160] http://plumenclume.org/blog/35-esclavage-et-cannibalisme-dans-le-monde-moderne-par-israel-adam-shamir

[161] http://blogs.mediapart.fr/blog/jean63/010814/tout-sur-le-trafic-dorganes

[162] http://www.leparisien.fr/faits-divers/israel-sept-personnes-inculpees-pour-un-trafic-d-organes-international-13-05-2015-4768445.php

[163] « Real Jew News », http://www.realjewnews.com/ ?p=417. Le principal inculpé vient d'être libéré.

rubrique de ce néo-cannibalisme. Les banques de gamètes se plaignent de la rareté des donneurs. Mais elles ont des stocks qui ne sont jamais réclamés par leurs producteurs, en particulier grâce aux cancéreux qui, avant les traitements qui les rendent stériles, alimentent avec des espoirs fous ces bio-coffre-forts, dont ils ne profiteront que bien rarement[164]. Nous ne doutons pas qu'un scandale vienne bientôt nous éclairer sur les tarifs, les profits de la vente frauduleuse, et les complicités jusqu'au niveau des institutions relevant théoriquement de la bioéthique.

La GPA commence avec la production d'embryons en laboratoire, ce qui a un coût, et qui à son tour, rapporte. D'après la loi française, l'embryon humain est une chose ; mais si d'une part on veut nous convaincre que les embryons et les fœtus humains ne sont que des « tissus », et non des personnes en devenir, d'autre part leur haute valeur pour la « recherche » tient précisément au fait qu'ils sont des humains. Ce seraient donc à la fois des personnes, qu'on ne saurait tuer sans commettre un crime, et des « biens », selon un jugement de la CEDH [165]. Et ce confusionnisme est bien le signe distinctif de l'esclavagisme.

Le Dr. Jean-Pierre Dickès en conclut : « Les embryons [non réimplantés] sont destinés soit à être détruits, soit servir de moyens d'expérimentation, soit à périr avec le temps dans les congélateurs d'azote liquide. La solution serait certes de ne pas créer des embryons dans de telles conditions. »[166] Les catholiques américains font des campagnes pour l'adoption d'embryons, ce qui suppose de passer par la FIV. Mais c'est une façon d'encourager celle-ci, et cela repose sur l'adultère !

---

[164] Toutes les manipulations possibles sont expliquées dans *Le Grand Livre de la fertilité*, cit., chapitre X, p. 176-210. L'ouvrage est un catalogue de toutes les prouesses envisageables, malgré le cadre restrictif de la loi française ; et il ouvre, en douce, l'appétit pour tout ce qui se fait ailleurs).

[165] http://www.medias-presse.info/cafouillouillage-a-la-cour-europeenne-des-droits-de-lhomme-cedh/37999

[166] Voir L'ultime transgression, 2013.

Apparemment, Dieu refuse de nous donner un coup de main pour sortir des contradictions issues de nos expériences faustiennes…

Le clonage s'invite à son tour dans le « sale business de la médecine reproductive ». Pratiqué par neuf pays sur les animaux, à des fins de recherche, il est, s'agissant des humains, pour le moment appelé à se développer clandestinement, aucune législation n'envisageant de le reconnaître. En France, c'est la loi de bioéthique de 2004 qui l'a formellement interdit ; l'article 16-4 du Code civil français proscrit tout clonage humain, à but eugénique, reproductif ou thérapeutique :

« Nul ne peut porter atteinte à l'intégrité de l'espèce humaine ». Cependant, le professeur Schwartzenberg, ancien ministre de la recherche, a déposé une proposition de loi en 2005 visant à abroger la loi de bioéthique de 2004, qui punit le clonage thérapeutique, avec des peines de 30 ans de prison ou de réclusion à perpétuité. Provisoirement le projet est repoussé grâce à l'ingénierie sur les IPS, cellules souches permettant de régénérer des organes malades sans requérir de greffe chirurgicale de fragments d'embryons, que le corps du patient ne rejetterait pas, puisqu'ils seraient des embryons clonés à partir de ses propres cellules. Mais les conclusions du spécialiste Hervé Ratel, dans la revue *Science et Avenir* ne sont pas tout à fait rassurantes :

« Le clonage ne présente-t-il vraiment plus aucun intérêt aujourd'hui ? Prudence, une fois encore. "On ignore si les cellules IPS ne souffrent pas de défauts épigénétiques trop importants pour être utilisées en thérapie, détaille Alice Jouneau, de l'Inra de Jouy-en-Josas (Essonne). Il semble en tout cas que celles-ci soient beaucoup plus susceptibles d'accumuler des anomalies que les cellules dérivées d'embryons clonés. L'étude du clonage pourrait être utile pour améliorer l'obtention des IPS".»[167]

---

[167] http://www.sciencesetavenir.fr/sante/20140722.OBS4414/le-clonage-humain-devient-realite.html

Le cauchemar se précise vraiment, il y a des milliers d'embryons congelés en France, des millions à l'échelle de la planète. Sébastien Renault nous alerte : « Sur le plan juridico-bioéthique, nous devons faire tout ce qui est en notre pouvoir pour protéger ces enfants -conçus puis congelés- de leurs bourreaux scientifiques expérimentateurs. Car les projets les plus déments sont en attente de concrétisation prochaine. On parle aujourd'hui de « culture fœtale » (et en fait, celle-ci se pratique déjà) : il s'agirait (il s'agit) de cloner et de congeler suffisamment d'enfants conçus par FIV pour les implanter dans des utérus de laboratoire, les laisser se développer jusqu'à quasi terme, pour finalement les avorter et directement moissonner les organes (plutôt que de s'astreindre à de pareilles récoltes par l'entremise d'avortoirs, *Planned Parenthood* et autres) ».

La GPA est un aboutissement, dont l'AMP n'était que le premier pas ; mais elle est aussi le point de départ pour bien d'autres expérimentations effrayantes. Le projet de loi de bioéthique de 2020 interdit la fabrication d'"enfants-médicament", pour les couples ayant déjà un enfant atteint d'une maladie congénitale qui pourrait être sauvé par une ou plusieurs greffes d'organes à partir d'un frère voué quant à lui à la mort à brève échéance. Cette interdiction fait heureusement l'unanimité.

Le point de vue de Sirius

Arrêtons-là, provisoirement, le catalogue des horreurs, prenons quelque recul, et quelque avance. Certains diront que, si on ne demande pas leur avis aux enfants à naître par GPA, on n'a jamais, de fait, demandé leur avis aux enfants sur leur façon de venir au monde. Les parents ont toujours été irresponsables, la nature a toujours ajouté ses cruels caprices aux décisions erratiques des humains. Les infanticides et abandons d'enfants ont bel et bien diminué depuis l'apparition de la pilule. Les nourrices de jadis avaient un statut révoltant, on les renvoyait souvent à la misère après usage, après les avoir privées de leurs propres enfants, sans considération à l'attachement créé par l'allaitement, ce qui était dramatique aussi pour l'enfant ; et les enfants qui leur étaient confiés mouraient dans une proportion effrayante. Les familles ont toujours été des chaudrons où, selon le mythe des Atrides, le frère jaloux fait bouillir les morceaux de viande de ses neveux pour les servir en festin à son propre frère aveugle, en représailles d'un meurtre antérieur, tandis que les Médées féministes, à toutes les époques, tuent leurs propres fils pour assouvir leur jalousie envers une autre femme plus avenante et envers les maris qui refusent de se soumettre. En somme, à chaque génération, avec ou sans la science, l'embryon qui finit par devenir une personne adulte et à peu près résiliente a bien souvent été un rescapé. Mais jadis, quand on se résignait à cet état de fait, c'était en invoquant la faillibilité de la nature humaine pécheresse, ou les mystères de la volonté de Dieu. De nos jours, au contraire, les trafiquants se vantent de leurs prouesses, et on est prié de les applaudir sans regarder de trop près de quoi il retourne, au nom de la science !

Nul besoin d'être complotiste pour constater que, portée par les instances internationales se prétendant autorités suprêmes et pour cela autorisées à piétiner les sentiments populaires, les traditions qui ont fondé les civilisations et les législations nationales, la GPA (qui sera, si notre résistance est vaincue, forcément légalisée à terme « pour tous » au nom de l'égalité) s'inscrit dans un immense programme de déshumanisation de l'homme ; tout se passe comme si le but était de briser tout lien de complémentarité entre les sexes et entre les générations, entre les vivants et les morts, nos aïeux et nos descendants.

Le « mariage pour tous » n'a d'intérêt que pour les agences qui veulent prendre le contrôle de la reproduction humaine : l'égalité poussée jusqu'à l'absurde permet d'abolir toute protection de la famille, car elle entre en conflit avec les droits de l'enfant et les droits de la famille en tant que cellule primordiale dans toute société. La campagne pour le soi-disant mariage homosexuel était un détour pour valider tout autre chose, et cela a été démasqué aussitôt : Comme le dit Caroline Mécary, avocate au barreau de Paris, « pour pouvoir abolir le mariage, il faut d'abord que tout le monde puisse en bénéficier, l'abolition du mariage, c'est l'étape suivante » (festival « Mode d'emploi » à Lyon, novembre 2013).

C'est la suite logique si on épouse le raisonnement de François Hollande ci-dessous : « Une femme doit pouvoir avoir accès à la PMA parce qu'elle ne souhaite pas avoir de relations avec un homme.» Si l'objectif est donc l'acquisition d'enfants par n'importe qui, pourquoi pas directement par une start up, par l'État ou par une firme multinationale quelconque ? C'est à valider cela que sert l'idéologie du *gender*, simple déni du réel à des fins de pouvoir : l'idéologie du genre rend les rôles maternel et paternel non seulement interchangeables, mais insignifiants ; il s'agit de déréaliser notre destin sexué, qui s'exprime dans notre aspiration à faire place à nos descendants dans une lignée solide, ou à consolider les structures familiales parce qu'elles sont des remparts contre l'arbitraire étatique. Si l'on peut changer facilement de sexe (aux frais de la Sécurité Sociale, opérations chirurgicales comprises !) plus besoin de sexe du tout, au final, pour s'acheter un enfant, ou le revendre, bien sûr ; la revente a déjà sa jurisprudence, puisque les couples qui s'offrent des gosses divorcent comme les autres, et ont à régler devant les tribunaux le partage de ce bien-là comme des autres...

Et il faut voir encore plus loin : Jacques Attali l'annonçait dans *L'Express* le 2 janvier 2003 : "En devenant ainsi peu à peu des objets comme les autres, les êtres humains deviendront, pour ceux qui les achèteront (car ils se vendront) des objets de consommation, abandonnés dès qu'un modèle nouveau viendra exciter leurs désirs."

La Commission « des droits de la femme et de l'égalité des genres » du Parlement européen (FEMM) a adopté à la mi-juin 2015, par 21 votes pour et 9 contre, le rapport de l'eurodéputée espagnole Liliana Rodrigues sur l'émancipation des jeunes filles par l'éducation dans l'Union européenne. Le rapport contient de nombreuses références à l'idéologie du genre. La discussion de plusieurs centaines d'amendements a modifié le texte mais l'ensemble reste un document dictatorial qui cherche à définir ce qui sera enseigné à toutes les jeunes filles au sein de l'Union européenne. Il est étrange que les femmes de la dite commission ne perçoivent pas que l'imposition de l'idéologie du genre est en opposition avec les intérêts réels des femmes. Au nom de l'égalité, elles pourront être évincées des professions traditionnellement féminines, celles qui sont des prolongements de la vocation maternelle (domaines des soins et de l'éducation, sages-femmes etc.), ou bien astreintes aux mêmes obligations que les salariés hommes dans les emplois dangereux ou excessivement durs ; déjà le congé de maternité peut être accordé à un homme, en Espagne, où la GPA est pourtant interdite ! Au nom de l'égalité, la maternité cessera d'être respectée comme un privilège naturel des femmes. Quelle femme peut souhaiter une chose pareille ? Et au nom de l'égalité, les homosexuels hommes pourraient revendiquer les privilèges naturels correspondants aux deux sexes cumulés.

Le cauchemar n'est pas fini : comme le dit Lionel Escudéro, « Stérilisés par l'industrie chimique, les êtres humains n'[auront] plus d'autre choix que de recourir à l'AMP, à la reproduction artificielle de l'humain et de se soumettre à l'expertise des médecins et inséminateurs... L'AMP pour tous et toutes est plus qu'un slogan. Elle est l'artifice que le capitalisme impose à nos corps pour y pallier ses propres dégâts. Elle n'est pas un droit à conquérir mais l'avenir auquel nous condamne chaque jour, sous les applaudissements benêts de la gauche progressiste, la fuite en avant technologique.»[168]

Mais la prise de conscience de ce qui nous attend se répand, et les prévisions des chefs d'entreprise nous dévoilent le pot aux roses. Google offre déjà à ses employées de congeler leurs ovocytes pour remettre à plus tard leurs grossesses. Cela évitera les congés de maternité intempestifs, et c'est censé faire rêver les jeunes femmes. Avec l'allongement de la durée moyenne de vie, certains anticipent déjà l'histoire de la nouvelle génération : « ils vécurent heureux et ils congelèrent leurs gamètes.» C'est ce que prévoit le Pr Carl Djerassi (91 ans) pour 2050, date à laquelle, pense-t-il, une bonne part des bébés du monde occidental naîtront par fécondation *in vitro*.

"Connu comme l'un des inventeurs de la pilule contraceptive, le professeur austro-américain envisage l'obsolescence de son invention : jeunes hommes et jeunes

---

[168] http://www.piecesetmaindoeuvre.com/IMG/pdf/Intro_et_chap-1-2.pdf

femmes congèleront leurs gamètes, et se feront stériliser, certains de pouvoir recourir à la PMA [qui ouvre l'accès à la GPA, au clonage, à l'utérus artificiel, à la parthénogénèse etc, tout ce qui permet de déléguer la grossesse à d'autres] :

« La grande majorité des femmes qui choisiront la fécondation in vitro à l'avenir seront des femmes fertiles qui ont congelé leurs ovules et remis leur grossesse à plus tard. Les femmes de vingt ans choisiront d'abord cette approche comme une forme d'assurance, qui leur procure la liberté face aux décisions professionnelles, ou en l'absence du bon partenaire, ou du tic-tac inexorable de l'horloge biologique. Cependant, je prédis que beaucoup d'entre elles décideront d'être fertilisées par FIV en raison des avancées des diagnostics génétiques préimplantatoires. Et une fois que cela se produira, la FIV deviendra une façon normale, non-coïtale, d'avoir des enfants » Ce que ne disent pas nos brillants savants adulés, c'est qui décidera quand vous serez autorisés à vous faire faire des gosses par « la science » et non par l'urgence de l'amour. Et si « la science » décidait, au final, que vous n'êtes pas les bons candidats à la reproduction, génétiquement parlant ?

Il y a pire : si l'ectogénèse, le clonage et la parthénogénèse finissaient pas être viables, alors ce serait la plus grande défaite des femmes de toute l'histoire de l'humanité. Accaparées par leur obsession, la gestion de leur corps en propriétaires uniques, les féministes auraient donc réussi à tuer le désir masculin, et à faire émerger un néo-machisme froid et glaçant ; trop déçus par les femmes, et redoutant à juste titre qu'elles les quittent et les privent fort légalement de leurs enfants dès que possible, bien des hommes reportent leurs rêves sur les hommes, leurs semblables. Déjà, on nous vante la qualité supposée supérieure de l'amour homosexuel, les deux sexes se tournant le dos. Une génération plus tôt, nous les femmes, avions promis aux hommes que si nous pouvions gérer la politique et la société, nous le ferions mieux que les hommes. « La femme est l'avenir de l'homme », chantait généreusement Jean Ferrat : promesse non tenue, notre égoïsme à courte vue mène à la débâcle pour tous.

Sodomistes et féministes

Nous voici plutôt devenues les proies stupides des homosexualistes, les partisans d'une idéologie reposant sur le paradigme homosexuel, faute d'avoir aimé et défendu la chair de notre chair à temps, avec toute la générosité nécessaire.

Les religions résument sous le vocable de Satan le cumul d'usurpations et de perversités qui conduisent au crime et à la perte de ceux qui se laissent séduire par les attraits immédiats de la nouveauté. Satan, c'est « le tentateur » et « l'adversaire » ; mais c'est aussi « le simulateur ».

L'homosexualisme repose sur une attitude : que chacun, sans renoncer à son sexe d'origine, se laisse aller à singer le sexe opposé, et se croie capable d'être tout à la fois, ce qui implique qu'il n'y ait aucun manque à combler, que la complémentarité et l'attirance entre hommes et femmes soient superflues, voire périlleuses ou immorales. C'est d'une question de pouvoir qu'il s'agit, et non pas seulement d'une affaire de goût. De nos jours, on estime offensant de parler d'homosexualité en termes de maladie individuelle. On reconnaît des prédispositions physiologiques, voire génétiques, à l'attirance d'une personne pour les gens de son propre sexe. Cependant, en 2020, les généticiens ont établi qu'il n'y a pas de "gène de l'homosexualité", conclusion d'une portée considérable. C'est l'affaiblissement statistiquement constaté de la puissance génésique dans le règne animal comme chez les humains qui nous oblige à considérer qu'il y a bel et bien là un handicap collectif qui est en pleine expansion. Il est bien naturel qu'un groupe se sachant en position de faiblesse tente de consolider ses positions avec des revendications en se targuant de « discrimination injuste » : c'est la logique de toutes les associations créées pour la protection des personnes qui se reconnaissent comme victimes d'un handicap irrémédiable et unissent leurs forces sur la base de cette caractéristique commune. La logique revendicative du lobby LGBT imite cette démarche, avec une différence : elle se veut normalité alternative. C'est là que commence l'abus de langage, et de pouvoir.

L'évolution de nos sociétés occidentales dans le sens d'un hédonisme chaque fois plus oublieux des anciens principes de la société a été décrite comme une marche vers la prise de pouvoir spirituel par « l'internationale homosexuelle » ; les écrivains sont souvent visionnaires, tel Curzio Malaparte dans son roman sur la Libération *La Peau*[169], mettant en scène une « figliata » du floklore homosexuel napolitain : lors d'une grande fête, un groupe où se mêlent des hommes de toute extraction sociale met en scène l'accouchement, par l'un d'eux, d'un fétiche phallique ; puis c'est l'orgie, avec sodomie non dissimulée, afin de souligner le renversement de l'ordre naturel ; pour Curzio Malaparte, engagé volontaire pour défendre la France et l' Italie, dans les deux guerres mondiales, cela signifie la déroute des valeurs guerrières, l'honneur et le courage, même si des militaires et des révolutionnaires peuvent s'identifier avec les pédérastes, l'appellation qu'il préfère, parce qu'elle souligne qu'il s'agit d'un appétit dévorant de chair fraîche, de chair jeune, compromettant les nouvelles générations. Marcel Proust, connaissant de l'intérieur la « confrérie des invertis » n'en a pas seulement fait des portraits cinglants, mais a souligné cette rivalité du sodomite avec hommes et femmes à la fois, cette pente vers l'emprise et l'usurpation. Or il n'y a pas de pouvoir spirituel qui ne recherche la puissance effective, matérielle, et cela ne date pas d'hier : le danger de la conjonction entre sodomisme et financiarisation de la société, caractéristique de nos sociétés néo-libérales, a été synthétisé depuis très longtemps. Dante, au XIV° siècle dans sa *Divine Comédie*, a placé en enfer, dans le même cercle de ceux qui « violentent la nature et Dieu » les sodomites et les usuriers, parce qu'ils sont également étouffés par la recherche débridée de leur bon plaisir, et parce qu'ils déploient une même stérilité, qui condamne à terme toute société. Notons que le business de la procréation artificielle se prétend remède à la stérilité mais qu'en fait il repose sur celle-ci.

La stérilité immanente au système capitaliste est un des sujets développés dans la deuxième partie de ce livre. Mais sans attendre, voyons comment Sébastien Renault a approfondi le lien

---

[169] Voir Véronique Moulinié, *La chirurgie des âges, corps, sexualité et représentations du sang*, 1997, p. 171-199, éditions MSH,, consultable en ligne

entre « intérêt usuraire et bougrerie » : «Les sodomites menacent en effet l'existence future de toute société en s'adonnant à des rapports délibérément stériles, ce qui élimine toute possibilité de descendance. Or la descendance constitue évidemment l'avenir de toute société. Il nous faut donc oser le dire, sans peur des représailles, puisqu'il s'agit de la vérité : en promouvant et pratiquant l'homosexualisme à tout crin, les sodomites—et tous ceux qui, de près ou de loin, politiquement ou légalement, avalisent leurs pratiques dites « privées »—sont objectivement en train de détruire l'avenir des sociétés humaines. Le prêt à intérêt (ou usure bancaire) produit, de manière différente, le même effet. Il corrode l'économie actuelle au service de quelques-uns et décapite l'avenir social en nuisant directement à l'industrie, donc à l'économie *réelle*. Car la monnaie ne se réplique pas naturellement. En elle-même, la monnaie est strictement stérile, vide de substance réelle (*cassus*). Elle ne possède de valeur que nominale pour faciliter les échanges commerciaux de biens naturels à valeurs réelles. Elle n'est donc qu'un signe d'échange à deux sens institué par l'État et la banque pour réguler le domaine fluctuant de l'estimation des prix attachés aux biens naturels à l'intérieur du cadre imposé par la loi de l'offre et de la demande. En dehors de ce cadre, gouverné par l'activité industrielle, elle ne peut se reproduire que par le truchement virtuel et frauduleux de l'activité usuraire. Elle n'est donc rien de tangiblement fructueux sans l'industrie. C'est l'industrie, ou activité humaine de transformation des données naturelles en richesse, qui produit de l'économie réelle pour toute la société. Or l'usure prohibe le bon fonctionnement de l'industrie, ce qui provoque de facto le gel de l'économie. Car elle ne « crée » qu'en faisant grossir la dette publique par l'intermédiaire du cumul des intérêts. Elle rend frauduleusement fructueux —pour le bénéfice de quelques ultra-riches (nos ploutocrates patentés)— ce qui ne peut en soi fructifier. [...] L'usure, comme l'homosexualité sodomico-saphique, est une pratique contre-nature de la plus sérieuse gravité. Ces deux fléaux sont effectivement en train d'exténuer la société de l'intérieur. Tous deux, par lubricité ou avidité (ou les deux à la fois !), se rejoignent ici-bas dans une même débauche de narcissisme crapuleux et de stérilité... et, comme le voyait Dante, en Enfer de l'autre côté.»[170] Restons-en là provisoirement. Il ne s'agit pas ici de jeter la pierre à notre prochain, mais de percevoir ce qui est en train de devenir une pente fatale pour la société, car encouragée par les autorités occidentales qui prétendent manipuler jusqu'à nos instincts vitaux et nous violer impunément dans nos intuitions primordiales. C'est une défaite colossale du féminisme et un abaissement sans précédent de la condition féminine qui s'amorce, si la GPA se développe en toute légalité pour les couples masculins.

Les femmes ont malheureusement leur part dans le projet luciférien ; Lucifer est un autre nom du diable, celui de l'ange porteur de lumière mais chassé du paradis, précisément parce qu'il s'est pris pour la lumière, au lieu d'accepter de n'être que le reflet de la lumière divine. Il y a des femmes qui font l'apologie de l'avortement, et le pratiquent avec ostentation : ces dernières se qualifient ouvertement de satanistes, et l'on dispose de nombreux témoignages atroces.[171] D'autres préfèrent répandre la malédiction par des voies à peine plus obliques, se prétendant artistiques, comme la triste engeance des Femen, qui miment et mettent en scène des avortements dans des lieux saints. L'idolâtrie féminine du crime et de la stérilité rejoint le projet de sodomisation du genre humain, en prétendant à son tour être vecteur d'égalité et de liberté. Mais, dans la mesure où ils sont érigés en absolus et travestis sans scrupules, liberté et égalité ne sont que les noms laïques de la pomme fatale pour Eve et pour Adam. Fils d'Adam et Eve, nous restons englués dans le même péché originel qu'eux : nous nous laissons tenter par des promesses de toute puissance, prenant l'aspect d'objets désirables, offerts et abondants. Rien n'a changé, hélas, depuis les débuts de l'humanité, mais nous ne sommes pas condamnés au malheur, ce n'est pas une fatalité.

[170] http://plumenclume.org/blog/40-interet-usuraire-bougrerie-et-avortement

[171] http://reinformation.tv/avortement-rituel-satanique-romee-42075/

Reprenons ce qui se passe très concrètement, dans la propagation de l'homosexualité comme normalité. C'est la parodie du pire dans la masculinité qui occupe le terrain, de fait, avec le fonctionnement du lobby LGBT : l'homosexualisme met en œuvre la caricature du modèle masculin : la menace et le chantage, la licence sans limites, le mépris universel, la grossièreté et l'impudeur brutale. Voilà pour le niveau des méthodes. Au niveau de l'imaginaire, les gays prétendent supplanter, en les imitant, les mâles les plus beaux, les plus forts, les plus admirés par ceux qui sont trop faibles pour rivaliser, ceux qui n'ont pas la force de maîtriser les femmes par l'empire de l'assurance virile. Satan, c'est la parodie des valeurs patriarcales, leur copie sur le mode burlesque, grotesque, hideux. Et l'homosexualisme exige aussi de singer aussi les faibles femmes, les femmelettes, avec leurs pires défauts : coquetterie, frivolité, caprices, perfidie, couardise etc. Le lobby LGBT prétend, au nom de l'égalité, cumuler les vices et les privilèges des deux sexes, et déposséder de toute légitimité ceux qui en restent à leur rôle naturel simple. Pourquoi cette rivalité avec ceux qui se réclament de la loi naturelle ?

Précisément, parce que l'union de l'homme et de la femme est féconde. Il s'agit de dérober ce mystère aux hommes et femmes normaux, de les supplanter, et de confisquer la puissance génésique universelle, comme avec la culture des OGM on empêche les végétaux de se reproduire spontanément. C'est utopique, espérons-le, mais néanmoins extrêmement dangereux. C'est l'apothéose de l'usurpation qu'on veut nous faire légaliser dans toutes ses applications, sous prétexte de lutter contre la discrimination d'une minorité. Comment ne pas ruer dans les brancards, qu'on soit homme ou femme, personne ou entité animée par une conscience ?

D'ores et déjà, les femmes qui aiment les enfants se posent des questions très gênantes sur la bienveillance supposée des militants sodomistes qui se voient déjà, au nom de l'égalité, nous imposer un despotisme pire que celui des machos d'antan, qui idéalisaient et protégeaient au moins leurs mères. Selon l'utopie mortifère à laquelle on veut nous soumettre, nous devrions nous contenter d'être des gisements de matière première, et, seulement pour celles qui en ont les moyens, des consommatrices d'enfant sur le tard, si elles en ont brusquement envie, après avoir passé toute leur jeunesse à l'éviter, et cela à égalité complète avec les caprices des hommes. Ce lugubre avenir, peut-être que les Pierre Bergé et consorts évitent de l'écrire noir sur blanc parce que les femmes pourraient se révolter ? Eh bien il est temps qu'elles se soulèvent en masse, les femmes qui aiment les enfants ! Nous les femmes, ne pouvons pas laisser "le progrès" aboutir à ce que n'importe qui puisse vendre ou s'acheter un bébé comme on vend ou on s'achète un chien ou un chat. C'est tout ! À moins que la pollution de nos hormones ait déjà détruit tout instinct vital en nous, que nous soyons déjà mortes au-dedans ? Non : les lobbyistes veulent des enfants chose et des femmes gisement : ils auront les révoltes qu'ils méritent.

Contrairement à ce que voudraient les féministes tourmentées par la soif de pouvoir, l'alternative n'est pas entre patriarcat et matriarcat, les femmes en tant que moitié de l'humanité n'ont pas vocation à combattre l'autre moitié pour prendre sa place. Le destin de la main gauche n'est pas de supplanter la main droite, mais de la secourir, de lui fournir ses arrières, d'être son complément, de potentialiser la fonction manuelle par la symétrie assortie d'une petite dissonance qui fait sens. Ce n'est pas au féminisme de tuer la virilité, mais de la fortifier dans sa générosité propre. Et la soif de revanche contre les hommes qui nous chagrinent ne doit pas nous aveugler. L'heure est à l'union des forces contre la tyrannie sodomiste, et c'est aussi l'intérêt des personnes qui gravitent dans la mouvance LGBT : elles seront dévorées par les lobbystes, qui exigent toujours plus en matière d'inversion des normes, d'écrasement de la conscience. C'est ici qu'on rencontre un dernier visage de Satan, « le Malin » : il attire les faibles efféminés, les éblouit en leur donnant le glamour de « mignons » jouant dans la cour des grands. Il les broiera à sa guise ; les images de hordes de gaillards lancés à la conquête de l'Europe, à mains nues, mais forts de leur bien réelle testostérone, sont sans équivoque : ils ne feront qu'une bouchée de nos éphèbes rancis et autres bellâtres. Et ceux-ci connaîtront bientôt la férule de lois fort peu démocratiques, mais portées par la saine colère populaire. Les « mauvais bougres », ceux qui les auront poussés au « coming out », les petits malins, auront su se mettre à l'abri, et nos tapettes écervelées iront seules au casse-pipe. Une fois cela compris, qui voudrait continuer à se choisir femmelette ?

Acte V - L'anguille sous roche

Pour l'instant, les médecins ou instances qui pourraient dresser un tableau des dégâts de la GPA, en termes de malformations et maladies mortelles des enfants, ne font pas le poids, même s'il y a des sites et des colloques riches d'informations en ce sens, par exemple le Centre International pour l'Abolition de la Maternité de Substitution. On connaît parfaitement, en revanche, les dégâts juridiques, politiques et spirituels de l'adoption internationale, ce pour quoi elle est en voie de disparition ; et ce sont les enfants adoptés eux-mêmes qui ont fait exploser ce triste système de production de janissaires, parce qu'ils avaient l'impression confuse d'avoir été des enfants volés à leur peuple pour devenir des propriétés privées, des captifs de guerre déracinés, des esclaves domestiques conditionnés depuis tout petits pour servir les appétits d'une caste à laquelle on voulait les assimiler de force. Laisser parler la nature, laisser entendre le babillage des sources, fuser le cri des enfants, c'est découvrir un autre horizon.

C'est le côté inédit de la procréation de synthèse, dont la GPA n'est qu'une première étape, qui permet son essor mafieux : aucune législation n'avait jamais prévu de pareils développements, aucune loi en projet ne saurait être satisfaisante. Devant l'imbroglio insoluble qui opposera les humains traditionnels aux fabricants et commerçants de zombis, la première étape est de raviver les anciennes solutions aux problèmes d'infertilité. Que la banalisation de la contraception et l'avortement soit fermement enrayée, au profit de la parentalité des jeunes, lorsque la nature fait éclore en eux les élans et les enfants les plus prometteurs. Que les grands-mères reprennent du service pour permettre à leurs filles d'avoir des enfants tant qu'elles sont jeunes et fécondes, ce qui est très sain pour l'équilibre des enfants et des parents ; que si une jeune femme ne peut pas avoir d'enfant, elle soulage une sœur, une cousine, une amie prolifique, en élevant plus ou moins l'un ou l'autre de ses « neveux » ou « filleuls » de près ou de loin : que partout l'abondance du don de la vie rende moins amer le destin de ceux qui ne peuvent pas enfanter : tout le monde y trouvera son compte, sauf les trafiquants, bien entendu. D'autant plus que les réseaux d'entraide familiale aident les couples à se stabiliser dans la durée. À l'heure où le nec plus ultra dans le domaine alimentaire est le retour au « bio », ne serait-il pas aussi populaire que salutaire de défendre enfin les enfants « 100% bio » ? Ce sont généralement les « recettes de bonne femme », valides partout dans le monde, qui nous réconcilient avec les générations antérieures, avec les préceptes de nos religions, en harmonie avec nos meilleurs souvenirs d'enfance, et restaurent donc notre santé morale, aussi bien collective qu'individuelle.

Prions pour que des hommes et des femmes aux reins solides reprennent, avec l'aide de Dieu, les rênes de notre société criminelle, et suicidaire.

Le pire n'est pas toujours sûr

Le pire n'est pas toujours sûr, nous devrions être plus attentifs aux signes de renaissance, fugaces mais bien réels, qui peuvent s'avérer prophétiques, si nous nous appuyons dessus. Pierre Bergé avait perdu énormément d'argent tous les jours. *Pink TV* est un désastre, chacun s'en détourne, aucune esthétique gay, aucune créativité gay, aucune compréhension exaltante du monde n'est sortie de cette matrice stérile par définition, elle ne produit plus que du porno gay[172]. Le magazine *Têtu*, également alimenté par les capitaux de Bergé, a réduit ses tirages, ce n'est plus un objet de curiosité, mais de mépris. Plus généralement, on

---

[172] « 20 millions d'euros engloutis en deux ans, 85 000 abonnés au lieu de 115 000 espérés, deux fois moins de recettes publicitaires que prévu », Capital, septembre 2006.

constate malgré la censure médiatique un fiasco commercial de tout ce qui est gay ; la mutation du burlesque-subversif-marginal vers un nouveau paradigme créatif a échoué, la gay attitude ne décolle pas du niveau du racolage pour les gadgets de la propagande officielle, dont on veut bien partager la rhétorique du bout des lèvres, mais à condition de ne pas payer pour cela. La maladie collective est bien là, mais chacun cherche à en réchapper, à échapper à la contagion. Faut-il le préciser, il ne s'agit pas de condamner les personnes qui, pour des raisons mystérieuses mais parfois enracinées dans la physiologie, tombent dans l'homosexualité pratiquante voire militante. Comme le dit le pape, qui sommes-nous pour les condamner ? Les homosexuels qui résistent à la démagogie du lobby LGBT se font connaître, ils étaient dans les « Manifs pour tous », souhaitons qu'ils s'expriment avec force : ce sont eux qui indiquent l'issue libératrice.

En Israël, capitale mondiale du sodomisme officiel, il y a des ratonnades de gays, et la natalité des religieux (naturelle ou achetée, la loi israélienne ne permet pas de le savoir) est remarquable ; aux USA, les campagnes anti-avortement remportent des victoires, et les femmes refusent la pilule. En Chine, il y a une prise de conscience du grave déficit de filles, produit de cinquante ans de politique de l'enfant unique. Dans le monde entier, la baisse de la natalité des cinquante dernières années va de pair avec l'augmentation du nombre de vieillards dépendants, dont les charlatans exploitent à plaisir les délires de jeunesse éternelle. Or la crise actuelle provoquée par les migrations forcées fait prendre conscience brusquement à nos pays que la dénatalité n'est pas qu'une condition pour plus de confort, mais une menace existentielle. Le réveil des rescapés de la pilule n'est pas loin, inch'Allah, comme disent les croyants, ceux qui font des enfants contre vents et marées, contre modes et misère morale.

À l'époque du marxisme conquérant, on a vécu l'empire extrême de l'envie, péché mortel laïcisé sous l'appellation de lutte des classes, les uns enviant la richesse des autres, qui en retour haïssent les pauvres parce que ceux-ci leur tendent un miroir sans complaisance. La consommation pour tous a fait disparaître ce ressort dans son rôle de moteur de l'histoire, dans l'étape actuelle. L'émancipation féminine avait pris rang de moteur dans la dynamique sociale, dans le sillage de la lutte des classes ; mais elle a ouvert l'ère du mépris : mépris des femmes pour les hommes, d'abord, puis, en réaction, de ceux-ci qui, devenus superflus pour les femmes gagnant leur vie, se détournent d'elles, et tentent d'idéaliser le sodomisme, comme palliatif à leur humiliation. Nous avons atterri dans le siècle de la confusion : des genres, des générations, du bien et du mal, de la science et du mensonge dogmatique, de l'autorité et de la versatilité, de l'oppression et de l'égalité. On n'en sortira que par le rétablissement des hiérarchies, par la recherche de la tradition contre le décervelage par le neuf, qui n'est que toc géré par des arnaqueurs de talent.

Ce livre ne s'adresse pas aux riches de la planète qui se jettent avec appétit sur la reproduction artificielle, parce qu'ils sont convaincus que « la science » leur permettra d'avoir la maîtrise totale sur leur descendance, achèvera de les installer dans la jouissance de leur image qu'ils trouvent parfaite pour les siècles des siècles. La force vient d'en bas, nous nous adressons à ceux qui savent intuitivement que si nous ne réagissons pas maintenant, leurs enfants n'auront sans doute pas le choix : fils de gens ordinaires, l'incurie officielle aura tracé leur avenir biologique de sorte qu'ils ne puissent pas se reproduire naturellement. Et, à moins qu'ils parviennent à s'enrichir substantiellement, s'ils s'adressent à « la science », on leur fera du bas de gamme, adapté à leurs moyens (les agences de GPA proposent déjà des tarifs « premium » et « low cost », ça ne s'invente pas ! ! ! ![173]).

Mais les peuples qui subissent déjà véritablement l'assèchement de leur terre, la stérilisation de leurs cultures, la famine, alors que depuis des millénaires leurs aïeux avaient pu remercier la terre nourricière, ceux-là ont la force d'échapper aux sophismes, et ils contrattaquent. Ce sont les héroïques assaillants

---

[173] http://www.subrogalia.com/fr/, Guide pratique par pays, sur demande.

des murs frontaliers. À mains nues, par le nombre, en grappes humaines, ils font plier les remparts d'acier et se faufilent de l'autre côté. Ils n'ont pas le choix, une fois qu'ils ont décidé de ne pas se laisser mourir : ils reviendront à la charge jusqu'à renverser le rapport de forces. C'est ce modèle-là que nous devons imiter, celui des combattants désarmés mais soutenus par l'espérance. Or l'espérance a ses sources jaillissantes, bien répertoriées et systématiquement cachées par les agents du nouvel ordre reproductif qu'on veut nous imposer : ce sont les religions et leurs représentants. Ainsi l'Église catholique est parfaitement consciente de la gravité de la situation. Mgr Vingt-trois, archevêque de Paris, l'avait dit timidement : « une société marchande où tout s'achète, où tout se vend, mais où rien ne vaut. On pourra fabriquer des enfants, on pourra acheter des enfants sur internet, on pourra les mettre à la disposition de qui en veut, mais qu'est-ce que cela voudra dire ? »[174]. Certes, d'autres religieux semblent être encore dans la lune, et ne mesurent pas l'horreur qui est déjà là. Mais c'est toujours la colère des gens d'en bas qui force le haut-clergé à revenir au réel et à ses responsabilités. Nous croyons qu'on peut se battre, qu'il faut se battre. Jusqu'où nous laisserons-nous arracher le fruit de nos entrailles, notre âme, notre être et notre raison d'être ?

Comme le dit Laurent Obertone, nous pouvons mettre en lumière un substrat de la réflexion officielle qui est celui-ci : « Nous avons fait des religions le Mal universel. Nous avons imposé ce réflexe conditionné à tous les esprits. Chacun doit l'associer à toute tentative d'échapper à sa domestication, comme le bovin doit associer la décharge électrique à toute tentative de franchir la clôture ».

Pourtant, un sujet comme celui qui nous occupe s'impose à la conscience de tous comme une étrange preuve de l'existence de Dieu, pour les gens qui voudraient borner leurs facultés cognitives à la seule gymnastique de l'abstraction. Pour un être vivant qui sait qu'il ne s'est pas créé seul à partir du néant, Dieu

---

[174] *L'Express*, 20 11 2012.

est une évidence, cela ne requiert pas de preuve particulière. Mais pour ceux qui l'ont chassé de leur horizon, à partir du moment où ils cherchent autre chose à faire de leur vie qu'à gagner de l'argent en épousant les rêves de toute puissance que notre temps nous invite à cultiver, Dieu revient au détour du bois, sans prévenir, comme un terrible retour de bâton.

Nous avions envisagé d'écrire un livre qui rétorquerait aux savants fous de notre temps sur leur terrain. Et voici que le terrain s'avère tout mou, tout mouvant, alors que le solide, le réel, la loi de la nature, la loi divine, rafle la mise... Et ce Dieu ravageur, qui piétine toutes nos vanités, nous chuchote la maxime de Saint Augustin : « agis comme si tout dépendait de toi, et pour les résultats, considère que tout est à la grâce de Dieu »[175]. Alors, lecteur, à toi de jouer...

Les secrets de la réussite

Face à une entreprise de conquête spirituelle, maffieuse et griffue, les recettes des faibles sont à retrouver :

1. Affaiblir l'envahisseur en dressant entre elles ses composantes ; ici, les femmes savantes contre les pédérastes, ceux qui, pratiquants ou non, font la promotion intellectuelle de l'homosexualité, et qui se sont prétendus les alliés des femmes opprimées. La résistance féminine réelle, en marge des lobbys, est dispersée mais générale ; elle n'invoque pas souvent Dieu, mais fait son jeu. D'ores et déjà l'alliance entre féminisme intellectuel très radical et homosexuels masculins s'est brisée. La propagande GPA a mis à jour le nouveau projet masculin de dépossession des femmes, d'usurpation de leurs prérogatives naturelles, de traite des femmes fécondes, de proxénétisme légal et féroce à l'échelle globale. Il s'agit d'un vrai despotisme et d'un pseudo-patriarcat à combattre tant du côté des vrais hommes dont

---

[175] La citation exacte est : « Priez comme si tout [ne] dépendait [que] de Dieu et agissez comme si tout dépendait de vous. ». Elle a été reprise presque mot pour mot par St Ignace de Loyola.

les lobbystes de l'homosexualité usurpent les pouvoirs naturels, que de celui des femmes honnêtes de tout bord. La nouvelle vague de ce féminisme indispensable pour les deux sexes est d'essence populaire, réaliste, dressée contre les élites, et retrouve le chemin de la lutte des classes où les deux sexes sont au coude à coude contre la perfidie des aspirants à l'oligarchie.

2. La loyauté doit s'imposer comme notre arme principale : loyauté entre hommes et femmes, entre riches et pauvres, entre chrétiens et musulmans, entre sensibilités de droite et de gauche. L'alliance par-delà tous les clivages du temps de paix est indispensable pour vaincre dans la guerre. Cela implique le sacrifice des vieilles rancunes, l'oubli volontaire des divergences, sur le champ de bataille. Et la guerre ne se gagne qu'en déclarant clairement l'enjeu principal, les contradictions secondaires doivent rester à leur place, la victoire redéfinira les places. Seule l'alliance profonde et sincère entre affamés de sacrifice d'en haut, et affamés tout court, d'en bas, crée l'alliance dynamique divine qui est une dynamique de guerre. No way, il n'y a pas d'alternative.

3. L'ennemi, ce sont les réseaux mondiaux des agences, entonnoirs à fric et broyeuses d'angoisses, qui moulinent des mixtures, et vendent des zombis labellisés gosses de luxe. Elles doivent être traduites en justice dans chaque pays, ainsi que leurs complices et relais, en particulier les grosses compagnies d'assurance. De tout temps, il y a eu des pauvres pour vendre ou abandonner leurs enfants, contraints de sacrifier leur propre famille pour devenir, la mort dans l'âme, les carpettes des familles riches. Pas la peine de s'acharner à condamner les pauvres. Abolissons plutôt la pauvreté... Où l'on retrouve les combats du prolétariat, à l'échelle globale, ce qui implique la conjugaison du tiers-mondisme généreux au sein des pays riches, et du nationalisme au sein des pays dévastés par les premiers. Nos pays riches sont traités en colonies par les fabricants de zombis : cela justifie bien sûr un certain retour à des bases nationales, mais cela ne suffira pas.

4. Affaiblir l'envahisseur en le vidant de sa substance, voilà une recette pérenne. Comme disait Lénine, les capitalistes sont des gens qui se décarcassent pour vous vendre la corde avec

laquelle nous les pendrons. Laissons donc s'aggraver la stérilisation des Occidentaux riches ! La pilule à gogo, les drogues qui rendent idiots, les hormones qui cancérisent et qui castrent, l'industrie pornographique qui, développant l'onanisme, rend sourd à la vraie vie : laissons-les se gaver de tous leurs poisons, inutile de tomber dans des provocations. On perd généralement son temps et son énergie à dénoncer le vice, infiltrons plutôt leurs réseaux en attendant l'occasion de sortir du bois. Cela ressemble à la stratégie des mouvances extrémistes qui voudraient explicitement prendre le pouvoir en Europe ? Bien sûr, c'est comme cela que se mènent toutes les guerres. Ce n'est pas une raison pour faire l'autruche, au contraire, la barbarie consumériste est bel et bien chez nous, en nous, et elle est redoutable.

5. Les moutons de Panurge engraissent. Panurge est invisible, mais nul doute qu'il mène le troupeau jusqu'au rebord de la falaise, et que chacun suivra les premiers à tomber. Or Panurge est un masque creux, celui qui veut nous faire croire qu'il y a urgence à courir vers le précipice qu'il nous cache, en se prétendant le grand Pan, l'universel qui recouvre la terre. Et un beau jour, au fond du trou où il nous entraîne, Panurge se retrouve gros jean comme devant : un consommateur consommé, aveuglé par son tour de taille, qui en confond la circonférence avec la courbure de l'horizon.

6. Les maigres sont toujours là, les affamés de justice et de minimum vital, ceux qui, privés de tout, sont fertiles au-delà de tout calcul, tels les Palestiniens ou les Africains, les fils de Cham qui savent se moquer de l'ivrognerie de Noé l'endormi, Noé l'abuseur de ses propres filles, par ce qu'il ne veut pas entendre parler de limites, comme le raconte le livre de la Genèse. Nous avons besoin du rire de Cham, l'antidote au désespoir. Nous avons assez de bonnes raisons de vouloir la révolution qui remettra de l'ordre et de la hiérarchie, et de l'harmonie dans le monde, et de la docilité envers la beauté du monde. Qu'on prétende nous ôter, à nous les hommes et à nous les femmes, notre puissance génésique, celle que nous devons à nos parents et à toute la chaîne de nos aïeux, c'est suffisamment vertigineux pour déchaîner notre insurrection. Mais nous devons savoir nous

appuyer sur les fils de Cham, qui ont, non seulement les mêmes bons raisonnements que nous, mais la force, l'énergie et la foi qui manquent aux nantis. Et c'est à nous d'aider les Chamites, ou kamites , à se relever du mépris dans lequel on les tient par paresse routinière !

7.   Les peuples affamés savent tuer pour vivre, et se faire tuer pour que leurs enfants vivent. Dans nos riches contrées, les affamés sont en bordure, en marge, sur le périphérique, et se reconnaissent à leur teint plus sombre, plus terreux. Ne nous répétons pas que les autres sont les « défavorisés », ce qui fait de nous les favorisés, les privilégiés de Dieu... ou de Satan ? Des miséreux, partout dans le monde des migrations forcées et généralisées, prennent la place des culs-terreux, comme disent les citadins. Les ex-paysans s'étant laissé dé-terrer, sortir de l'ombre protectrice où leurs racines se nouaient, ont quitté le village, sont devenus gens de la ville puis commerçants, après l'étape de l'industrialisation où ils ont été le carburant et le spiritueux siphonnés par le capital. Les nouveaux bouseux, comme les Irlandais au XIX° siècle, , expatriés, projetés loin de chez eux, ne s'embourgeoisent pas facilement : il y a des perdants, des vaincus, qui ne se relèvent pas de l'humiliation, qui penchent le front vers la terre, parce qu'ils n'ont pas le choix, durablement prolétarisés, et ils deviennent, à cause de leur dénuement, racine à leur tour. . L'art, la musique, la langue et les lettres ne se renouvellent jamais que par le bas, par le peuple. La grande politique ne se fait pas autrement. La santé des nations repose sur ses bases, non sur ses élites droguées de leur vanité « no limit ». La révolution de fond, ce sont les gueux qui l'activent et la déchaînent. Et parmi leurs outils, il y a la guillotine, celle qui coupe les têtes, les cerveaux retors mais opaques à ce qui n'est pas eux, exigeant toujours de prendre la place du cœur et des intestins lents, du cerveau reptilien, qui est le cerveau collectif, l'intelligence de l'espèce. n, qui s'exprime dans la deuxième partie de cet ouvrage, est un collectif de « terreux », principalement guadeloupéens, qui savent manier la machette à bon escient, forts de leur « expérience africaine ». Et nous sommes tous, peu ou prou, visiblement ou au détour de nos secrets, des descendants d'Africains : écoutons les.

8. Le syndrome de Frankenstein, c'est la maladie que nous inocule l'empire du marché. Tant que la logique marchande s'imposera à nos gouvernements, on ne reviendra pas à la santé mentale, à la santé pour les prochaines générations. Voilà pourquoi on ne fera pas l'économie d'une révolution dans notre tête, qu'elle soit violente ou non, localisée ou générale. On ne peut pas transiger avec cette nécessité. La seule décision saine d'un gouvernement doté de l'autorité que lui conférera le sacrifice des peuples qui auront chassé leurs administrateurs corrompus, sera d'interdire toute manipulation de la reproduction humaine : ni contraception chimique, ni IVG, ni fécondation artificielle, ni recherche avec pour matériau expérimental l'humain, ni remède à base de cannibalisme. La médecine actuelle a au moins l'honnêteté de recommander aux femmes enceintes de ne pas prendre le moindre médicament pendant toute leur grossesse ; interdisons-nous tous les actes intrusifs touchant au mystère de la vie, y compris les examens prénataux de dépistage, qui servent surtout à augmenter l'angoisse des parents, la nature se chargeant d'inventer de nouvelles malformations, si la science en détecte trop à son goût. Ce n'est pas le lieu de proposer ici des moyens de réduire le nombre d'enfants destinés à souffrir longuement de graves handicaps, mais il y a aussi des solutions traditionnelles à ce genre de malheurs. Qui, de bonne foi, nierait que les catastrophes écologiques sont la riposte de la nature, lorsqu'on viole ses rouages secrets ? La fin des enfants du bon Dieu est la pire des catastrophes écologiques, et nous y travaillons comme des imbéciles.

9. Au bord du précipice, on le retrouve le sens du sacrifice indispensable. Ce sont les femmes qui, les premières, auront du mal à renoncer à l'habitude de se croire propriétaires de leur corps, et seules gestionnaires légitimes de la postérité. Mais le sacrifice choisi est un bonheur, et il est contagieux. Dans l'abstinence de toutes les pratiques suicidaires que les politiques mondiales soi-disant de santé, tout le monde a un rôle à jouer pour la protection de notre espèce menacée. Nous pouvons être parents proches à des degrés divers, enseignants honnêtes, objecteurs de conscience dans les professions de la santé. Choisissons hardiment notre camp : celui des peuples

traditionnels, celui des traditions familiales. Cela demande de la rigueur et des privations. Mais c'est à ses fruits qu'on reconnaît la qualité de l'arbre, et nous y gagnerons des enfants solides, équilibrés et reconnaissants.

10. Les francs-maçons sont réputés soutenir toutes les innovations aventureuses qui récusent l'héritage de la tradition. Fort heureusement, les loges féminines ne soutiennent pas la GPA. Et bien des francs-maçons ne se perçoivent pas comme des ennemis de la foi chrétienne, mais plutôt comme des gens de formation judéo-chrétienne qui tentent de desserrer l'étau clérical et institutionnellement réactionnaire. Mais un ancien franc-maçon souligne la pente dictatoriale qui menace aussi cette pensée subversive, basée, comme le judaïsme, dans la confiance totale dans le progrès indéfini et la science, et incapable de rendre compte de l'existence du mal : « La franc-maçonnerie croit en l'« utopie » : autrement dit, tout ce qui est possible à un être humain, il doit et peut se le permettre. Il n'y a pas de limite dans une loi naturelle qui vienne de Dieu ; la morale provient du pacte social. Il n'y a donc pas d'autre mode de vie que l'hédonisme : le plaisir et le bonheur sont l'unique but, le Salut éternel n'existe pas, il faut jouir de la vie. La franc-maçonnerie conspire, alors, contre toute façon de penser qui n'est pas la sienne ».[176] S'il est avéré que la franc-maçonnerie représente une communauté de poids dans nos sociétés, il faut que le débat d'idées la fasse basculer du bon côté. Le judaïsme, qui a inventé le mythe magnifique de Sodome et Gomorrhe, peut contribuer également au réveil général, auquel participent déjà nombre de gens se considérant plus ou moins juifs.

11. Les hommes et les femmes se battent ensemble, dans leur vérité prête à tout donner pour la mise au monde de leurs successeurs. Les civilisations guerrières rendent aux femmes mortes en couche les honneurs des guerriers morts au combat. Les enfants de la péridurale qui n'ont pas vécu le salut l'un par

[176] http://www.aleteia.org/fr/politique/article/les-revelations-fracassantes-dun-ancien-franc-macon-5906091841945600?page=2

l'autre, la délivrance l'un par l'autre et ensemble, constituant une armée entière à tous les deux, naissent affaiblis. Mais une fois la loi du sacrifice, loi de l'éternité retrouvée, tout devient plus facile, l'accouchement comme le reste. Et les hommes doivent partir à la guerre, s'arracher aux douceurs du paternage, retrouver la bonne distance. Retrouver la bonne distance d'avec leurs épouses aussi, car toute épouse est envahissante, et pousse malgré elle le bonhomme à la fuite. Or, retrouver le sentier de la guerre, retrouver le sens du sacré de l'existence c'est retrouver la modération. Le sexe déchaîne Mr Hyde. Moins de sexe fait un peu plus de paix entre chacune nos deux faces, l'officielle et l'autre, la cachée non moins vivace, et toujours portée sur le méfait. Un peu de bonne volonté les rapproche. Abstinence et jeûne redonnent la santé, font reculer le cancer. La chasteté dans le cadre simple de la fidélité est l'antidote à la pourriture des âmes mortes. Et tout redevient plus résistant.

12. Pour vaincre, on ne peut pas faire l'économie de la radicalité ; et il faut être décidé à triompher, d'abord. L'esclavage a été aboli dans ses formes industrielles anciennes. Le nouveau n'est pas plus acceptable, et comme l'ancien, il repose exclusivement sur les intérêts marchands associés à un projet politique de domination sans partage, le tout déguisé par des sophismes. Françoise Petitdemange a fait un repérage très précis des formes juridiques que prend le nouvel esclavage, dans la jurisprudence de ces dernières années. Cela nous arme pour les prochaines batailles devant les tribunaux. Car comme le dit Louis Sala-Molins, « on ne fouette pas une bêche ». L'outil humain, pour qu'il fonctionne mieux qu'un outil ou qu'un robot, doit être reconnu dans sa raison, sa sensibilité, ses besoins corporels et sa recherche d'immortalité par l'activité sexuée. Pour mieux leurrer une « nourrice prénatale », on lui fait signer un contrat. Si elle le viole, en se battant pour garder son lien avec l'enfant qu'elle a mis au monde, elle sera généralement punie, quoi qu'il y ait des exceptions, « dans l'intérêt de l'enfant ». Dans le meilleur des cas, ce sont les psychiatres qui la prendront en charge. Il en ira de même pour les hommes et pour les enfants qui voudraient opposer la loi naturelle, ou une loi religieuse, au « droit » contractuel. Des enfants qui naissent non pas de droit divin, et du lien charnel avec leur mère, mais comme effet du droit des

affaires, sont également prisonniers d'un statut de chose : ils appartiennent à des gens qui ont des papiers à faire valoir pour cela, ils ont une fonction précise : valider, par le résultat, le postulat de départ selon lequel l'homme peut donner la vie, sans aucune intervention divine, et valider la promesse fallacieuse selon laquelle l'homosexualisme offrirait une éducation supérieure. En cas de contestation de leur statut, ils seront renvoyés à leur rang d'outils animés. Comme en conclut Françoise Petitdemange dans la deuxième partie de ce livre : « Depuis les années 1980-90, l'enfant est « objet des caprices d'adulte(s) ». La valeur d'échange vient miner la cellule familiale jusque dans les cellules chargées de perpétuer l'espèce humaine. La société mondiale voudrait s'anéantir psychiquement, en attaquant les premiers points de repère qu'un enfant puisse avoir à l'aube de sa vie et physiquement, en saccageant l'intimité du corps et du psychisme de chaque individu, qu'elle ne s'y prendrait pas autrement. »

Nos penseurs ne sont pas en retrait ou en marge, ils savent que le sacrifice est la pierre de touche, la seule mesure de la justesse d'un cri, de son insertion exacte dans le concert des voix de la nature. Les co-auteurs de volume sont tous des combattants, sur des terrains précis : Lucien Cerise attaque sur le terrain des techniques innovantes du spectaculaire contemporain, qui passe par la virtuosité dans le maniement des « ordinanthropes » (comme disait Roger Garaudy) que nous sommes devenus. Il conclut, tranchant et mesuré à la fois, en lançant son lecteur dans la bataille : « La décence commune est le respect de certaines limites, éthiques, morales, comportementales ou identitaires. À l'opposé, l'indécence est la transgression de toutes les limites. Cette transgression des limites est aussi la définition de la perversion et de la sociopathie, au sens clinique de ces notions. La société de l'indécence, c'est ce « monde sans limites », dirait Jean-Pierre Lebrun, ce monde de pervers et de sociopathes qui essaye d'exister et de se normaliser, notamment au moyen du libéralisme libertaire, cadre général de l'hétérophobie, de la confusion des genres, de la propagande LGBT, du *pinkwashing* et de l'exploitation commerciale des femmes et des enfants. Cette société de l'indécence radicalisée jusqu'à la monstruosité et au chaos total n'est pas une fatalité. Il nous revient d'œuvrer à rétablir le respect du juste milieu éthique dont l'humanité a besoin pour survivre et continuer sa voie dans l'existence. »

Viatique pour la suite

Frankenstein produit des monstres qui lui échapperont et qui auront raison de lui. Entrons de tout cœur dans la guerre, visons la tête, les cerveaux étriqués qui aspirent au despotisme universel.

On administre le viatique, c'est-à-dire la communion, aux mourants, pour les aider à entrer dans la nouvelle voie-vie nouvelle qui les attend. Il n'y a pas de résurrection sans trépas. Nous ne vaincrons pas sans en passer par là, et les passages sont toujours étroits.

Identifier, nommer les forces en présence, en dresser les plans, c'est aussi le bagage qu'il faut emporter avec soi sur tout nouveau chemin dangereux, le viatique au sens premier.

La nature, livrée à elle-même, produit la beauté. Elle n'a nul besoin de l'humanité pour être féconde, nourricière, prolifique. La nature rayonnante est toujours vierge, elle échappe au façonnage, elle cicatrise ses blessures. La nature saccagée se défend, se rebelle. La nature protège les enfants, elle est leur refuge. C'est l'autre nom de Marie, la bonne Mère, la Madone inégalable, à laquelle on oublie qu'il faut croire, quand on désespère de l'humanité prédatrice et suicidaire.

Satan le simulateur est l'ennemi : il se fait prendre pour « la science », ou « les hommes libérés de leurs préjugés ». Mais il ne produit que du fric et du malheur. La connaissance vraie, la justice vraie, la liberté vraie se reconnaissent à leurs fruits : la beauté et la paix de l'âme.

Saint Joseph le magnanime est notre saint de référence. Saint Joseph est assez fort pour ne pas prétendre à la place de l'Esprit saint, celui qui fait éclore les enfants dans les femmes. Et il est assez fort pour adopter sans réserve et protéger à jamais tant la mystérieuse Marie, que tout ce qui sortira d'elle. Saint Joseph exerce son autorité par une douceur que la peur n'ébranle pas, c'est notre rempart car il s'en remet à Dieu. Joseph est le charpentier, celui qui construit la charpente du monde.

Ce n'est pas aux savants ni aux cyniques de faire la loi, c'est au peuple en tant qu'il se réclame de Dieu : Vox populi vox Dei.

DEUXIEME PARTIE :

QUESTIONS DE FOND

L'illogicité foncière du relativisme

Par Sébastien Renault

L e penseur honnête, mû par la recherche du vrai, du beau et du bien, doit aujourd'hui, plus que jamais, faire l'effort logique irremplaçable de dépasser l'épistémè relativiste, qui est contraire à la raison (en ce qu'elle engendre, dans l'ordre intellectuel, l'autodestruction de la pensée ; et, dans l'ordre moral, l'inversement des principes naturels de l'agir humain).

Nous manquons aujourd'hui cruellement de raison (de *logos*), d'où notre chute systématique et anti-civilisationnelle dans l'individualisme, et de celui-ci dans l'indifférentisme et l'égalité de toutes les opinions. Cet égalitarisme est à la fois une illusion et un obstacle épistémologique programmé en nous par le jeu du mensonge relativiste. Il s'agit là d'un cercle vicieux, donc d'une problématique fondamentalement *logique*.

C'est par exemple au nom de cette épistémè relativiste que la guerre du genre a pu être déclarée aux enfants par divers gouvernements du monde ! L'occasion de faire ici honneur à notre amie Farida Belghoul[177] pour son courage exemplaire contre le traquenard égalitaire de la théorie du genre, contre la subversion de l'éducation par la nouvelle école de la République pornographe, et contre les conséquences dévastatrices (anti-civilisationnelles) de ce retournement contre-anthropologique.

---

[177] Dont l'action a été inaugurée en 2014 par les journées de retrait de l'École (JRE).

Nous ne nous attachons donc ici qu'à faire l'effort du bon usage de la raison—en appliquant, pour ce faire, quelques raisonnements logiques des plus élémentaires.

Par ailleurs, rien de ce que nous allons maintenant soumettre à votre lecture et réflexion n'entend servir un quelconque « fanatisme religieux » ou « fondamentalisme », sous prétexte de notre examen, dans ce qui suit, du bienfondé logique inévitable de l'affirmation de l'existence de Dieu. Nous ne cherchons encore une fois, cher lecteur qui peut être faites déjà la moue en parcourant ce livre, qu'à promouvoir la saine raison, cette puissance qui s'allie par nature à la pensée et à l'action justes contre les forces de l'anti-logos illuministe et de son neuro-pouvoir sur l'homme contemporain massifié et numériquement lobotomisé. Merci donc de vous soumettre à la lecture attentive de ce petit chapitre—une invitation à dépasser le dualisme stérile de la dialectique contemporaine et de sa résolution unitaire-totalitaire dans l'illogicité relativiste.

Relativisme et conjecture épistémologique : quid est veritas ?

Premièrement, vous assénez que « la Vérité avec un grand V n'existe pas »[178]. Il s'agit là d'un jugement assertif d'existence. Or, une chose est de former une proposition assertive sur l'existence ou la non-existence de quelque chose, autre chose de déterminer la validité du raisonnement conduisant à la conclusion de l'assertion en question (si raisonnement il y a).

---

[178] « Je pense que chacun détient une part de vérité mais que la Vérité avec un grand V n'existe pas et [que] ceux qui prétendent la détenir quel que soit le domaine concerné et veulent l'imposer à leurs contemporains sont des dangers réels pour la société [...] La vérité est multiple et les situations si diverses, voilà pourquoi il est si difficile de faire des lois dans certains domaines (je pense à l'euthanasie, entre autres). » Il s'agit de l'extrait d'un courrier que nous avons personnellement reçu. Nous le citons ici parce qu'il fournit une illustration particulièrement flagrante de cette illogicité bornée du relativisme aujourd'hui si largement répandu.

Clairement ici, vous vous contentez d'assumer la conclusion de votre proposition dans le fait même de l'asserter, sans conduire aucun raisonnement digne de ce nom. Est-ce que cela suffit, comme par magie, à valider logiquement la proposition ? Évidemment non. En fait, vous vous contentez ici de professer un dogme personnel, ni plus, ni moins.

Si l'on passe de l'analyse logique de la proposition « la Vérité avec un grand V n'existe pas » à celle de la proposition « la vérité tout court n'existe pas », on aboutit nécessairement à un problème insoluble classique d'autocontradiction. Illustrons-le par le dialogue suivant d'A et B.

Assertion d'A vers B : « La vérité n'existe pas ! ».

Réponse de B vers A : « Vraiment ? Est-ce vrai ? ».

Si oui[179], la conclusion invalide la proposition elle-même. Si non[180], la conclusion[181] contredit la proposition elle-même. Il est donc nécessairement absurde, logiquement parlant, de prétendre qu'il n'y a pas de vérité[182]. Notons au passage que dans une ère donnée à la manipulation systématique des esprits, à la fabrication médiatique du consentement et à la banalisation de la fausse nouvelle, on ne peut s'étonner de la dépréciation progressive de la notion de réalité (par ailleurs encouragée en philosophie comme en sciences contemporaines) au rang de fabrication artificielle fétichisée, selon la logique du spectacle marchand[183], utilitariste et idolâtre. Derrière ce « spectacle »,

---

[179] 0 = c'est vrai.

[180] 1 = ce n'est pas vrai.

[181] Qu'il est *vrai* que la *vérité* n'existe pas...

[182] Ce qu'il est pourtant monnaie courante de prétendre aujourd'hui.

[183] Concept que développe et applique plus avant Francis Cousin, voir notamment dans sa contribution à cet ouvrage intitulée *La réification totale du*

c'est en effet toute l'industrie du marché cognitif et de la perversion numérique qui se charge de subordonner les données du réel[184] aux critères d'un constructivisme particulièrement coercitif, parce que relativiste et arbitraire.

Mais allons plus loin dans l'illustration de cette insurmontable autocontradiction illustrée ci-dessus par le dialogue de A et de B, partant de la même prémisse existentielle assertive chère au relativisme ambiant.

Affirmons qu'il n'existe pas d'x plus grand que P, $\neg\, \exists(x) >$ P, par quoi nous entendons plus précisément signifier qu'il n'y a pas d'x dans toute la réalité R_0 qui transcende P (par exemple, pas de Vérité avec un grand V qui transcende les vérités particulières). Examinons si la chose tient ou non logiquement la route. Analysons, par exemple, ce que nous disons lorsque nous affirmons que « Dieu n'existe pas » ; et identifions le concept de 'Dieu' avec celui de « Vérité avec un grand V ». Donc, qu'affirmons-nous en substance lorsque nous assertons que Dieu n'existe pas/qu'il n'y a pas de Vérité avec un grand V ?

Définissons encore Dieu comme il sied au concept lui-même, à savoir comme « l'Être auto-subsistant, omniscient et tout-puissant qui a créé l'univers ». Ainsi, Dieu, par définition, transcende l'ensemble catégoriel dénoté par le terme « univers » (U_0). Pour le dire autrement, Dieu, par définition, ne fait pas nombre avec Sa création. Donc, quand nous disons qu'il n'y a pas de Dieu/de Vérité avec un grand V, nous affirmons qu'il n'y a aucun être qui transcende l'univers —i.e. qu'il n'y a rien de plus dans l'ensemble catégoriel métaphysique « réalité » que dans l'ensemble catégoriel empirique « univers » ($R_0 \equiv U_0$).

---

sexe humain comme stade suprême de l'impérialisme de la marchandise, comme l'avait fait avant lui Guy Debord dans *La Société du spectacle* (1967).

[184] C'est-à-dire l'ordre (métaphysique, physique, biologique, moral) immanent à la Création.

Mais pour que nous sachions que l'ensemble catégoriel métaphysique « réalité » se réduit en fait à l'ensemble catégoriel empirique « univers » (que l'un et l'autre sont équivalents), il nous faut, par définition, savoir quelque chose au sujet de la catégorie « toute la réalité ».

En fait, nous devons en savoir assez pour être certains que cette catégorie exclut bel et bien Dieu/la Vérité avec un grand V. Et si l'idée de Dieu/de Vérité avec un grand V n'est ni contradictoire en soi, ni réfutée par aucun fait empirique, il s'ensuit que, pour justifier selon la logique l'assertion selon laquelle il n'y a pas de Dieu/de Vérité avec un grand V, il nous faut savoir que l'ensemble catégoriel « toute la réalité » n'admet pas la possibilité de l'existence éventuelle de Dieu/de la Vérité avec un grand V.

Et cela signifie que notre connaissance est donc coextensive avec l'ensemble catégoriel « toute la réalité » lui-même, autrement dit que nous sommes nous-mêmes « omniscients », ce qui est un attribut de… Dieu. Car, s'il y a un être omniscient, cet être, par définition, est Dieu ! Donc, l'affirmation selon laquelle nous pouvons savoir et par-là positivement affirmer positivement qu'il n'y a pas de Dieu/de Vérité avec un grand V, implique, logiquement, que la personne qui fait cette allégation possède elle-même l'omniscience, donc qu'elle-même est Dieu, à savoir, la Vérité avec un grand V !

Dès lors, prétendre savoir qu'il n'y a pas de Dieu/qu'il n'y a pas de Vérité avec un grand V, c'est laisser entendre qu'il y a bien, en fait, un « Dieu »/une « Vérité avec un grand V », qui n'est autre que celui ou celle qui parle et affirme qu'il n'y en a pas. L'argument se détruit donc de lui-même. C'est dire qu'il est foncièrement absurde, logiquement parlant, d'affirmer qu'il n'y a pas de Dieu ou de Vérité avec un grand V.

Deuxièmement, est-ce que croire en « la Vérité avec un grand V » et parvenir à la connaître parce qu'elle s'est elle-même réellement révélée en Personne entraine, de nécessité, que ceux qui adhérent à pareille proposition (les chrétiens) soient des « dangers réels pour la société » ? Absolument pas ! Une telle inférence (ou conclusion) ne saurait découler du point de départ assertif de la proposition en question—à savoir qu'il y a des gens qui, de fait, croient en « la Vérité avec un grand V ».

En d'autres termes, vous inférez ici une connexion logique qui n'existe pas en faisant par ailleurs appel, par simple et vague allusion, à un certain nombre de cas historiques non explicites de « gens » non représentatifs du comportement des croyants convaincus en général, et ce pour en déduire une conclusion générale *fausse*.

Il est en outre pour le moins fallacieux de laisser entendre, comme si vous l'aviez empiriquement démontré, qu'adhérer à des opinions fermes[185] implique nécessairement la violence utopico-tyrannique que votre « analyse » prétend dénoncer.

De même : « La vérité est multiple... ». L'avez-vous démontré ? Ou s'agit-il d'un autre dogme personnel ? Et, pour faire le lien avec la proposition précédente, en quoi la multiplicité des formes du vrai invaliderait-elle nécessairement l'existence de « la Vérité avec un grand V » ? Encore une fois, *non sequitur* ! Votre argument illustre le raisonnement fallacieux qui consiste à invalider l'unique par le multiple (pour survaloriser le pluralisme), et vice versa (pour survaloriser le monisme). Il représente un a priori tout-à-fait symptomatique et absolument non-démontré (parce que non-démontrable) de la pensée postmoderne vis-à-vis de la question à la fois épistémologique et ontologique de la vérité. Cette tendance « philosophique », à la mode aujourd'hui, se contente systématiquement de contourner la question des fondements logico-ontologiques du vrai pour lui substituer sa théorie des déconstructions littéraires et appliquer celle-ci à la réalité dans son ensemble. De la pure arnaque intellectuelle, quoique passant aujourd'hui pour de la « philosophie ».

---

[185] Qui se pourraient par ailleurs être bien fondées, fermement établies sur de l'information solide, ce que vous semblez ne pouvoir (ou ne pas vouloir) considérer.

Tout discours cohérent se construit selon le principe (de non-contradiction) dictant qu'une proposition peut être vraie ou fausse, mais jamais vraie et fausse à la fois. D'où la nécessité de ce qu'on appelle une logique, ou science de l'être-vrai, c'est-à-dire d'un système de règles portant sur la forme des pensées et régulant la validité des raisonnements (de leurs enchainements déductifs). La logique est encore nécessaire à la discussion (communication) et à la mise en forme des données de la connaissance.

Le problème de la vérité a une longue histoire et demeure une question centrale en épistémologie. Je trouve quelque peu déplacé, sauf votre respect, de vous voir en réduire le traitement à quelques slogans d'obédience libérale répandus dans la culture contemporaine : que la vérité est juste « une question d'opinion personnelle » ; « qu'il n'y a pas de Vérité avec un grand V » ; « que toutes les opinions se valent », etc. En êtes-vous vous-même réellement convaincus ? Que faire, par exemple, si quelqu'un décidait soudainement et décrétait, sous prétexte de « différence de goûts et d'opinions », qu'il préférait la pornographie juvénile et le viol, et que celles-ci contribuaient à l'épanouissement de son « bonheur personnel » sacrosaint ? Or l'expansion du projet égalitaire, marquée d'abord par l'adoption du « mariage pour tous », conformément au programme d'absolutisation imaginaire du « droit » dans le domaine de la sphère privée, ne saurait se contenter de normaliser l'homosexualité. Pourquoi s'arrêter à la sodomie consensuelle quand on peut encore davantage repousser les limites anthropologiques de notre préservation civilisationnelle, pour finalement les faire sauter, puis standardiser tant d'autres pratiques, de l'inceste à la pédophilie ? Selon la même logique, on comprend pourquoi les voiliers de l'industrie procréative (de la PMA et de la GPA dont traite en profondeur cet ouvrage collectif) ont aujourd'hui le vent en poupe...

Après tout, qui êtes-vous pour ne pas respecter les préférences de tel ou tel individu, son opinion du bonheur, son « orientation sexuelle » et ses revendications marchandes abjectes (la commercialisation de l'enfant comme un produit de consommation), mais présentées sous couvert de « droit à l'enfant » ? On voit bien ou mène pareille pseudo-logique égalitaire et marchande.

Nous en venons ainsi à un certain Pilate, figure archétypique du relativisme pérenne, s'adressant en ces termes au Verbe (de vérité) incarné : *quid est veritas*, "qu'est-ce que la vérité ?" (Jn 18, 38) ? Pour n'en rester qu'à un examen neutre (philosophique) de la notion de vérité, on peut noter que les choses, par elles-mêmes, ne sont ni « vraies » ni « fausses ». La question porte d'abord sur leur existence ou non-existence—ce à quoi, comme on l'a vu plus haut, on ne peut soumettre la vérité elle-même. Ceci va donc impliquer la médiation de nos jugements et propositions à leur sujet. D'où, comme on l'a également souligné plus haut, la nécessité d'une logique. À ce niveau épistémologique fondamental, la vérité a donc à voir avec les affirmations factuelles ou revendications que nous formulons à propos des choses (*rerum*, la totalité des objets et des évènements factuels).

Quid est veritas ? La question sous-entend déjà la réponse qu'elle entend feindre de récuser, pour lui substituer un relativisme logiquement inepte mais politiquement efficace.

Solipsisme contemporaine : aux racines du relativisme illogique et marchand

La tradition philosophique retient trois courants théoriques principaux dans son examen du concept de vérité. Il y a tout d'abord la théorie dite « de la correspondance », qui stipule que la vérité consiste en l'accord entre une proposition de fait (P est...[x, y, z...]) et l'état actuel des choses ; ou encore entre un jugement et la situation réelle que le jugement prétend décrire. Il y a par ailleurs la théorie dite « de la cohérence », qui stipule qu'une proposition est vraie relative à d'autres propositions antécédentes acceptées comme vraies. Le critère fondamental dans cet ordre de la cohérence est celui de consistance, dans son acception à la fois logique et extra-logique. Il y a enfin la théorie dite « de l'utilité pratique », qui soutient que la vérité se détermine à partir de la fonctionnalité pratique des choses : si ça marche, c'est vrai !

Le projet philosophique contemporain est quant à lui arbitrairement fixé sur lui-même et se contente de nier arbitrairement la notion de principe de réalité—à savoir que l'existence et la connaissance peuvent-être érigées à partir d'un ordre fondateur commun de premiers principes indubitables (métaphysiquement analogues aux axiomes de la logique).

La solution du relativisme contemporain se mord la queue, comme celle du scepticisme. Le relativisme affirme : « tout est relatif ». Posons-lui la question aléthique fondamentale : est-il vrai que tout est relatif ? La conclusion ne peut produire qu'une contradiction, du genre : il est vrai (entendu il est absolument certain/sûr) que tout est relatif, autrement dit que rien n'est absolument vrai, autrement dit encore qu'il n'y a pas de « Vérité avec un grand V » ! Absurde.

Similairement, le scepticisme affirme qu'» on ne peut être sûr de rien ». Posons-lui la question aléthique fondamentale : est-il vrai qu'on ne peut être sûr de rien ? La conclusion ne peut produire qu'une contradiction, du genre : il est vrai (entendu il est absolument certain/sûr) qu'on ne peut être sûr de rien ! Absurde.

Critère logique et critère éthique sont ainsi déterminés par l'impératif subjectif de l'homme contemporain, c'est-à-dire de l'homme réduit à son immédiateté de sujet sans substantialité métaphysique authentiquement *relationnelle*, ni sans autre conscience morale que ce *relativisme* inéluctablement auto-contradictoire. C'est là la chute subjectiviste d'un tel sujet solipsiste, pour lequel le connaître et l'agir, et les principes de leurs validités respectives, ressortent avant tout du domaine de la fonctionnalité subjective : si cela a du sens, si cela fonctionne pour moi, alors j'appliquerai mon intellect à ceci ou ma volonté à cela. L'objectivité de l'extériorité du monde tombe ainsi en déshérence (et de même l'authentique intériorité de l'âme rationnelle de l'homme en tant que forme spirituelle subsistante[186]), pour laisser le champ libre à l'autoproduction de

---

[186] Selon l'analyse aristotélico-thomasienne de la nature spirituelle de l'âme rationnelle et de son union hylomorphique avec le corps. Le lien capital

valeurs entièrement subjectivisées par un sujet humain ergonomique, intégralement fonctionnel. Un tel sujet, formalisé et formaté de l'intérieur sur le modèle d'une procédure algorithmique, n'est plus dès lors qu'un sujet instrument, donc déjà, quelque part, un sujet marchand.

Le solipsisme fonctionnel du sujet contemporain cognitivement et éthiquement autoréférentiel se manifeste sous les deux formes principales du relativisme subjectiviste :

1) le relativisme strictement *opinioniste*, d'après lequel le bien et le mal sont des catégories relatives aux croyances ou aux opinions personnelles des gens ;

2) le relativisme *situationnel*, d'après lequel le bien et le mal sont des catégories relatives à la situation culturelle, au cadre sociétal et aux différentes conceptions du monde que véhicule tel ou tel environnement socio-culturel.

En l'absence présupposée d'une loi naturelle, par définition universelle (axiomatique), la métrique relativiste part toujours, sur fond perceptif d'incertitude morale universelle, de l'expérience situationnelle de la diversité des opinions. Le relativisme situationnel légitimise à priori cette diversité qu'il postule comme un critère de vérité empiriquement indiscutable (échappant donc lui-même au relativisme), pour en déduire que

---

d'implication mutuelle entre rationalité et substantialité, d'abord mis en lumière par la définition boécienne de l'individualité hypostatique de « nature rationnelle », est encore attaché à ce que saint Thomas appelle ailleurs « substance intellectuelle » (*substantia intellectualis*) pour qualifier l'âme humaine (*SCG*, 2, 68). La substantialité intellectuelle dont parle saint Thomas en référence à l'âme humaine fait bien entendre que celle-ci délimite une individualité constitutivement rationnelle, avec toutes les puissances et facultés par-là même impliquées. L'être de l'homme est donc indissociable de cette rationalité constitutive de son principe d'animation (*anima rationalis*), propriété essentielle de sa nature propre. Ce qui se devrait d'informer davantage les discussions bioéthiques contemporaines, souvent trop réticentes à examiner plus avant le lien entre rationalité congénitale et conscience dans le cadre physiologique du développement embryonnaire de l'enfant à naître.

le désaccord des gens et des sociétés sur les questions d'ordre moral constitue une attestation expérimentale définitive du relativisme en général. Il n'existe pas de vérités morales objectives et transculturelles, mais uniquement des croyances morales subjectives, opinionistes ou situationnelles.

Plus généralement, le relativisme d'ordre épistémique, qu'il soit strictement opinioniste ou situationnel, part du principe que le seul critère de connaissance des faits du monde réside dans les différentes manières de l'interpréter. Le relativisme d'ordre éthique, opinioniste et/ou situationnel, part quant à lui du principe qu'il existe différentes manières d'interpréter la signification et le mérite de l'agir moral. Les croyances, les opinions et les intérêts d'ordre subjectif font ainsi office de critères normatifs de substitution. Mais, plus encore que les questions de perception intellective, ce sont avant tout les questions morales qui sont tenues pour des questions de préférence et de choix personnel — perversion subjectiviste poussée à l'extrême aujourd'hui et protégée à tout prix par les avocaillons de l'IVG.

On peut rattacher la montée en puissance du relativisme en tant que vecteur à la fois épistémique et éthique d'une perception multiculturaliste du monde à celle de la mondialisation et des différents facteurs de transformation du système d'information : l'essor des médias sociaux, l'augmentation du volume et de la vitesse du flux d'informations, la transformation du marché des médias, la partisanerie croissante de nombreuses sources d'information prétendument « objectives », l'intensification des motivations liées aux intérêts du pouvoir politico-financier (élections et marchandisation illimitées, rejetons d'un capitalisme déchaîné)...

Le relativisme se répand et se dilue en conséquence dans tous les domaines de la sphère informationnelle et perceptive du monde pilotée par les intérêts du neuro-pouvoir et du marché intégral. Tout est en effet à vendre, le vrai comme le faux, la vie comme la mort, les gens comme les objets... L'occultation de la frontière entre l'opinion et le fait, le désaccord sur les données scientifiques, la confusion des indications statistiques et des critères d'observations factuelles sont devenues des phénomènes normaux de relativisme informationnel obligatoire au XXIe siècle. La machine médiatique de brouillage cognitif amplifie son pouvoir sur la base de cette normalisation opinioniste (« multiculturelle ») de la vérité et du bien relativisés. Ne sont admissibles que ces valeurs dérivées de la matrice pan-culturelle du monde de l'autoproduction humaine imaginaire. Il en va de même de ce qu'on appelle aujourd'hui le « pluralisme religieux », calqué sur le modèle de la culture populaire imprégnée de diversité ethnique, régionale et individuelle, sans égards aux données transculturelles de la métaphysique, de la logique et de la révélation. L'homme et sa culture sont ici érigés en mesure de toutes choses, comme l'entendait déjà le sophiste antique Protagoras.

Le relativiste opinioniste part toujours de lui-même en tant que référence émotionnelle première de son expérience situationnelle dans le monde pour en déduire le caractère toujours relatif et subjectif de la moralité en tant que telle. Ce point de départ et de retour solipsiste est aujourd'hui inoculé, au-delà de toute influence d'origine strictement philosophique. L'opinionisme est ici d'essence marchande et consumériste. Dans le supermarché du monde de la vente intégrale, les choix moraux sont nécessairement inspirés par un relativisme lui aussi intégral, autrement dit absolu. D'où la tentative d'absolutisation du « droit » consumériste—y compris du « droit » à la commande et à la consommation d'enfants—dans le domaine de la sphère privée. Une société égalitariste du désir de satisfaction solipsiste intégrale est aussi une société de la marchandisation absolue, c'est-à-dire une société dont la seule « valeur » échappant au relativisme moral n'est autre que ce modèle marchand de l'individualité relativiste absolutisée... La contradiction est ici consommée, ce qui explique le désespoir endémique de nos sociétés contemporaines.

On peut pour conclure donner une forme syllogistique à l'argument de la diversité des opinions morales pour illustrer simplement son mal fondé logique élémentaire :

P. 1. Si les gens sont en désaccord sur la valeur morale de x, il s'ensuit qu'x est à la fois subjectif et relatif.

P. 2. Or, les gens sont en désaccord concernant la valeur morale de nombreuses propositions, *x, y, z...*

C. 3a. Par conséquent, les propositions morales sont intrinsèquement subjectives, et

C. 3b. le relativisme éthique est (objectivement) vrai.

Le relativisme part du principe (objectivement établi ?) de la subjectivité inévitable des propositions morales, autrement dit de la *certitude* de l'absence de normes objectives en matière de moralité. Un tel principe de certitude contredit pourtant la prémisse du relativisme en tant que tel. En somme, le relativisme fait l'erreur logique de tirer une conclusion positive (une certitude aléthéique quant à la nature même de la moralité) à partir d'une prémisse négative.

L'impératif subjectiviste caractéristique du relativisme contemporain se constitue et s'impose en dehors de tout encadrement logique, pour ne s'appuyer, en définitive, que sur la valeur de « tolérance ». Là aussi, la contradiction flagrante est inéluctable, parce qu'elle est d'abord congénitale. À la fois *contre* lui-même et *pour* lui-même, le relativisme adopte la tolérance comme valeur morale péremptoire universelle, absolue... À l'aune de la cohérence la plus élémentaire, il doit néanmoins se résoudre à n'admettre la tolérance elle-même que comme une valeur parmi d'autres, sauf à se contredire lui-même. Ce cercle vicieux est sans issue logique. Mais qu'à cela ne tienne, le relativisme pseudo-humaniste vectorise aujourd'hui à merveille la violence intrinsèque à la globalisation libérale et financière absolue, sous forme de lutte « antifasciste » contre l'intolérance, contre le nationalisme, et contre l'imposition religieuse d'un ordre naturel. Ce pourquoi nous avons ici brièvement examiné les racines du relativisme en tant que dérive cognitive insurmontable dans l'illogisme foncier, tant théorique (épistémique) que pratique (éthique) ; mais également en ce qu'il sert de truchement conceptuel à la soumission intériorisée des « sujets instruments » au totalitarisme marchand (selon une idéologie pseudo-révolutionnaire, antifasciste et archi-consumériste).

On pourra enfin noter que l'imaginaire contemporain, en matière de religion évangélique, s'égare de bon gré par projection sentimentale. La « tolérance » y serait en effet le cœur du « message d'amour » apporté au monde par le Christ (et avec elle, la relativisation de « la Vérité avec un grand V » de ce même message)... Impossible, néanmoins, de réconcilier pareille lecture imaginaire avec le véritable Évangile, comme l'attestent notamment ces paroles de Jésus, le Verbe de vérité fait homme, à Pilate (le relativiste archétypique) :

« Ego in hoc natus sum, et ad hoc veni in mundum, ut testimonium perhibeam veritati : omnis qui est ex veritate, audit vocem meam. » (Jn 18, 37)[187]

* * *

---

[187] « Pour cela je suis né et suis venu dans le monde : pour rendre témoignage à la vérité. Quiconque est de la vérité écoute ma voix. »

La marchandisation du vivant

Par Lucien Cerise

L e communisme s'est effondré avec le mur de Berlin, mais pas le capitalisme, qui est aujourd'hui en pleine forme et qui pénètre toujours plus loin dans l'intimité des êtres vivants. L'argent-roi et le marché tout-puissant contaminent tous les aspects de l'existence, y compris la procréation et la durée de la vie. Plusieurs sujets n'en font qu'un. Bruno Selun, militant de l'Inter-LGBT au Parlement européen, écrivait dans les colonnes du *Nouvel Observateur* : « Mariage homo. La prochaine étape ? La PMA et l'euthanasie. »[188] Nous en sommes donc au stade terminal du capitalisme, celui de l'artificialisation et de la marchandisation du vivant, dont les divers aspects se nomment Organismes Génétiquement Modifiés (OGM) et brevetage privatisé des semences mais aussi « mariage homo », théorie de la confusion des genres, euthanasie, Procréation Médicalement Assistée (PMA) et Gestation Pour Autrui (GPA), autrement dit prostitution utérine et commercialisation des enfants, y compris au stade fœtal et en pièces détachées, comme l'ont prouvé divers documents dévoilant les pratiques du Planning familial américain.[189]

---

[188] « MARIAGE HOMO. La prochaine étape ? La PMA et l'euthanasie », *Le Nouvel Observateur*, 23/04/2013.
http://leplus.nouvelobs.com/contribution/845987-mariage-homo-la-prochaine-etape-la-pma-et-l-euthanasie.html

[189] « Vente d'organes de fœtus : la vidéo qui embarrasse le Planning familial américain », *Le Figaro*, 15/07/2015. http://www.lefigaro.fr/actualite-

En France, le *business* des bébés et des fœtus est étroitement lié au projet de « mariage homosexuel ». Pourquoi parler de « projet » ? Parce que la loi Taubira ouvrant le mariage aux personnes de même sexe n'a pas été votée légalement en France et relève donc encore du projet, le processus de vote à l'Assemblée ayant été entaché de fraudes, ce qui annule évidemment le scrutin. Depuis mai 2013, quelques milliers de personnes homosexuelles croient donc être mariées avec quelqu'un de leur propre sexe mais ne le sont pas en réalité.[190] Si l'information sur le non-vote du « mariage homo » rencontre des difficultés à se propager largement, en revanche tout le monde sait qu'il ne s'agit pas d'une demande des homosexuels. La population homo et bisexuelle en France était évaluée par une enquête de l'IFOP pour le magazine *Têtu* en 2011 à 3,2 millions d'individus, formant un potentiel de 1,6 million de mariages célébrés.[191] Or, le nombre de « mariages entre personnes de même sexe » pour l'année 2014 était estimé par l'Insee à 10 000.[192] Pas de chiffre officiel précis, mais on devine que la réalité est probablement inférieure si l'on s'appuie sur les chiffres de fréquentation du premier « Salon du mariage *gay* » en 2013, qui n'attirait que 150 visiteurs sur deux jours à Paris – pourtant une ville bastion du lobby LGBT – et seulement 216 « J'aime » sur sa page Facebook. Échec commercial tel que l'opération n'a

---

france/2015/07/15/01016-20150715ARTFIG00233-vente-d-organes-de-fœtus-la-video-qui-embarrasse le planning-familial-americain php

[190] « Le "mariage homo" toujours illégal en France : le vote truqué à l'Assemblée », *Égalité et réconciliation*, 07/10/2013. http://www.egaliteetreconciliation.fr/Le-mariage-homo-toujours-illegal-en-France-le-vote-truque-a-l-Assemblee-nationale-20599.html

[191] « Une enquête exclusive répond à la question : qui sont les homos français ? », *Têtu*, 24/06/2011. http://www.tetu.com/actualites/france/une-enquete-exclusive-repond-a-la-question-qui-sont-les-homos-francais-19675

[192] « Bilan démographique 2014 », Institut national de la statistique et des études économiques (Insee). http://www.insee.fr/fr/themes/document.asp ?ref_id=ip1532

pas été rééditée en 2014.[193] Et en 2015, c'est le magazine *Têtu* lui-même qui faisait faillite, en l'absence d'un lectorat suffisant : « Le numéro 212 de *Têtu* – avec le chanteur Mika en couverture et un dossier "Tout sur la drague en 2015" – sera-t-il le dernier ? La menace d'une disparition du magazine *gay* est désormais imminente. Placé en redressement judiciaire le 1er juin, le titre bénéficiait d'une période d'observation de quatre mois. Mais celle-ci va être plus courte que prévue, tant ses difficultés financières sont importantes.»[194]

Donc d'où vient ce projet de loi sur le « mariage homo » ? Il émane de l'univers du lobbying, qui est un milieu sociologique à lui tout seul et à part entière. Fortement interconnectés, s'observant mutuellement, possédant une culture commune et des feuilles de route qui se recoupent, les lobbies ont plus de choses à partager entre eux, quelle que soit la nature de leurs revendications, qu'avec les groupes qu'ils sont censés représenter mais qu'ils instrumentalisent en fait. Ainsi, le projet de loi Taubira et ses conséquences en termes de commercialisation du vivant répondent à divers agendas qui ne sont pas tous homosexuels. Le mouvement LGBT, pour « Lesbien, Gay, Bi et Trans », lui-même une minorité, est donc infiltré par des minorités actives encore plus minoritaires et travaillant pour leur propre compte, bien au-delà du seul droit de se marier pour des personnes de même sexe. Pour user d'un terme d'ingénierie sociale, le « mariage homo » est un hameçon permettant de faire passer quelque chose sous couvert d'autre chose. Ce qui est mis en avant est donc un moyen, pas une fin. C'est le rôle de l'accroche (« *hook* ») dans la conception d'une

---

[193] « Le premier Salon du mariage gay tourne au fiasco », *Le Figaro*, 23/06/2013. http://www.lefigaro.fr/actualite-france/2013/06/23/01016-20130623ARTFIG00170-le-premier-salon-du-mariage-gay-tourne-au-fiasco.php

[194] « "Têtu", tout proche de la liquidation », *Le Monde*, 14/07/2015. http://www.lemonde.fr/actualite-medias/article/2015/07/14/tetu-tout-proche-de-la-liquidation_4682853_3236.html

opération psychologique (psyop) ou du « cheval de Troie », bien connu en virologie informatique.

Obéissant aux mêmes principes, le « mariage pour tous » et la propagande LGBT, en tant que moyens au service de finalités autres que celles prétendues, sont donc des outils d'ingénierie sociale négative. Sous le couvert d'un simulacre de cause morale généreuse présentée comme appât et accroche, en l'occurrence l'égalité des droits – alors qu'historiquement et anthropologiquement le mariage est un devoir – il s'agit de conduire de force des changements destructeurs dans les sociétés humaines en attaquant leurs principes fondateurs : les différences homme/femme et parent/enfant, soit le complexe d'Œdipe, ainsi que la gratuité de la vie et le mécanisme de don/contre-don à l'origine de la filiation et de la socialisation. Au moyen d'un hameçonnage progressiste et égalitariste, on banalise d'une part le « Chacun fait ce qui lui plaît » individualiste et libéral-libertaire, et d'autre part, les techniques de procréation artificielle tarifées ; le tout visant à provoquer dans l'humaine condition des mutations toxiques et pathogènes qui attaquent le cœur même du processus de l'hominisation et jusqu'au sens des mots. De fait, les locutions « mariage homosexuel » ou « mariage entre personnes de même sexe » sont contradictoires dans les termes. On ne peut marier que de l'hétérogène, telle est la définition même du mot « mariage », qui est une association de différences. On peut donc marier du blanc avec du noir, du sucré avec du salé, de l'homme avec de la femme, mais il est rigoureusement impossible de marier du blanc avec du blanc, du sucré avec du sucré, de l'homme avec de l'homme. Techniquement, il est donc impossible de « marier des personnes de même sexe », seules des personnes de sexes différents sont mariables, en vertu du sens même du mot « mariage », quel que soit l'état de l'arsenal juridique. Les homosexuels ont donc parfaitement le droit de se marier depuis toujours, c'est-à-dire avec quelqu'un de l'autre sexe, et le projet de loi Taubira ne répare pas une injustice mais crée une fiction juridique de toute pièce.

Si le concept de « mariage homosexuel » est un oxymore à jamais irréalisable, en revanche d'autres involutions inquiétantes sont bien réelles dans certains pays, notamment le *business* des bébés et le développement chez de nombreuses femmes de la prostitution de leur utérus quand la crise économique se fait sentir. L'inversion des valeurs et du sens des mots est telle que quiconque s'oppose à ce nouveau marché esclavagiste sera stigmatisé comme un « fasciste homophobe », selon les éléments de langage de l'idéologie dominante du profit. Cette régression de civilisation se répartit en objectifs à longs, moyens et courts termes, et impactera également de ses conséquences funestes les membres de la communauté LGBT et ses sympathisants, même s'ils ne le comprennent pas encore.[195]

À long terme : PMA, GPA, « mariage homo » appartiennent à un agenda transhumaniste visant au génocide de l'espèce humaine pour la remplacer par une nouvelle espèce issue des laboratoires. On se reportera à Aldous Huxley et à son « meilleur des mondes » pour s'en faire un tableau complet. La puce électronique implantée sous notre peau, comme pour le bétail et les animaux domestiques, fait également partie de ce programme qui puise ses origines dans l'illuminisme et son projet de création du « Nouvel Homme » illustré par les totalitarismes du XXᵉ siècle et aujourd'hui par l'Occident postmoderne. Idéologie du progrès, eugénisme, scientisme et futurisme sont les traits typiques de la nouvelle dictature post-humaine.

À moyen terme : le « *baby business* » s'inscrit dans une vaste entreprise de marchandisation du corps de la femme et de l'enfant, comme l'a souligné Pierre Bergé, financier du lobby *gay*, avec ses paroles sur la location du ventre des femmes. À l'occasion d'une manifestation clairsemée en faveur du « mariage homo », Bergé usait d'une phraséologie de patron d'usine pour qualifier le rôle des femmes dans le fait de donner la vie : « Nous ne pouvons pas faire de distinction dans les droits, que ce soit la PMA, la GPA ou l'adoption, souligne Pierre Bergé, président du Sidaction et fondateur de *Têtu*. Moi je suis pour

---

[195] « Les conséquences dramatiques des "mariages" homosexuels », Jean-Pierre Dickès, *Médias-Presse-Info*, 03/01/2015. http://www.medias-presse.info/les-consequences-dramatiques-des-mariages-homosexuels/21895

toutes les libertés. Louer son ventre pour faire un enfant ou louer ses bras pour travailler à l'usine, quelle différence ? C'est faire un distinguo qui est choquant.»[196] Conséquences ultimes de cette marchandisation : le clonage reproductif, l'ectogenèse et les utérus artificiels qui permettront un jour de se passer totalement des femmes, ce qui sera le parachèvement d'un monde entièrement « gay », purgé de toute présence physique féminine, où la reproduction deviendra l'objet d'une technologie commerciale et remise dans des mains d'hommes du début à la fin. Le projet de loi Taubira et ses conséquences sont ainsi l'expression la plus parfaite de la « domination masculine » et du biopouvoir, comme le dénonceraient Pierre Bourdieu et Michel Foucault s'ils étaient encore en vie, et comme le dénoncent plusieurs figures intellectuelles et politiques de gauche. On pense à Sylviane Agacinski, philosophe féministe, porte-parole du Collectif pour le Respect de la Personne (CoRP), dont la pétition adressée au président de la république et intitulée « Protégez les femmes de l'achat et de la vente des bébés et des mères » a été signée notamment par Lionel Jospin, Jacques Delors, Marie-George Buffet et José Bové.[197] Ou encore Michel Onfray, qui s'est exprimé contre la « fumeuse théorie du genre », Noël Mamère contre la PMA et la GPA qu'il juge « pas très écologistes », ou le grand biologiste Jacques Testart, pionnier scientifique du premier bébé éprouvette français en 1982 et soutien du Front de Gauche, qui s'est exprimé clairement contre

[196] « Mariage gay : les partisans perdent le match de la rue », *Le Figaro*, 16/12/2012. http://www.lefigaro.fr/actualite-france/2012/12/16/01016-20121216ARTFIG00208-mariage-gay-les-partisans-perdent-le-match-de-la-rue.php

[197] « Protégez les femmes de l'achat et de la vente des bébés et des mères », pétition du CoRP. https://secure.avaaz.org/fr/petition/Monsieur_le_President_de_la_Republique_protegez_les_femmes_et_les_enfants_des_contrats_de_mere_porteuse_GPA / ?pv=158

la PMA, la GPA et l'eugénisme.[198] Plus inattendu, le Collectif national pour les Droits des Femmes a lancé une campagne à l'initiative de la Coordination Lesbienne en France, soutenue par la Coordination des associations pour le Droit à l'Avortement et la Contraception et le Planning Familial, afin d'expliquer leur refus catégorique de la GPA.[199] Encore plus étonnant, un document mis en ligne d'une loge franc-maçonne féminine, la Grande Loge Féminine de France, qui à l'occasion de sa « Commission conventuelle laïcité » faisait écrire par son groupe de réflexion sur la bioéthique : « Comme nous l'avons dit plus haut, le corps des femmes n'est pas à louer et ne doit en aucun cas subir une instrumentalisation ni une déshumanisation, l'enfant n'est pas une marchandise et il est clair qu'il faut combattre les dérives marchandes qu'on voit se développer.»[200] À l'opposé, la Droite au pouvoir jusqu'en 2012 anticipait sur le Parti Socialiste dans la déconstruction de la famille et la mise en danger des enfants, comme s'en félicitait *Gay Lib*, le site des « LGBT libéraux et humanistes » : « La gauche a mis en place un Pacs parfois dangereux pour les partenaires (indivision obligatoire) et bancal et/ou incomplet (succession, fiscalité, protection sociale, état civil...). La droite l'a amélioré. Aujourd'hui, Nicolas Sarkozy souhaite aller concrètement plus loin avec l'Union – égalité totale en droits et en devoirs avec le mariage civil hors filiation et adoption – et avec le statut du beau parent pour les familles homoparentales et recomposées.»[201]

---

[198] « De la procréation médicalement assistée (PMA) à l'eugénisme », par Jacques Testart. http://jacques.testart.free.fr/index.php?post/texte716

[199] « Pourquoi nous sommes contre la GPA ! (recours aux mères porteuses) », Collectif national Droits des femmes, 30/01/2013. http://www.collectifdroitsdesfemmes.org/spip.php?article335

[200] « Éléments d'information et de réflexions sur la PMA et sur la GPA », Grande Loge Féminine de France. Commission conventuelle laïcité. Groupe bioéthique, 30/04/2013. http://www.glff.org/fichiers/PMA_GPA1013.pdf

[201] « Le bilan de l'action de Nicolas Sarkozy », *Gay Lib*, 29/04/2010. http://www.gaylib.org/le-bilan-de-laction-de-nicolas-sarkozy/

L'UMP, après avoir inventé le délit d'homophobie dans ses lois du 18/03/2003 et du 30/12/2004[202], puis parrainé des colloques contre la « transphobie » en 2009 et 2010 à l'Assemblée[203], voulait introduire la théorie du genre à l'école maternelle en 2011[204], votait pour le « mariage homo » en 2013[205] et proposait la même année une loi au Sénat pour arracher les enfants à l'éducation en famille, comme le PS le réclamait aussi : « (...) l'éducation à domicile par la famille ne peut être qu'une situation exceptionnelle, liée à l'état de santé ou à l'incapacité permanente ou temporaire de l'enfant. Elle ne peut être le prétexte d'une désocialisation volontaire, destinée à soumettre l'enfant, particulièrement vulnérable, à un conditionnement psychique, idéologique ou religieux. »[206] Une réaction salutaire venait néanmoins de la base de cette Droite française, qui découvrait massivement la réalité du capitalisme avec le « mariage homo » et s'élevait également contre les violences faites aux femmes et aux enfants par des initiatives importantes telles que la Manif pour tous, car « L'humain n'est pas une marchandise », le

[202] « La lutte contre l'homophobie a-t-elle fait tomber le mouvement LGBT dans le misérabilisme ? », *Rue 89*, 30/12/2014.
http://www.rue89lyon.fr/2014/12/30/homophobie-lgbt-miserabilisme/

[203] Colloque « Religions, Homophobie, Transphobie », *Médiapart*, 16/05/2010.
http://blogs.mediapart.fr/edition/comment-faire-societe/article/160510/colloque-religions-homophobie-transphobie

[204] « En 2011, l'UMP proposait des cours en maternelle sur "le genre" », *L'Express*, 12/02/2014. http://www.lexpress.fr/actualite/politique/ump/en-2011-l-ump-proposait-des-cours-en-maternelle-sur-le-genre_1323290.html

[205] « Le mariage gay adopté en commission au Sénat, grâce à deux votes UMP », Public Sénat, 20/03/2013.
http://www.publicsenat.fr/lcp/politique/mariage-gay-adopt-commission-s-nat-gr-deux-votes-ump-352392

[206] « PROPOSITION DE LOI visant à limiter la possibilité d'instruction obligatoire donnée par la famille à domicile aux seuls cas d'incapacité (...) ». Enregistré à la Présidence du Sénat le 18 décembre 2013. http://www.senat.fr/leg/ppl13-245.html

Printemps français – « On a aboli l'esclavage, on abolira la loi Taubira » – et la Marche pour la vie, « Contre le dérèglement bioéthique ». Il est donc temps que l'establishment UMPS tire les conséquences du refus de le suivre manifesté par son électorat, sans quoi ce dernier se reportera sur d'autres partis...

Voyons enfin les objectifs à court terme, essentiellement géopolitiques, de tous ces bouleversements sociaux. Le mouvement LGBT est lui-même infiltré par des lobbyistes et influenceurs qui pratiquent le *pinkwashing*. De quoi s'agit-il ? D'une tactique de guerre culturelle traductible par « sionisme rose » et décrite pour la première fois de manière critique par l'universitaire Sarah Schulman dans le *New York Times* du 22/11/2011. Cette stratégie de séduction élaborée en toute conscience par l'État d'Israël depuis 2005 dans le cadre d'un plan de communication mondial intitulé *The Israel Project*, dépendant du *think-tank* du même nom, cherche à réduire tout le discours politique à un débat « *gay friendly or not* », faisant de la « lutte contre l'homophobie » et contre la « discrimination des minorités » l'alpha et l'oméga du combat politique, et Israël son avant-garde. Des militants palestiniens de la cause LGBT étaient invités à Paris en 2012 et présentaient les choses ainsi : « Selon *The New York Times*, dès 2005, et ce avec l'aide de directeurs marketing américains, le gouvernement israélien a déployé une vaste campagne, "*Brand Israel*", en direction principalement des hommes entre 18 et 34 ans : cette campagne a été mise en œuvre en vue d'offrir à cet État colonial un visage attractif et moderne. En 2009, *The Israel Project* a publié un dictionnaire des "mots qui marchent" pour défendre la politique d'Israël en mettant l'accent sur le fait que la "démocratie" israélienne respecte "les droits des femmes". Ce plan marketing s'est progressivement dirigé à l'attention de la "communauté LGBT". Dès lors, en 2010, ce sont 90 millions de dollars qui ont été investis par l'office de tourisme de Tel Aviv pour se donner des allures de destination de vacances sur mesure pour les gays du monde entier. Ce type de financement fleurit, souvent à la faveur d'un arsenal culturel, pour donner un visage *gay-friendly* à Israël. »[207]

On le voit, loin d'être une minorité persécutée par la « domination hétéro-normative », le lobby LGBT est en fait hors de tout danger grâce à ses relais puissants dans les plus hautes sphères de l'Occident colonial et capitaliste : gouvernements[208] mais aussi industrie et finance prédatrice[209], instances supranationales telles que l'Union européenne dès 1994[210],

---

[207] « Combattre le pinkwashing – Au cœur du mouvement queer arabe », *Info-Palestine*, 05/05/2012. http://www.info-palestine.net/spip.php?article12131

[208] « Le discours historique pro-LGBT d'Hillary Clinton devant les Nations Unies », *Yagg*, 29/12/2011. http://yagg.com/2011/12/29/le-discours-historique-pro-lgbt-dhillary-clinton-devant-les-nations-unies/
« Les droits LGBT au-dessus de tous », *Liberté politique*, 22/12/2011. http://www.libertepolitique.com/Actualite/Le-fil/Les-droits-LGBT-au-dessus-de-tous
« Biden : 'I Don't Care What Your Culture Is,' LGBT Rights Are More Important », *CNS News*, 24/06/2014. http://cnsnews.com/news/article/biden-i-dont-care-what-your-culture-lgbt-rights-are-more-important
« Joe Biden : Ce sont les dirigeants juifs qui sont derrière les changements relatifs au mariage homosexuel », *Polémia*, 26/05/2013. http://www.polemia.com/joe-biden-ce-sont-les-dirigeants-juifs-qui-sont-derriere-les-changements-relatifs-au-mariage-homosexuel/

[209] « Le PDG de Goldman Sachs, chantre du mariage gay », *Le Monde*, 07/05/2012. http://www.lemonde.fr/economie/article/2012/05/07/le-pdg-de-goldman-sachs-chantre-du-mariage-gay_1696237_3234.html
« Homosexualité : le chef de la Banque mondiale rencontre en privé des militants », *Huffington Post*, 11/04/2014. http://quebec.huffingtonpost.ca/2014/04/11/homosexualit-le-chef-de_n_5135656.html
« LGBT Networks », J.P. Morgan. http://careers.jpmorgan.com/student/jpmorgan/careers/proudtobe/us/networks
« Les banques financent le lobby LGBT à l'échelon mondial », *Médias-Presse-Info*, 13/07/2015. http://www.medias-presse.info/les-banques-financent-le-lobby-lgbt-a-lechelon-mondial/35146

[210] « Résolution sur l'égalité des droits des homosexuels et des lesbiennes dans la Communauté Européenne », Parlement européen, 08/02/1994.

l'ONU (conférence de Pékin en 1995)[211] ou l'Organisation Mondiale de la Santé et ses recommandations sur l'éducation sexuelle dès la naissance : « Le docteur Gunta Lazdane, conseillère régionale pour la santé sexuelle et génésique au Bureau régional, qui a coordonné la rédaction de ce document, déclare : "La particularité de ces nouvelles recommandations, au-delà du thème abordé, c'est qu'elles insistent sur la nécessité de commencer l'éducation sexuelle dès la naissance. Elles expliquent également les compétences spécifiques que les enfants et les jeunes doivent acquérir, ainsi que les comportements à promouvoir à des périodes déterminées de l'existence." »[212] Le détail des recommandations est exposé par le Bureau régional européen de l'OMS dans une brochure rédigée entre 2010 et 2013 et intitulée *Standards pour l'éducation sexuelle en Europe* : « Pourquoi commencer l'éducation sexuelle avant l'âge de quatre ans ? (…) Groupe d'âge 0-4 ans. Informer l'enfant sur le plaisir et la satisfaction liés au toucher de son propre corps, la masturbation enfantine précoce, la découverte de son propre corps et de ses parties génitales (…) le droit d'explorer les identités sexuelles. »[213]

http://semgai.free.fr/contenu/droit/droit_de_la_famille/europe_resolution_8_0 2_94.html

[211] « La promotion de la théorie du genre a été ratifiée en 1995 par l'ONU, puis par le conseil de l'Europe, l'OMS et l'UNESCO », *Fawkes News,* 13/02/2014. http://fawkes-news.blogspot.fr/2014/02/la-promotion-de-la-theorie-du-genre-ete.html

[212] « Nouvelles recommandations européennes sur l'éducation sexuelle : selon les experts, l'éducation sexuelle devrait commencer dès la naissance », Organisation mondiale de la Santé, 20/10/2010. http://www.euro.who.int/fr/media-centre/sections/press-releases/2010/10/new-european-guidelines-on-sexuality-education-experts-say-sexuality-education-should-start-from-birth

[213] « Standards pour l'éducation sexuelle en Europe. Un cadre de référence pour les décideurs politiques, les autorités compétentes en matière d'éducation et de santé et les spécialistes », Organisation Mondiale de la Santé – Bureau régional

Au moyen d'innombrables groupes de pression contrôlant aussi les milieux universitaires[214], une société de l'obscénité sans limites essaye ainsi de s'étendre sur toute la surface de la planète à partir de quelques foyers d'infection parfaitement connus. Cette société de l'indécence est-elle viable sur le long terme ? La réponse est « non » si l'on s'appuie sur les analyses de la mouvance situationniste fondée par Guy Debord. Le collectif Tiqqun publiait en 2001 *Premiers matériaux pour une théorie de la Jeune-Fille,* texte inspiré notamment par les recherches de Stuart Ewen, et dans lequel la figure archétypale de la jeune fille écervelée et dénudée (la *bimbo*) était érigée en personnage central de notre société du spectacle et de la consommation. De son côté, Philippe Murray parlait d'*Homo Festivus* pour qualifier cette nouvelle ultra violence à paillettes culminant aujourd'hui dans les bombardements de civils commis en Ukraine par une alliance entre néo-nazis et LGBT[215], ou dans cette soirée festive *gay* organisée à Tel-Aviv qui défraya la chronique en 2014 et dont l'imagerie s'inspirait des vidéos de décapitations de l'État islamique.[216] Aujourd'hui, la domination hystérique des Jeunes-Filles est fermement établie et l'on peut donc passer à la vitesse supérieure qui s'incarne dans la figure de la Petite-Fille. L'humain contemporain semble bien être affecté du complexe de

---

pour l'Europe et BZgA, 2010-2013, pp. 35, 38-39. https://www.sante-sexuelle.ch/wp-content/uploads/2013/11/Standards-OMS_fr.pdf

[214] « Par respect pour les transsexuels, les formules "monsieur" et "madame" bannies d'une université américaine », *France TV Info*, 30/01/2015. http://www.francetvinfo.fr/monde/ameriques/les-formules-de-politesse-monsieur-et-madame-bannies-d-une-universite-americaine_811465.html

[215] « Ukraine. EuroMaïdan : une révolution LGBT », *Scriptoblog*, 24/09/2014. http://www.scriptoblog.com/index.php/blog/geopolitique/1545-ukraine-euromaidan-4-une-revolution-lgbt-par-lucien-cerise

[216] « Israël. L'État islamique inspire les soirées gay à Tel-Aviv », *Courrier international*, 22/09/2014. http://www.courrierinternational.com/article/2014/09/22/l-etat-islamique-inspire-les-soirees-gay-a-tel-aviv

Peter Pan : le refus de grandir et de devenir un adulte. Au XIXe siècle, le féminisme avait institué la scène de ménage comme nouvelle norme relationnelle au sein de la famille. Depuis les années 1960, le jeunisme va plus loin et impose la scène de caprice de l'enfant-roi agressif qui tyrannise ses parents faibles et dépourvus d'autorité. À tous les niveaux, le principe de plaisir cherche à l'emporter sur le principe de réalité ; c'est l'extension à tout l'espace social du déchaînement irrationnel de toutes les pulsions possibles et contradictoires. Dans le même temps, on assiste à une véritable « pornification » des enfants et à une banalisation de la pédophilie. Par-delà le marché des bébés, l'enfant-objet trahit un intérêt prononcé pour la sexualité infantile. La moyenne d'âge des starlettes chanteuses ne cesse de baisser quand leur apparence physique s'érotise de plus en plus. Elles sont imitées en cela par leurs fans pré-pubères (mais l'âge des premières menstruations s'est abaissé également) qui ont reçu en cadeau à Noël le « kit chanteuse » leur permettant de se trémousser devant le miroir.

Il est possible de considérer cette régression occidentale vers l'obscénité et l'indécence totale comme un processus historique de décadence et d'épuisement naturel. Les civilisations naissent, vivent et meurent de leur belle mort. Concevoir une planification et un pilotage global de cet effondrement civilisationnel reste difficile au plus grand nombre. Après quelques recherches, il apparaît néanmoins que le processus est sous contrôle et que le sommet du pouvoir dans de nombreuses régions du monde est occupé par des pédophiles. Les affiliations politiques ou identitaires sont secondaires et ne constituent que des antichambres de recrutement. Or, ces pédophiles en ont assez d'être une « minorité discriminée » par la décence commune et de devoir se cacher. Leur projet politique consiste à pouvoir faire leur *coming out* sans risque et à vivre leur sexualité déviante au grand jour sans se sentir coupables. Pour ce faire, ils doivent façonner le monde à leur image, donc fabriquer le consentement populaire à leur perversion en la banalisant. Comment ? Par l'inversion, puis par l'abolition des normes comportementales. En effet, les normes humaines dérivent toutes de l'hétéro-normativité, du complexe d'Œdipe et du tabou de l'inceste. Pour étendre la transgression a-normative de l'Œdipe au monde entier, l'oligarchie pédophile procède par étapes, en banalisant l'homosexualité, comme si cela pouvait devenir la norme, puis elle culpabilisera l'hétérosexualité, comme si ce n'était pas la norme, et avancera ainsi selon un crescendo de vases communicants visant à brouiller complètement la distinction entre le normal et l'anormal. Comme le reconnaissait un activiste *queer* américain invité dans les écoles pour propager ses croyances : « Je suis venu pour endoctriner vos enfants dans mon agenda LGBTQ, et je n'en suis pas du tout désolé ».[217]

Concrètement, normaliser la pédophilie réclame de préparer les esprits à ce que les enfants soient déjà perçus comme des objets légitimes d'un marché commercial, puis comme des objets légitimes de désir sexuel. L'hyper-sexualisation des enfants cherche à conditionner tout le monde – eux les premiers – à les voir comme des proies et passe par divers canaux : les médias, au moyen de l'imagerie publicitaire, du « porno Disney », des concours de « mini Miss » ; l'école, où le viol des enfants tente de s'installer sous couvert de cours d'éducation sexuelle très explicites ; la géopolitique, par l'importation de réseaux mafieux romanichels spécialisés dans le trafic d'enfants pour alimenter plus facilement certains réseaux occultes d'Europe de l'ouest ; enfin, l'impunité totale dont jouissent les pédophiles au pouvoir, qui peuvent tenir des propos publiquement dans les médias sans la moindre conséquence et dont les scandales sont étouffés rapidement.

La décence commune est le respect de certaines limites, éthiques, morales, comportementales ou identitaires. À l'opposé, l'indécence est la transgression de toutes les limites. Cette transgression des limites est aussi la définition de la perversion et de la sociopathie, au sens clinique de ces notions. La société de l'indécence, c'est ce « monde sans limites », dirait Jean-Pierre

---

[217] « I Have Come to Indoctrinate Your Children Into My LGBTQ Agenda (And I'm Not a Bit Sorry) », *Huffington Post*, 03/07/2015.
http://www.huffingtonpost.com/s-bear-bergman/i-have-come-to-indoctrinate-your-children-lgtbq_b_6795152.html

Lebrun, ce monde de pervers et de sociopathes qui essaye d'exister et de se normaliser, notamment au moyen du libéralisme libertaire, cadre général de l'hétérophobie, de la confusion des genres, de la propagande LGBT, du *pinkwashing* et de l'exploitation commerciale des femmes et des enfants. Cette société de l'indécence radicalisée jusqu'à la monstruosité et au chaos total n'est pas une fatalité. Il nous revient d'œuvrer à rétablir le respect du juste milieu éthique dont l'humanité a besoin pour survivre et continuer sa voie dans l'existence.

Les enfants de la PMA-GPA, pour quel avenir ?[218]

Par Françoise Petitdemange

Code civil et Code du commerce

En France… « *Dès 1807, le Code du commerce avait soustrait au Code civil (et celui-ci d'avance y avait consenti, article 1107) les "transactions commerciales", c'est-à-dire les contrats conclus entre commerçants pour les besoins de leurs commerces, et même, de façon unilatérale, boiteuse, les contrats passés par eux avec des non-commerçants.* » *(Jean CARBONNIER, Droit Civil, tome IV - Les Obligations, Éditions PUF 2000, 22e édition, page 16.)*

Dix-huit ans après la Révolution française de 1789, le Code du commerce l'avait emporté sur le Code civil en dépouillant celui-ci d'une partie de lui-même pour constituer son domaine propre.

Nous allons voir ce qu'il en est à présent, concernant le statut des enfants et de leur famille.

[218] Nous avons omis quelques paragraphes qui reprennent les données déjà fournies dans la première partie de cet ouvrage.

Le rapport de force entre droit civil et droit du commerce. *L'intrusion du droit commercial dans le droit privé*

Le professeur de droit privé (droit civil), Jean Carbonnier, a été jurislateur chargé de rédiger, de 1964 à 1975, des avant-projets de lois pour réformer le droit de la famille en France. Il pouvait déjà voir dans quel contexte celui-ci allait évoluer :

« *Il aura suffi de quelques magistrats à forte personnalité pour que la chambre commerciale entreprenne une politique d'entrée massive de la jurisprudence commerciale dans la conception d'ensemble du droit privé. Ils étaient convaincus de la valeur exceptionnelle à attribuer à leur matière pour son dynamisme (en comparaison peut-être de certains aspects plus mornes du droit civil). Ils pensaient disposer, par leurs liaisons avec les grands tribunaux consulaires (celui de Paris, en particulier), avec les grands milieux d'affaires, d'une information privilégiée sur les endroits où se décantent les mystérieux "besoins de la pratique". C'était un groupe puissant. On mesure sa puissance à ses résultats : sur nombre de points, il a fait admettre comme des postulats du droit les intérêts du commerce.* » *(Jean CARBONNIER, Droit Civil, tome IV - Les Obligations, Éditions PUF 2000, 22ᵉ édition, page 22.)*

La GPA (Gestation Pour Autrui) est en train de faire jouer le rapport de force entre le droit civil français (droit privé : droit de la famille) et le droit du commerce, qui plus est, du commerce international. Celui-ci a beau jeu... dans la propagande, il suffit de mettre en avant l'argument massue : les couples qui ne peuvent avoir d'enfant ont bien le droit d'en avoir... Et donc, comme dans tout commerce qui ne s'embarrasse pas de l'éthique, en mode capitaliste de production où la valeur d'échange est poussée à son maximum, le marché de l'offre et de la demande - tout se vend, tout s'achète, y compris les bébés - se met en place.

Pour les entreprises médicales, commerciales, juridiques, l'offre est d'autant plus intéressante que les personnes ou les couples de la moyenne et grande bourgeoisie, qui ne peuvent concevoir un enfant de façon naturelle, ont les moyens de financer le projet qui, une fois mené à bien, ne leur donne pas seulement un enfant mais aussi un héritier de leur patrimoine.

Le droit de la consommation : « un coup de maître »

Pour répondre aux personnes et aux couples qui, touché(e)s par les mauvaises grâces de la nature, ne peuvent avoir des enfants, il devient possible de contourner les lois de la nature et de permettre, à ces hommes et à ces femmes, d'acheter l'illusion d'en avoir tout de même de leurs propres corps, en leur vendant des bébés qui viennent tout juste de sortir des ventres loués. Le droit civil français, sera-t-il absent ou présent dans la situation nouvelle où le commerce international, dicté principalement par les États-Unis, s'impose aux droits nationaux et les bouleverse de fond en comble puisqu'il remet en cause la définition de la famille - des parents et des enfants -, en faisant se rejoindre, dans les ventres gestateurs, des patrimoines génétiques d'hommes et de femmes qui n'ont aucun lien commun pour produire celui des enfants ?...

Contrairement à certains intellectuels des plus beaux temps de la société de consommation, Jean Carbonnier ne s'est pas fait la moindre illusion sur la possibilité d'inverser le processus consommation-production :

« *Certains n'ont voulu voir dans le mouvement "consumériste" - fût-il renforcé d'une alliance intermittente avec l'écologie, elle n'est pas, elle non plus, "productiviste" - rien qu'un épiphénomène ou, si l'on veut, un effet super-structurel de la société de consommation. Mais celle-ci même est-elle plus qu'un épisode dans l'évolution économique du monde occidental ? L'accent pourra revenir, un beau matin, de la consommation vers la production ; les économistes de l'offre l'emporteront sur ceux de la demande ; et la protection des acheteurs et usagers sera cherchée non plus dans un contrôle problématique de la qualité, mais dans l'abaissement plus aisément tangible des prix - lui-même obtenu par la liberté réelle de la concurrence. Ainsi vaticinaient les intellectuels. Sans attendre, cependant, le droit de la consommation s'était installé sur une position forte : un secrétariat d'État à défaut de ministère, une organisation, du personnel, l'appui de lobbies - et bientôt un Code, même hâtif.* » *(Idem, page 23.)*

Avec la PMA-GPA (Procréation Médicalement Assistée-Gestation Pour Autrui), les droits de l'enfant glissent du droit de la famille vers le droit de la consommation. Que les couples hétérosexuels ou homosexuels, auxquels la nature refuse l'enfant, soient rassurés... Le "droit à l'enfant" s'impose, dans nos sociétés, comme un droit de la consommation, avec des associations propagandistes, des centres agréés, des lobbies médicaux, commerciaux, juridiques, etc.

À la fin des années 1970, Jean Carbonnier avait vu poindre le Code de la consommation. Dans les années suivantes, il devait assister à l'éclatement du droit et au coup de force du droit de la consommation pour s'imposer comme une spécialité :

« *Il n'empêche que, par la promulgation immédiate de son Code, bien ou mal ficelé, le droit de la consommation a réalisé politiquement un coup de maître. Il s'est constitué en corps autonome de droit.*

Ce qui devrait déjà entraîner des conséquences pratiques. Il s'est fait reconnaître - parlementairement - comme affaire de spécialistes, une matière dont les modifications, les extensions surtout, se régleront entre fidèles sans passage préalable sous les projecteurs du droit commun. » *(Idem, page 23.)*

Par le biais du droit de la consommation, les commanditaires français d'un enfant né à l'étranger d'une GPA vont pouvoir imposer leur choix privé en passant par-dessus le droit privé (droit de la famille) inscrit dans le droit civil qui est, jusqu'à preuve du contraire, un droit commun à tout un pays. D'autant plus que ces commanditaires n'hésitent pas à s'en remettre à une médecine, armée de ses techniques de pointe, sans que leur pose le moindre problème la tendance de celles-ci à pratiquer l'acharnement expérimental ou pas, thérapeutique ou pas, sur l'être humain d'un bout à l'autre de la vie.

Voici comment Jean Carbonnier définissait l'obligation dans le droit civil :

« *Dans toute obligation, il y a un devoir ; mais tout devoir n'est pas une obligation. Pour être, au sens technique, une obligation, il faut que le devoir soit un lien de droit, ce qui implique la sanction étatique, et qu'il lie spécialement une personne à une autre, ce qui postule l'existence d'un créancier déterminé.* » *(Idem, page 25.)*

L'obligation, qui lie deux parties contractantes, porte sur l'engagement à fournir ou à recevoir un bien ou une prestation. L'obligation suppose des débiteurs ou débitrices qui sont tenu(e)s par leur engagement envers des créanciers ou créancières. Il faut aussi une « *sanction étatique* »…

Le respect de l'être humain et de l'espèce humaine. Loi civile et loi du commerce (1994-2008)

Depuis les années 1990, les nouvelles technologies de procréation et de gestation que sont la PMA (Procréation Médicalement Assistée) et la GPA (Gestation Pour Autrui), qui défient toutes les lois de la nature et qui peuvent faire appel à un patrimoine génétique complètement étranger au couple voulant avoir un enfant, se répandent dans le monde de telle sorte qu'il est devenu nécessaire et même urgent, pour la France, de légiférer.

De 1994 à 2008, le Code civil, dans son chapitre II intitulé « *Du respect du corps humain* », traite de l'être humain, à la fois du corps et du psychisme.

« *Art. 16. - La loi assure la primauté de la personne, interdit toute atteinte à la dignité de celle-ci et garantit le respect de l'être humain dès le commencement de la vie.* »

La question qui vient à l'esprit est celle-ci : avec la PMA et la GPA, le respect de l'enfant - procréé dans un vase de Pétri à partir d'un géniteur et d'une génitrice destiné(e) à rester inconnu(e), porté puis abandonné par une femme qui l'a mis au monde et qui ne le reverra peut-être jamais ou très peu, remis entre les mains de personnes ou de couples commanditaires - n'est-il pas bafoué ?

« Art. 16-1. - Chacun a droit au respect de son corps.

Le corps humain est inviolable.

Le corps humain, ses éléments et ses produits ne peuvent faire l'objet d'un droit patrimonial. »

L'utilisation de techniques médicales, de plus en plus intrusives dans l'intimité du corps humain, n'est-elle pas en train d'imposer la légalisation de ce qui s'apparente à un viol ? Les individus ou couples commanditaires, s'ils n'apportent que leur argent, n'ont-ils pas, par le contrat nécessairement établi et signé, un droit exclusif exorbitant sur les commandité(e)s ? Car cet argent leur donne - par l'enfant-marchandise - un droit unique sur le patrimoine des géniteurs et génitrices, un droit unique sur le ventre des mères porteuses et un droit unique sur l'enfant qui n'a rien de commun avec eux, mais qui, par l'argent investi sur lui, devient un objet de propriété, "leur" propriété...

« Art. 16-2. - Le juge peut prescrire toutes mesures propres à empêcher ou faire cesser une atteinte illicite au corps humain ou des agissements illicites portant sur des éléments ou des produits de celui-ci, y compris après la mort. »

Que cet article existe, cela montre que les "atteintes illicites au corps humain" et que "les agissements illicites sur ses organes et produits" sont déjà en voie de porter un coup destructeur, non pas seulement au corps humain, mais à l'être humain.

« Art. 16-3. - Il ne peut être porté atteinte à l'intégrité du corps humain qu'en cas de nécessité médicale pour la personne ou à titre exceptionnel dans l'intérêt thérapeutique d'autrui.

Le consentement de l'intéressé doit être recueilli préalablement hors le cas où son état rend nécessaire une intervention thérapeutique à laquelle il n'est pas à même de consentir. »

Mais, cet article 16-3, n'annule-t-il pas quelque peu le précédent ? Car qui peut déterminer qu'il y a « *nécessité médicale* », « *intérêt thérapeutique d'autrui* », sinon des sommités du corps médical qui ont peut-être un intérêt dans l'utilisation des technologies de pointe ?

« *Art. 16-4. - Nul ne peut porter atteinte à l'intégrité de l'espèce humaine.*

Toute pratique eugénique tendant à l'organisation de la sélection des personnes est interdite.

Est interdite toute intervention ayant pour but de faire naître un enfant génétiquement identique à une autre personne vivante ou décédée.

Sans préjudice des recherches tendant à la prévention et au traitement des maladies génétiques, aucune transformation ne peut être apportée aux caractères génétiques dans le but de modifier la descendance de la personne. »

Ici, la loi s'oppose aux interventions sur le patrimoine génétique. Mais les recherches en génétique n'ont-elles pas déjà mis à mal « *l'intégrité de l'espèce humaine* », commencé « *la sélection des personnes* » et la « *transformation* » des « *caractères génétiques* », ne troublent-elles pas « *la descendance de la personne* » ?

Ces articles 16-5, 16-6, 16-7 du Code civil sont destinés à protéger le corps humain de conventions commerciales :

« *Art. 16-5. - Les conventions ayant pour effet de conférer une valeur patrimoniale au corps humain, à ses éléments ou à ses produits sont nulles.* »

« *Art. 16-6. - Aucune rémunération ne peut être allouée à celui qui se prête à une expérimentation sur sa personne, au prélèvement d'éléments de son corps ou à la collecte de produits de celui-ci.* »

« *Art. 16-7. - Toute convention portant sur la procréation ou la gestation pour le compte d'autrui est nulle.* »

Les articles 16-5, 16-6, 16-7 sont clairs, nets et précis : ils interdisent, de façon générale, de céder les « *éléments* » (les cellules reproductrices, par exemple) ou les « *produits* » de son corps (un enfant) contre rémunération ; ils interdisent, de façon particulière, la PMA (Procréation Médicalement Assistée) et la GPA (Gestation Pour Autrui).

« *Art. 16-8. - Aucune information permettant d'identifier à la fois celui qui a fait don d'un élément ou d'un produit de son corps et celui qui l'a reçu ne peut être divulguée. Le donneur ne peut connaître l'identité du receveur ni le receveur celle du donneur.*

En cas de nécessité thérapeutique, seuls les médecins du donneur et du receveur peuvent avoir accès aux informations permettant l'identification de ceux-ci. »

Cet article vise à protéger les donneurs(euses) et les receveurs(euses) d'éléments corporels ou de produits du corps, notamment d'organes, dans le cadre de greffes chirurgicales à visée thérapeutique. Mais l'ignorance de l'un (du donneur) par rapport à l'autre (le receveur), ne les met-elle pas dans la dépendance totale du corps médical ?

« *Art. 16-9. - Les dispositions du présent chapitre sont d'ordre public.* »

Il s'agit de prévenir tout ce qui peut aller contre le respect de l'être humain et cet article 16 s'impose à toutes les personnes, quand bien même tel ou tel acte aurait été effectué, dans le cadre d'une PMA (Procréation Médicalement Assistée) suivie d'une GPA (Gestation Pour Autrui), à l'étranger. Car ces actes vont à l'encontre du droit civil français.

La mise en cause des structures de la famille et de la société

Qu'en est-il de l'embryon porteur de codes génétiques étrangers, puis du fœtus qui a été nourri par la mère porteuse durant tout le temps de la grossesse, enfin de l'enfant qui, né d'une femme qui, après l'avoir porté et mis au monde, l'abandonne à des commanditaires ?

Qu'en est-il du nouveau-né qui se trouve séparé de la mère porteuse par deux fois : la première fois, naturellement, au moment où le cordon ombilical est coupé ; la seconde fois, artificiellement, au moment où les commanditaires l'emportent dans leur pays.

Qu'en est-il d'un enfant, né d'un géniteur, d'une génitrice, et d'une mère porteuse sans point commun et élevé par une personne (homme ou femme) ou un couple (hétérosexuel ou homosexuel) qui ne lui a rien apporté de sa chair et de son sang ? Où est sa famille ?

Ces méthodes et pratiques médicales, mises en œuvre dans la PMA-GPA, ne sont-elles pas le prélude à la dénaturation du patrimoine génétique humain ?

Dans la première phase, la PMA, le patrimoine génétique de l'enfant peut provenir du patrimoine génétique d'un homme et du patrimoine génétique d'une femme qui ne se connaissent pas et que l'enfant ne verra jamais de sa vie. La PMA, en coupant le lien entre les patrimoines génétiques d'un père et d'une mère et le patrimoine génétique de l'enfant, ne déshumanise-t-elle pas le sens naturellement attribué à la maternité et à la paternité ? Dans la seconde phase, la GPA, faire porter un ou des embryon(s), et faire mener un ou des fœtus à terme, par une femme sans lien avec les donneur(euse) de matériel génétique, sans lien avec les commanditaires, puis séparer le nouveau-né de cette mère porteuse, le privant ainsi de ses premières attaches pour, enfin, le remettre à des commanditaires qui, dans certains cas, ne lui ont rien apporté ni génétiquement, ni biologiquement, et qui l'ont obtenu par un contrat d'achat et de vente, n'est-ce pas bafouer les lois humaines au profit des lois mercantiles ?

Qui peut dire que l'éducation d'un enfant peut se faire en le séparant physiquement et psychiquement de son histoire d'avant la naissance, de l'histoire de sa mère et de son père génétiques, de l'histoire de sa mère biologique qui l'a porté en elle durant neuf mois ?

Quelle sera, demain, une société dont les hommes et femmes n'auront plus aucun repère génétique, biologique, historique dans leur biographie personnelle ? Quelle sera, demain, l'histoire collective d'individus dont les pistes pour retrouver le vrai père et la vraie mère génétiques, et pour retrouver la mère porteuse seront brouillées ? Le repère génétique et biologique, n'est-ce pas la première certitude essentielle pour un enfant destiné à devenir un homme ou une femme ?

Le nouveau-né de la GPA est un étranger livré à un(e) ou des commanditaires qui n'ont pas pensé à lui, l'enfant, mais à eux-à elles seul(e)s. Ces méthodes et pratiques médicales, utilisées dans le cadre de la PMA et de la GPA, sont les portes grandes ouvertes vers l'eugénisme : le patrimoine génétique de l'espèce humaine est en péril. À quand l'enfant parfait né d'un homme parfait et d'une femme parfaite en France ? Quels seront les critères de cette perfection et qui les définira ?

Le Code pénal et la protection de l'enfant (2000-2002)

En France, la GPA (Gestation Pour Autrui) tombe, en dehors de l'article 16 du Code civil, sous le coup de deux autres articles.

L'article 227-12 du Code Pénal précise :

« Le fait de provoquer soit dans un but lucratif, soit par don, promesse, menace ou abus d'autorité, les parents ou l'un d'entre eux à abandonner un enfant né ou à naître est puni de six mois d'emprisonnement et de 7.500 euros d'amende.

Le fait, dans un but lucratif, de s'entremettre entre une personne désireuse d'adopter un enfant et un parent désireux d'abandonner son enfant né ou à naître est puni d'un an d'emprisonnement et de 15.000 euros d'amende.

Est puni des peines prévues au deuxième alinéa le fait de s'entremettre entre une personne ou un couple désireux d'accueillir un enfant et une femme acceptant de porter en elle cet enfant en vue de le leur remettre. Lorsque ces faits ont été commis à titre habituel ou dans un but lucratif, les peines sont portées au double.

La tentative des infractions prévues par les deuxième et troisième alinéas du présent article est punie des mêmes peines. »

L'Article 227-13 du Code pénal stipule :

« *La substitution volontaire, la simulation ou dissimulation ayant entraîné une atteinte à l'état civil d'un enfant est punie de trois ans d'emprisonnement et de 45.000 euros d'amende.*

La tentative est punie des mêmes peines. »

L'état civil, premier acte écrit... acte de reconnaissance

La fiche d'état civil est le premier acte écrit d'identification d'un individu (enfant ou adulte), de la reconnaissance de sa vie sur le sol où il est né (que le sol soit français ou étranger), qui l'insère dans une communauté (couple, famille, clan, tribu, société). Il est essentiel, pour l'enfant qui a toute la vie devant lui, que cet acte ne soit pas falsifié lors de la première rédaction puisqu'il est susceptible d'être transcrit sur d'autres registres dans d'autres pays.

« *Décret du 3 août 1962 : Un ressortissant français dont l'acte d'état civil a été dressé à l'étranger peut le faire transcrire sur les actes de l'état civil français.* » (*Cour de Cassation, Communiqué, Articles relatifs à l'inscription à l'état civil d'enfants nés à l'étranger d'une GPA, 3 juillet 2015, Repères juridiques.*) Mais, cette transcription, est-elle automatique sur simple demande ?

Plus récent, cet article émet de sérieuses restrictions :

« *Art. 47 du Code civil : L'acte d'état civil d'un Français fait dans un pays étranger et rédigé dans les formes usitées dans ce pays fait foi, sauf si cet acte est irrégulier, falsifié ou que les faits qui y sont déclarés ne correspondent pas à la réalité.* » *(Idem.)*

Qu'en est-il d'un enfant qui, dès sa naissance, se trouve porteur d'un patrimoine génétique qui ne correspond, au mieux, qu'au patrimoine paternel (couple hétérosexuel, couple gay) et/ou maternel (couple hétérosexuel, couple lesbien), au pire, ni au patrimoine de celui qui se dit son père, ni au patrimoine de celle qui se dit sa mère, ni au patrimoine de la femme qui l'a porté et mis au monde ?

« *Art. 310-1 et suiv. du code civil : La filiation s'établit notamment par la reconnaissance paternelle et maternelle. La maternité peut être contestée par le ministère public en rapportant la preuve que la mère n'a pas accouché de l'enfant ; la paternité peut l'être en établissant que l'auteur de la reconnaissance n'est pas le père.* » *(Idem.)*

Le recours d'un couple hétérosexuel à la GPA pour avoir un enfant pose un problème essentiel puisque, si l'enfant peut être porteur du patrimoine génétique de l'homme qui sera le père, il l'est moins du patrimoine génétique de celle qui sera considérée comme sa mère car, souvent, la femme, qui ne peut porter un enfant, ne peut être la mère génétique. Lorsqu'un couple homosexuel recourt à la GPA, l'enfant commandité par un couple gay pourra être porteur du patrimoine génétique de l'un des deux hommes, alors que l'enfant commandité par un couple lesbien pourra être porteur du patrimoine génétique de l'une des deux femmes ; ceci dit, les couples de lesbiennes ne recourent souvent qu'à la PMA, car il est rare que celle des deux femmes qui apporte son patrimoine génétique ne puisse porter l'enfant. Les réticences opposées à la transcription, sur les registres de l'état civil français, d'un acte de naissance rédigé à l'étranger, incomplet ou, même, falsifié, ne sont pas incompréhensibles. Même si l'acte de l'accouchement s'est effacé, en juillet 2005, devant l'acte écrit :

« *Art. 311-25. - La filiation est établie, à l'égard de la mère, par la désignation de celle-ci dans l'acte de naissance de l'enfant.* »

Que le père ou la mère du nouveau-né ne soit pas français(e) ne pose, bien évidemment, aucun problème. Puisque, d'après l'Article 18 du code civil...

« *Est français l'enfant dont l'un des parents au moins est français.* »

Le problème est que, dans le cadre de la PMA, il y a souvent rupture entre le patrimoine génétique d'au moins une personne et le patrimoine génétique de l'enfant ; rupture à laquelle s'ajoute, dans le cadre de la GPA, une autre rupture : celle génétique et biologique entre les géniteur/génitrice et la mère porteuse. Et l'enfant, dans tout ça ? Au lieu d'être le fruit de son père et de sa mère qui le porte et qui va le mettre au monde, deux personnes qui, ensuite, vont l'élever, il est le produit de ruptures entre un homme et une femme, et entre l'homme/la femme et une mère porteuse. En conséquence, l'acte d'état civil incomplet, ou falsifié, ne correspond qu'en partie seulement, ou en rien, à l'origine existentielle et essentielle de l'enfant.

La banalisation de la PMA-GPA : avec quelles conséquences ? (2004-2010)

Le Code pénal, dans son Article 211-1, définit la notion de « *Génocide* » et énonce la sanction :

« *Constitue un génocide le fait, en exécution d'un plan concerté tendant à la destruction totale ou partielle d'un groupe national, ethnique, racial ou religieux, ou d'un groupe déterminé à partir de tout autre critère arbitraire, de commettre ou de faire commettre, à l'encontre de membres de ce groupe, l'un des actes suivants :*

- atteinte volontaire à la vie ;

- atteinte grave à l'intégrité physique ou psychique ;

- soumission à des conditions d'existence de nature à entraîner la destruction totale ou partielle du groupe ;

- mesures visant à entraver les naissances ;

- transfert forcé d'enfants.

Le génocide est puni de la réclusion criminelle à perpétuité.

Les deux premiers alinéas de l'article 132-23 relatif à la période de sûreté sont applicables au crime prévu par le présent article. »

Le Code pénal, dans son Article 211-2, stipule :

« *La provocation publique et directe, par tous moyens, à commettre un génocide est punie de la réclusion criminelle à perpétuité si cette provocation a été suivie d'effet.*

Si la provocation n'a pas été suivie d'effet, les faits sont punis de sept ans d'emprisonnement et de 100.000 € d'amende. »

D'invoquer ces lignes du Code pénal, ici, est-il exagéré ? N'est-il pas permis de se poser la question des conséquences de la PMA et de la GPA, à plus ou moins long terme, dans le fil des générations ? Il ne s'agissait, d'abord, que de permettre à quelques couples stériles d'avoir un enfant. Mais ? "L'enfer est pavé de bonnes intentions"... Dorénavant, la conception et la naissance d'enfants, dans le cadre de la PMA-GPA, touchent de plus en plus de pays du monde.

L'autorité parentale sur des enfants, nés de deux PMA, pour un couple de lesbiennes (2007-2008-2010)

Deux dames, Mme X. et Mme Y. vivent ensemble depuis 1989, en France. Dans le cadre de deux PMA (Procréations Médicalement Assistées), Mme X. a accouché d'une fille, A. X., en octobre 1998, et Mme Y. a accouché d'un garçon, B. Y., en novembre 2003. En mai 2002, elles avaient conclu « *un pacte civil de solidarité* ». Ayant eu affaire à des donneurs anonymes, seules les mères ont reconnu chacune leur enfant.

En 2006, l'une et l'autre saisissaient, conjointement, le juge aux affaires familiales, de deux demandes croisées de délégation d'autorité parentale : Mme X. sur sa fille, au profit de Mme Y., et Mme Y., sur son fils, au profit de Mme X. Ceci, du fait de l'absence de filiation paternelle, et en prévision du cas où l'une d'elles serait frappée d'un accident qui la mettrait dans l'incapacité d'exprimer sa volonté et qui mettrait l'autre dans l'impossibilité juridique de poursuivre le rôle d'éducation tenu, jusque-là, sur l'un et l'autre des enfants. Un jugement, daté du 11 décembre 2007, accueillait favorablement leur requête.

Mais la Cour d'appel de Douai, saisie de la demande, considérant que, pour Mmes X. et Y., les déplacements inhérents à leur métier n'étaient pas quotidiens mais exceptionnels, que le risque d'accidents, dans leur activité professionnelle comme dans celle domestique, était hypothétique, que leur situation était semblable à celle de toute personne exerçant seule l'autorité parentale, décidait, le 11 décembre 2008, qu'il ne saurait être fait droit à la demande et que le jugement déféré devait être réformé.

N'étant pas satisfaites de la décision rendue par la Cour d'appel de Douai, Mmes X. et Y. se pourvoyaient en cassation. Mais celles-ci n'ayant pu démontrer que leur situation particulière, et l'intérêt supérieur des deux enfants, exigeaient la délégation de l'autorité parentale de l'une à l'autre sur l'un et l'autre enfant devant la Cour d'appel de Douai, la Cour de cassation rejetait leur pourvoi. *(Éléments repris de l'Arrêt n°703 du 8 juillet 2010 (09-12.623) - Cour de cassation - Première chambre civile.)*

La mère et la « parente » d'un enfant, né d'une PMA, pour un couple de lesbiennes (2008-2010)

Une autre affaire trouve son dénouement, le 8 juillet 2010, dans le cadre d'un « *Conflit de juridictions* » : une « *Cassation sans renvoi* » est prononcée...

« *Vu l'article 509 du Code de procédure civile, ensemble l'article 370-5 du Code civil ;*

Attendu que le refus d'exequatur fondé sur la contrariété à l'ordre public international français de la décision étrangère suppose que celle-ci comporte des dispositions qui heurtent des principes essentiels du droit français ; qu'il n'en est pas ainsi de la décision qui partage l'autorité parentale entre la mère et l'adoptante d'un enfant ;

Attendu que Mme X..., de nationalité française, et Mme Y..., de nationalité américaine, vivant aux États-Unis ont passé une convention de vie commune, dite "domestic partnership" ; que par décision du 10 juin 1999, la Cour supérieure du Comté de Dekalb (État de Georgie) a prononcé l'adoption par Mme X... de l'enfant A..., née en 1999 à ... après insémination par donneur anonyme de Mme Y... ; que l'acte de naissance de l'enfant mentionne Mme Y... comme mère et Mme X... comme "parent", l'une et l'autre exerçant l'autorité parentale sur l'enfant ;

Attendu que pour refuser d'accorder l'exequatur au jugement étranger d'adoption, l'arrêt se borne à énoncer que, selon les dispositions de l'article 365 du Code civil, l'adoptante est seule investie de l'autorité parentale, de sorte qu'il en résulte que la mère biologique est corrélativement privée de ses droits bien que vivant avec l'adoptante ;

En quoi la cour d'appel a violé les textes susvisés, le premier par refus d'application, le second par fausse application ;

Et attendu que la Cour de cassation peut mettre fin au litige par application de la règle de droit appropriée, conformément à l'article L. 411-3 du Code de l'organisation judiciaire ;

Par ces motifs :

Casse et annule, en toutes ses dispositions, l'arrêt rendu le 9 octobre 2008, entre les parties, par la cour d'appel de Paris ;

Dit n'y avoir lieu à renvoi ;

Ordonne l'exequatur de la décision rendue le 10 juin 1999, entre les parties, par la Cour suprême du Comté de Dekalb (État de Georgie, États-Unis d'Amérique).» (Arrêt n°791 du 8 juillet 2010 (08-21.740) - Cour de cassation - Première chambre civile.)

Voici homologuée, en France, une décision rendue à l'étranger, dans l'État de Géorgie (États-Unis), qui accepte qu'un enfant ait deux parents de même sexe (une mère biologique et une mère adoptante).

À cette époque, le mariage entre deux personnes de même sexe et l'adoption d'un enfant qui fait, de deux personnes de même sexe, deux parents, étaient interdit(e) en France. Cette décision de la Cour de cassation, qui entérine la PMA (Procréation Médicalement Assistée) et ses conséquences quant au statut des deux femmes par rapport à l'enfant, n'ouvrait-elle pas la voie à la reconnaissance de faux liens de filiation entre un enfant et la compagne de sa mère biologique, entre un enfant et le compagnon de son père biologique, entre un enfant et une femme qui n'est ni la mère génétique, ni la mère gestatrice, reconnaissance qui brouille la filiation réelle donnée naturellement par le patrimoine génétique ? N'ouvrait-elle pas la voie à la GPA en France ?...

Cette soumission du droit français au droit étranger - étatsunien - n'est-ce pas le début de la fin du droit, pour certains pays, à régir la société qui les compose ?

La mise en cause du droit familial et de ses institutions (2005-2011)

Les personnes (isolées ou en couples), qui recourent à une GPA (Gestation Pour Autrui) dans un pays étranger, ne peuvent ignorer dans quels autres pays elle est interdite. Lorsqu'elles reviennent en France avec le bébé, en se faisant passer pour les pères et mères alors qu'elles peuvent n'avoir qu'un seul ou aucun point commun biologique avec lui, elles contreviennent, en toute connaissance de cause, à la loi française, notamment à l'article 16 du Code civil, créé par la Loi n°94-653 du 29 juillet 1994 - article 2 JORF du 30 juillet 1994, et tombent sous le coup des articles 227-12 et 227-13 du Code pénal, modifié par Ordonnance n°2000-916 du 19 septembre 2000 - art. 3 (V) JORF 22 septembre 2000 en vigueur le 1er janvier 2002.

Dans le droit français, la mère d'un enfant était celle qui avait, par accouchement, donné naissance à cet enfant. Mais l'article 311-25 du Code civil, déjà cité, rompait avec cet acte réel : « *La filiation est établie, à l'égard de la mère, par la désignation de celle-ci dans l'acte de naissance de l'enfant.* » À partir de cet article 311-25, l'acte civil peut accepter une femme comme mère, suivant l'acte de naissance, sans tenir compte de l'acte réel de l'accouchement : il s'agit, là, ni plus ni moins, d'un déni de réalité. Mais la GPA (Gestation Pour Autrui) reste interdite en France. Plus pour très longtemps...

Trois couples en dehors de la loi française jouent le rapport de force (1998-2011)

À la fin des années 1990 et au début des années 2000, trois couples français étaient allés à l'étranger, où ils avaient signé, dans deux États acceptant la GPA aux États-Unis, une convention pour avoir des bébés. Ces conventions - véritables contrats marchands - étaient alors homologuées par des juges états-uniens qui, en conformité avec le droit des deux États où étaient nés les enfants, déclaraient, dans les actes d'état civil, les commanditaires, "parents des enfants". Aussitôt de retour en France, les trois couples croyaient pouvoir obtenir la transcription des actes de naissance, dressés aux États-Unis et qui faisaient, d'un père et/ou d'une mère imaginaires, un père et/ou une mère réel(le)s, sur les registres d'état civil au service central de Nantes (France) : cette transcription ne devait être qu'un tour de passe-passe entériné par une simple formalité.

Mais c'était sans compter sur le droit français qui, tout de même, veille sur l'adéquation entre les actes écrits et les faits réels. La Cour d'appel de Paris ne donnant pas satisfaction aux deux premiers couples et celle de Douai, pas davantage au troisième, les trois couples allaient se pourvoir en cassation.

Le 6 avril 2011, la Cour de cassation rejetait les pourvois faits par les trois couples, et rendait trois arrêts, n°s 369, 370, 371, qui devaient, sinon mettre fin, du moins mettre un frein aux contrats portant sur des bébés commandés, produits et livrés à des commanditaires, dans les pays où la GPA est légale, et à l'importation de ces bébés en France où la GPA est interdite ; trois arrêts importants qui devaient faire face aux rapports de force exercés par certains mouvements LGBT (des Lesbiennes, Gays, Bisexuel(le)s, Transgenres et Transexuel(le)s), aux États-Unis et en France, pour imposer la GPA (Gestation Pour Autrui) dans les États où elle est interdite.

Pour faire pression sur le droit français, fut opposé l'article 3-1 de la Convention internationale des droits de l'enfant, faite à New-York le 26 janvier 1990 : *« Dans toutes les décisions qui concernent les enfants, qu'elles soient le fait des institutions publiques ou privées de protection sociale, des tribunaux, des autorités administratives ou des organes législatifs, l'intérêt supérieur de l'enfant doit être une considération primordiale. »* *(Les apports de la Convention internationale des Droits de l'Enfant, page 5.)* Mais, « *l'intérêt supérieur de l'enfant* », est-il « *une considération primordiale* » dans la mesure où il est né d'un contrat ?

Et puis, fut opposé l'article 1er de la Déclaration des droits de l'homme et du citoyen du 26 août 1789 : *« Les hommes naissent et demeurent libres et égaux en droits. Les distinctions sociales ne peuvent être fondées que sur l'utilité commune. »* *Puisqu'il est souvent fait référence, en ce XXIème siècle, à la « Déclaration des droits... »,* en quoi les... « *distinctions sociales »*, entre des couples qui peuvent financer l'obtention d'un bébé né d'une GPA à l'étranger et des couples qui ne le peuvent pas, sont-elles « *d'utilité commune* » ?

Enfin, fut opposé l'article 8 de la Convention de sauvegarde des droits de l'homme et des libertés fondamentales : *« 1. Toute personne a droit au respect de sa vie privée et familiale, de son domicile et de sa correspondance. 2. Il ne peut y avoir ingérence d'une autorité publique dans l'exercice de ce droit que pour autant que cette ingérence est prévue par la loi et qu'elle constitue une mesure qui, dans une société démocratique, est nécessaire à la sécurité nationale, à la sûreté publique, au bien-être économique du pays, à la défense de l'ordre et à la prévention des infractions pénales, à la protection de la santé ou de la morale, ou à la protection des droits et libertés d'autrui. »* *(Convention de sauvegarde des Droits de l'Homme et des Libertés fondamentales telle qu'amendée par les Protocoles n°11 et n°14.)* Le respect des enfants, futurs adultes, est-il sauvegardé dans le cadre d'une PMA-GPA ?

Aux diverses organisations de pression, étaient rappelés les principes essentiels du droit français, notamment ces deux articles 16-7 et 16-9 du Code civil, déjà cités.

« *Art. 16-7.* - *Toute convention portant sur la procréation ou la gestation pour le compte d'autrui est nulle.* »

« *Art. 16-9.* - *Les dispositions du présent chapitre sont d'ordre public.* »

D'une part, la Cour de cassation rejetait la filiation établie à partir d'une convention faite dans le cadre de la GPA (Gestation Pour Autrui), certes licite et reconnue là où les enfants sont nés, mais interdite en France. D'autre part, elle jugeait que le refus de transcription de l'acte de naissance, rédigé à l'étranger, ne privait pas les enfants de la filiation qui leur avait été reconnue à l'étranger et ne les empêchait pas de vivre avec leurs parents (de pères biologiques, de mères adoptantes).

Les trois couples allaient bénéficier d'une grande clémence de la justice française. Car leur contravention, en toute connaissance de cause, à la loi française aurait dû les mener devant la Cour pénale et aboutir à une peine d'emprisonnement et à différentes amendes. Si ces trois couples avaient appartenu à la petite bourgeoisie ou au peuple, s'en seraient-ils sortis aussi facilement ? En outre, le délit devait conduire à un placement des enfants dans un foyer. Il s'agit d'un délit dont la plupart des protagonistes ne mesurent peut-être pas toute la gravité : les répercussions de ce délit, sur la société dans son ensemble, vont être cinglantes dans le temps.

Les technologies médicales de Procréation et de Gestation Pour Autrui, sous le prétexte de donner du bonheur à un homme et/ou à une femme, à deux hommes, à deux femmes, qui ne peuvent procréer et porter un enfant jusqu'à sa mise au monde selon les lois de la nature, remettent en cause, non seulement le droit familial et ses institutions, mais l'être humain. Il n'est guère possible de modifier, impunément, la descendance d'une personne - aujourd'hui, enfant, demain, adulte - sans qu'il n'y ait de terribles conséquences sur l'espèce humaine et donc sur le cours de l'humanité.

L'Italie et la CEDH (Cour Européenne des Droits de l'Homme) (2011-2013)

En Italie, Mr G. C. et Mme D. P., qui sont époux et épouse, résident dans une commune de quelque 2.000 habitant(e)s. Le recours à la PMA (Procréation Médicalement Assistée) ne leur ayant pas donné d'enfant, le couple a signé une convention avec une société sise en Russie pour avoir un enfant dans le cadre d'une GPA (Gestation Pour Autrui). Le bébé est né le 27 février 2011 à Moscou. L'acte de naissance de l'enfant a été enregistré, en avril, conformément au droit russe, avec, pour « parents », Mr G. C. et Mme D. P., sans qu'il soit fait mention d'une mère porteuse.

Le Consulat d'Italie à Moscou laissait partir le couple avec les documents nécessaires. De retour à leur domicile italien, Mr C. se voyait refuser, par la municipalité où il vit avec son épouse, l'enregistrement du certificat de naissance. Le Consulat d'Italie à Moscou venait de signaler au tribunal des mineurs de la ville voisine, au ministère des Affaires étrangères et à la commune de résidence des époux C. et P., que l'acte de naissance de l'enfant était falsifié.

« Le 5 mai 2011, Mme Paradiso et M. Campanelli furent mis en examen pour « altération d'état civil », et infraction à la loi sur l'adoption, pour avoir amené l'enfant en Italie au mépris des lois italiennes et internationales et sans respecter l'agrément à l'adoption obtenu en décembre 2006 qui excluait l'adoption d'un enfant en si bas âge. Le même jour, le ministère public près le tribunal pour mineurs de Campobasso demanda l'ouverture d'une procédure d'adoptabilité, l'enfant étant dans un état d'abandon au sens de la loi italienne. » (Communiqué de presse du Greffier de la Cour - CEDH 028(2015) 27.01.2015, L'intérêt supérieur d'un enfant né d'une gestation pour autrui à l'étranger aurait dû primer dans les décisions des autorités italiennes.)

Un test ADN, effectué trois mois après, en août 2011, devait révéler que Mr C., pas plus que Mme P., n'avait un lien biologique avec l'enfant. Le 20 octobre, le tribunal pour mineurs mettait l'enfant sous tutelle et les faux parents étaient, quant à eux, considérés comme ayant contrevenu à la loi italienne.

En janvier 2013, l'enfant, sans identité aucune, était placé dans une famille d'accueil, en lieu sûr, inconnu de Mr C. et de

Mme P. Trois mois plus tard, en avril, la falsification et le refus de transcription de l'acte de naissance de l'enfant étaient confirmé(e). Mr C. et Mme P. devaient plaider leur bonne foi et disaient ignorer que les cellules reproductrices de Mr C. n'avaient pas été utilisées pour la constitution de l'embryon. L'enfant allait recevoir une nouvelle identité et être déclaré de parents inconnus. Le 5 juin, Mr C. et Mme P., n'étant pas les parents de l'enfant, se voyaient refuser la possibilité d'adopter l'enfant.

Les requérant(e)s, Mr C. et Mme P., ont décidé de recourir à la CEDH (Cour Européenne des Droits de l'Homme), notamment à son article 8. La CEDH prit en considération le fait que Mr C. et Mme P. s'étaient comporté(e) comme des parents durant les six mois passés avec le bébé. Elle s'inquiéta de savoir si le droit national (italien) avait ménagé l'équilibre entre l'intérêt public et les intérêts privés du couple, et affirma la primauté de l'intérêt de l'enfant sur toute autre considération : lien génétique, parental ou autre... Les autorités italiennes avaient déclaré les « *parents* » incapables d'aimer et d'éduquer l'enfant parce qu'ils avaient contrevenu à la loi italienne. Quant à l'enfant, il était désavantagé d'être né d'une GPA.

La CEDH considéra que les autorités italiennes n'avaient pas pris en compte tous les éléments nécessaires avant d'extraire l'enfant du foyer de Mr C. et de Mme P. pour l'envoyer vers les services sociaux qui le placèrent dans une famille d'accueil. En vertu de l'article 8, elle condamna l'Italie à verser au couple la somme de 20.000 euros en dédommagement moral et 10.000 euros pour frais et dépens. Sans pour autant permettre à ce couple de vivre avec l'enfant. Les autorités italiennes et la CEDH, se seraient-elles comportées de telle façon si le couple, qui vivait dans une commune de quelque 2.000 habitant(e)s, avait été plus fortuné et avait pu arguer de relations influentes... *(Éléments repris du Communiqué de presse du Greffier de la Cour - CEDH 028(2015) 27.01.2015, "L'intérêt supérieur d'un enfant né d'une gestation pour autrui à l'étranger aurait dû primer dans les décisions des autorités italiennes".)*

Avec la démocratisation de la PMA-GPA, combien de petits garçons et de petites filles, né(e)s d'une PMA-GPA, commenceront leur vie par le sas des services sociaux pour être placé(e)s dans des familles d'accueil ? Il y a les enfants de la DASS (Direction des Affaires Sanitaires et Sociales) ; il y aura les enfants de la GPA (Gestation Pour Autrui) qui se poseront les mêmes questions : "Qui sont mes parents ?" "Où sont mes parents ?" Combien de garçons et de filles - adolescent(e)s se poseront les mêmes questions : "Pourquoi m'ont-ils menti ?" "Pourquoi ne m'ont-ils pas dit la vérité ?" Combien d'hommes et de femmes, devenu(e)s adultes, se poseront les mêmes questions : "Comment a-t-on pu me faire dans ces conditions-là ?" "Comment celle qui m'a porté(e) a pu m'abandonner ?" Combien d'enfants, d'adolescents, d'adultes ne sauront jamais qui sont leurs parents biologiques et leur mère porteuse, et, même, qui sont leurs commanditaires ?

Des attaques contre le droit français (2011-2012-2013)

En principe, l'État français, en tant que signataire de la Convention de La Haye de 1961, ne peut pas contester la véracité d'un acte de naissance établi à l'étranger. Mais l'administration française ne peut être obligée de valider le contenu de l'acte si celui-ci est contraire à son droit privé sur la famille : si, par exemple, cet acte est irrégulier, falsifié ou si les déclarations qui y sont faites ne correspondent pas à la réalité.

Mr Frédéric A. s'est rendu le 18 janvier 2011, au Consulat général de France à Bombay (Inde), pour y demander la transcription des actes de naissance indiens de jumelles, S.B. et K.R., nées à Bombay, en décembre 2010, et la délivrance de passeports pour elles. Mais, le consul général, soupçonnant, derrière ces naissances, l'existence d'une convention signée dans le cadre d'une GPA interdite en France, allait saisir le procureur de la république près le Tribunal de Grande Instance de Nantes qui, le 17 mars 2011, refuserait la transcription des actes de naissance de ces jumelles sur les registres de l'état civil français.

Cependant, le Conseil d'État (par son Ordonnance du 4 mai 2011, requête numéro 348778), reculait et considérait que les autorités françaises, en refusant l'entrée sur le territoire des enfants nés d'une GPA à l'étranger, lésaient l'intérêt supérieur de l'enfant. S'appuyant sur cette Ordonnance, le ministre d'État, ministre des Affaires Étrangères et Européennes de l'époque autorisait M. Frédéric A., par la délivrance d'un « *document de voyage* », à entrer sur le territoire français avec les enfants.

Pour finir, le Conseil d'État ordonnait, entre autres, le rejet du recours n° 348778 du ministre d'État, ministre des Affaires Étrangères et Européennes ; l'État français devait verser la somme de 3.000 euros à M. Frédéric A. *(Éléments repris du Conseil d'État, Ordonnance, 4 mai 2011, Ministre d'État, ministre des affaires étrangères et européennes, requête numéro 348778, mentionné aux tables.)*

Autrement dit, une personne (homme ou femme), un couple (hétérosexuel ou homosexuel) peuvent se mettre - sciemment - dans une situation quasiment inextricable qui contrevient au droit français, et c'est l'État français qui doit, au bout du compte, verser un dédommagement financier à cette personne ou à ce couple, dédommagement pris sur les contribuables...

Lors de la session extraordinaire de 2011-2012, le Sénat s'apprêtait à faire reculer davantage encore le droit français en présentant une proposition de loi destinée à autoriser la transcription, à l'état civil français, des actes de naissance rédigés à l'étranger d'enfants nés de GPA. Il s'agissait d'intégrer, dans le Code civil, l'article 336-2 stipulant ceci : « *Lorsque l'état civil de l'enfant a été établi par une autorité étrangère en conformité avec une décision de justice faisant suite à un protocole de gestation pour autrui, cet état civil est transcrit dans les registres français sans contestation possible aux conditions que la décision de justice soit conforme aux lois locales applicables, que le consentement libre et éclairé de la femme qui a porté l'enfant soit reconnu par cette décision et que les possibilités de recours contre cette décision soient épuisées.* » *(Sénat. N°736. Session extraordinaire de 2011-2012. Enregistré à la Présidence du Sénat le 31 juillet 2012. Proposition de Loi. Article unique. Après l'article 336-1 du Code civil, insertion de l'article 336-2.)* Le projet a été enregistré le 31 juillet 2012, mais il n'a pas eu la suite escomptée par les couples qui ont obtenu des enfants dans le cadre d'une convention de GPA (Gestation Pour Autrui).

Étrangement, une circulaire, datée du 25 janvier 2013, « *d'application immédiate* », émanant de la ministre de la Justice, était adressée « *aux greffiers en chef des tribunaux d'instance, ainsi qu'aux procureurs généraux et aux procureurs de la République afin de faciliter la délivrance de certificats de nationalité française (CNF) aux enfants nés à l'étranger de Français* « *lorsqu'il apparaît, avec suffisamment, de vraisemblance, qu'il a été fait recours à une convention portant sur la procréation ou la gestation pour le compte d'autrui* ». » (*Revue Générale du Droit, "La France contrainte de faire primer l'intérêt supérieur de l'enfant issu d'une GPA", 15 septembre 2014.*) Le cabinet de la ministre apportait tout de même cette restriction : « *La circulaire ne concerne pas la transcription des actes d'état civil étrangers sur le registre d'état civil français.* » (*Idem.*) La fausse filiation ne pouvait donc pas apparaître sur le livret de famille.

Tout cela… au nom de l'intérêt supérieur de l'enfant. Sans tenir compte de la réalité qui est que, dans le cadre d'un contrat de GPA, l'une, au moins, des deux personnes constituant le couple hétérosexuel ou homosexuel, ne peut apporter, soit par défaillance physiologique, soit par impossibilité naturelle, son patrimoine génétique à cet enfant et que l'enfant se développe dans le corps d'une mère porteuse étrangère aux commanditaires.

Le mariage gay et lesbien entre dans le Code civil ; la GPA aussi ! (17 mai 2013)

Et donc, la Gestation Pour Autrui ne s'est bientôt plus limitée, dans son utilisation, aux couples dont la femme ou l'homme ou les deux sont défaillant(e)s sur le plan physiologique. Elle se limite d'autant moins à ces couples qu'elle est coûteuse et que sa rentabilité ne peut s'obtenir qu'en élargissant son cadre d'utilisation : les couples homosexuels peuvent, d'ores et déjà, constituer une clientèle assurée dans le temps.

D'autant plus que le Code civil validait, par la Loi n°2013-404 du 17 mai 2013, le mariage des homosexuels en France :

« *Art. 143. - Le mariage est contracté par deux personnes de sexe différent ou de même sexe.* »

D'autant plus que le Code civil validait, par la même loi, la filiation adoptive pour les couples homosexuels :

« *Art. 6-1. - Le mariage et la filiation adoptive emportent les mêmes effets, droits et obligations reconnus par les lois, à l'exclusion de ceux prévus au titre VII du livre 1er du présent Code, que les époux ou les parents soient de sexe différent ou de même sexe.* » ;

« *2° Au a de l'article 34, les mots : « père et mère » sont remplacés par le mot : « parents »* » ;

3° Au dernier alinéa de l'article 75, les mots : « mari et femme » sont remplacés par le mot : « époux » ;

[...]. » *(Les points de suspension entre crochets sont de l'auteuse.)*

Le 17 mai 2013, le mariage gay remettait en cause les notions utilisées, pour les couples hétérosexuels, dans le Code civil français. Il faisait glisser le « *mari* » et la « *femme* » vers le générique masculin pluriel : « *époux* », faisant disparaître la femme sans laisser de trace ; quant aux lesbiennes, devenues des « *époux* », elles apprécieront... Le même jour, la filiation adoptive, concernant les gays et les lesbiennes, faisait glisser les notions de « *père* » et de « *mère* » vers le générique masculin pluriel : « *parents* », faisant disparaître le père génétique, la mère génétique qui porte l'enfant et qui le met au monde, pour un terme qui devient de plus en plus vague...

Le bébé : un « projet parental » mais, souvent, couples varient...

Dans un monde, où les relations interpersonnelles ne sont pas ce qu'il y a de plus fiables, où le mariage hétérosexuel n'est plus/pas la garantie absolue contre la séparation des couples, et où l'enfant, prétendument désiré jusqu'à naître de la GPA, ne l'est pas davantage, où les familles se composent, se décomposent et se recomposent, où est la place de l'enfant ? Le mariage homosexuel (gay ou lesbien), s'inscrira-t-il dans le conformisme hétérosexuel jusqu'à la décomposition et recomposition familiales, avec un ou des enfants de la PMA-GPA à chaque recomposition ? Non seulement, les couples se séparent mais les fratries éclatent en morceaux : fratrie de mère, fratrie de père ; bientôt, fratrie de ni père ni mère ou, plutôt fratrie de pères et de mères inconnu(e)s.

C'est pourquoi les centres de PMA-GPA doivent, malgré la volonté affichée des couples d'avoir un enfant, compter avec la fragilité du couple lui-même et avec celle du « *projet parental* » et faire signer une convention aux parties contractantes dont les commanditaires. En France, par exemple, les services de la PMA assurent un suivi du « *projet* » en attente :

« *Si vous ne répondez pas aux relances annuelles de votre centre d'AMP ou que vous êtes tous les deux en désaccord, la conservation des embryons ne peut être prolongée. Après cinq ans de congélation, les embryons sont alors détruits.*

En cas de séparation du couple, le projet parental s'arrête et de ce fait la possibilité de transfert des embryons congelés. Les deux membres du couple devront alors choisir l'une des trois possibilités offertes dans la loi en cas d'arrêt du projet parental.

En cas de décès de l'un des conjoints, la loi ne permet pas le transfert des embryons. La personne en deuil sera accompagnée par l'équipe médicale pour sa prise de décision.

Dans tous les cas, le consentement est exprimé par écrit et fait l'objet d'une confirmation écrite après un délai de réflexion de trois mois. » (Assistance médicale à la procréation, « La conservation des embryons », Agence de la biomédecine - Agence relevant du ministère de la santé, "Des situations particulières qui peuvent mettre fin au projet parental", page 13.)

Voici qui en dit long sur le désir réel des couples (hétérosexuels ou homosexuels) d'avoir un enfant... Celui-ci n'est jamais inscrit que dans un « *projet parental* » qui peut changer très vite. Faut-il ajouter que les couples ayant recours à la PMA en France, et à la PMA-GPA dans d'autres pays, pour avoir un enfant, sont, comme les autres couples, dans la société ?

Et, donc, sujets à une sorte de *zapping* selon les variations de la pensée et de la volonté...

Dans un contexte d'utilisation médicale de techniques de pointe non dénuée de risques, les promesses d'enfant ne peuvent être faites en l'air entre un couple demandeur plein de reconnaissance et une génitrice et une mère porteuse particulièrement généreuses, même si ces sentiments peuvent exister, mêlés à d'autres. Ces promesses - il faut y insister - sont nécessairement fondées sur un engagement en bonne et due forme, c'est-à-dire sur un contrat écrit entre la ou les personne(s) qui commandite(nt) le bébé, le géniteur et/ou la génitrice, et la mère porteuse qui ne fait pas que recueillir un ou des embryon(s) dans l'intimité de son corps et que le(s) mener à l'état de fœtus, puis porter ces fœtus à terme, mais qui nourrit le(s) futur(s) bébé(s) de sa propre substance durant les neuf mois de grossesse.

En médecine, pas plus que dans d'autres domaines, le risque zéro n'existe : une mère porteuse, qui mène une grossesse à terme, jusqu'à l'accouchement donc, prend - comme toutes les femmes qui enfantent mais à la place d'une autre femme - les risques liés à l'événement qui peut être doublé, triplé, ou plus, et qui peut obliger à une césarienne ou même entraîner sa propre mort à elle. Il est donc difficile d'accepter le fait qu'une femme prêterait son corps dans le cas d'une PMA-GPA (Gestation Pour Autrui), de façon purement gratuite, pour le plaisir de rendre service à une personne ou à un couple qu'elle ne reverra peut-être jamais.

Qui dit commanditaire(s) et productrice dit contrat, qui dit contrat dit marché, qui dit marché dit clientèle à étendre... Les notions de « *mari* » et de « *femme* » et les notions de « *père* » et de « *mère* » ayant disparu, dans l'article 6-1 de la Loi n°2013-404 du 17 mai 2013, pour d'autres, moins précises, plus exclusives, ces changements de notions ne pouvaient qu'être suivis d'autres modifications dans l'état civil : ce serait chose faite le même jour.

Qu'en est-il de l'état civil de l'enfant ? (17 mai 2013)

Le Code civil, dans son chapitre IV intitulé « *Dispositions de coordination* », stipule à l'article 34, modifié par la Loi n°2013-404 du 17 mai 2013 - article 13, ce qui suit :

« *Les actes de l'état civil énonceront l'année, le jour et l'heure où ils seront reçus, les prénoms et noms de l'officier de l'état civil, les prénoms, noms, professions et domiciles de tous ceux qui y seront dénommés.*

Les dates et lieux de naissance :

a) Des parents dans les actes de naissance et de reconnaissance ;

b) De l'enfant dans les actes de reconnaissance ;

c) Des époux dans les actes de mariage ;

d) Du décédé dans les actes de décès,

seront indiqués lorsqu'ils seront connus. Dans le cas contraire, l'âge desdites personnes sera désigné par leur nombre d'années, comme le sera, dans tous les cas, l'âge des déclarants. En ce qui concerne les témoins, leur qualité de majeur sera seule indiquée. »

Il est clair, à travers ces « *Dispositions* », que les notions de « *mari* » et de « *femme* » et de « *père* » et de « *mère* », qui ne figurent plus dans les articles de droit civil concernant le mariage et la filiation, se perdent dans le brouillard de plus en plus épais de la PMA-GPA : le père géniteur et/ou la mère génitrice, et la mère porteuse ne sont pas connu(e)s ; les noms et prénoms du père et/ou de la mère imaginaires prennent la place des noms et prénoms du père et/ou de la mère réel(le)s. Quelle valeur peut avoir un état civil qui n'est qu'un embrouillamini de vraies et de fausses filiations, ou une fiche trouée de points de suspension ? Or, l'état civil, n'est-ce pas, pour l'enfant, le premier texte écrit, officiel, de sa biographie personnelle ?

La CEDH (Cour Européenne des Droits de l'Homme) s'en mêle. Le droit français résiste (2011-2014)

Les deux affaires, concernant les couples français, Mennesson et Labassée, sont en cours en 2014. Ces deux couples, ayant commandité un enfant aux États-Unis, les époux-épouse Mennesson sont revenus en France avec deux sœurs jumelles qui sont nées le 25 octobre 2000 en Californie, les époux-épouse Labassée, avec une fille née en octobre 2001 dans l'État du Minnesota. Formés avec des cellules reproductrices provenant des deux hommes et des cellules féminines prélevées sur deux donneuses états-uniennes, les embryons ont été menés à terme par des mères porteuses, états-uniennes elles aussi. Les États-Unis ayant légalisé, dans certains de leurs États, la GPA, des jugements avaient accordé la qualité de « *mères légales* » à ces "mères" non génétiques, non gestatrices, et des actes de naissance avaient été rédigés qui faisaient de ces mères imaginaires des mères réelles.

Le droit français, étant mis devant le fait accompli par le droit états-unien, le Parquet de Nantes, qui, dans un premier temps, avait demandé la transcription des actes de naissance états-uniens, concernant les jumelles rapatriées par le couple Mennesson, sur les registres de l'état civil français, s'était, dans un second temps rétracté en demandant l'annulation. Mais la Cour d'appel avait, pour condamner ce revirement du Parquet de Nantes, argué du « *principe d'estoppel* », ainsi défini par Serge Braudo :

« *Selon le principe d'estoppel une partie ne peut se prévaloir d'une position contraire à celle qu'elle a prise antérieurement lorsque ce changement se produit au détriment d'un tiers [...].* » (*Dictionnaire du droit privé de Serge Braudo, Conseiller honoraire à la Cour d'Appel de Versailles. "Définition de Principe d'Estoppel". Les points de suspension sont de l'auteuse.*)

Dans les trois affaires qui avaient donné lieu, le 6 avril 2011, aux trois arrêts 369, 370, 371, la Cour de Cassation (la plus haute juridiction) avait approuvé, le même jour, l'annulation de la transcription des actes de naissance étrangers sur les registres de l'état civil français, en reprenant la définition consacrée par son arrêt du 8 juillet 2010 :

« *[...] est contraire à l'ordre public international français la décision étrangère qui comporte des dispositions qui heurtent des principes essentiels du droit français.* »

(Cour de cassation, Communiqué de la Première présidence relatif aux arrêts 369, 370 et 371 du 6 avril 2011 rendus par la Première chambre civile.)

La PMA (Procréation Médicalement Assistée) et la GPA (Gestation Pour Autrui), étant présentées comme la panacée universelle pour les couples ne pouvant avoir des enfants naturellement, de plus en plus de couples (hétérosexuels et homosexuels) partent dans les pays où la GPA (Gestation Pour Autrui) est légale.

Michel Farge, maître de conférences en droit privé à l'Université de Grenoble et directeur du CRJ (Centre de Recherches Juridiques), résume ainsi le fond des réticences du droit français à la GPA et à ses conséquences :

« *Pour refuser de reconnaître ou d'établir la filiation, plusieurs arguments liés ont été avancés : 1° Affirmer l'attachement de la France à la prohibition de la gestation pour autrui et ne pas être complice de sa violation à l'étranger en acceptant la filiation des enfants qui en sont issus ; 2° Défendre l'intérêt général des enfants - c'est-à-dire l'intérêt apprécié in abstracto -, intérêt que mépriserait une venue au monde à l'aide d'une mère porteuse ; 3° Éviter l'effet subversif sur l'interdit national que produirait la reconnaissance en France de la filiation obtenue à l'étranger par les parents d'intention ; 4° Dissuader les ressortissants français de cette forme de tourisme procréatif ; 5° Ne pas céder devant le fait accompli à l'étranger ; 6° Ne pas créer une inégalité entre les couples stériles selon qu'ils ont ou non les moyens financiers de recourir à une mère porteuse à l'étranger.* » (Commentaire par Michel Farge, de l'article "La filiation des enfants issus d'une GPA à l'étranger : la CEDH se livre à un bon diagnostic des incohérences du droit français, mais prescrit un remède discutable !", RDLF (Revue des Droits et Libertés Fondamentaux), 2014, chron. n°21.)

La GPA est le recours utilisé par des personnes ou des couples qui peuvent financer les allers-retours entre la France et le pays où a été signée la convention relative à la commande/production/cession d'un enfant, qui ressemble à un contrat d'achat/vente, et des avocats pour défendre leur situation illégale. Quant aux personnes et aux couples qui ne disposent pas de l'argent nécessaire pour effectuer ces démarches à l'étranger et pour payer des avocats, ils-elles ne peuvent vivre cette impossibilité que comme une inégalité de plus. Pour vaincre les réticences du droit français à se plier au droit étranger en acceptant la transcription d'actes de naissance falsifiés, établis dans les pays où la GPA est légale, les arguments avancés montrent à quel point l'enfant paraît être irrémédiablement, derrière un prétendu intérêt supérieur affiché, l'objet d'un marché en passe de devenir très lucratif dans la mesure où le nombre de personnes, stériles ou pas, s'accroît au fil des décennies. Michel Farge écrit :

« *Pour admettre leur filiation en France, on oppose aux premiers arguments : 1° L'impuissance de l'État français face à l'existence d'un marché de la procréation accessible à tous au sein d'un monde globalisé ; 2° La possibilité de dissocier la question de la licéité du contrat de gestation pour autrui de celle du sort des enfants ; 3° L'intérêt concret des enfants issus d'une gestation pour autrui à disposer d'un statut juridique conforme à la réalité sociale ; 4° Les droits fondamentaux des enfants, mais aussi des parents d'intention ; 5° Et, enfin, une vieille évidence : les enfants n'ont pas à être sanctionnés à raison des conditions de leur engendrement.* » *(Idem.)*

Depuis les années 1990, des personnes (isolées ou en couples) se sont permis de braver le droit civil et le droit pénal français en rapatriant en fraude des enfants nés d'une GPA. Plusieurs questions viennent à l'esprit… Pourquoi, ces personnes, ne décident-elles pas de vivre dans le pays où les enfants sont nés ? Est-il possible qu'une minorité de Français(es) puisse ainsi faire à sa guise, au mépris du droit français ? Quel avenir, pour quelle société française, avec des comportements anarchiques réservés à quelques personnes, détentrices de moyens financiers leur permettant de s'offrir des enfants à l'étranger et de combattre, durant des années, la justice française ? Quel avenir, pour quelle société française, lorsqu'un comportement, considéré comme antinaturel mais exceptionnel, tend à se généraliser ?

La CEDH (Cour Européenne des Droits de l'Homme) et ses sanctions... (26 juin 2014)

Les couples Mennesson et Labassée, qui se trouvent en porte-à-faux par rapport au droit français, après avoir tenté de faire plier celui-ci devant une situation dans laquelle ils se sont placés, en toute connaissance de cause, ont saisi la justice européenne pour atteinte à leur vie privée, obstacle au droit pour eux de fonder une famille, et pour discrimination.

La CEDH (Cour Européenne des Droits de l'Homme), qui prétend imposer son droit aux États signataires de la Convention de La Haye de 1961, parmi lesquels figure l'État français, les oblige progressivement à abandonner leur droit national.

Dans les deux cas concernant les couples Labassée et Mennesson, la CEDH allait reconnaître, à l'unanimité, qu'il y avait... « *Non-violation de l'article 8 (droit au respect de la vie privée et familiale) de la Convention européenne des droits de l'homme s'agissant du droit des requérants au respect de leur vie familiale.* » *(Cour Européenne des Droits de l'Homme, Communiqué de presse du Greffier de la Cour - CEDH 185 (2014), 26 juin 2014, « Interdire totalement l'établissement du lien de filiation entre un père et ses enfants biologiques nés d'une gestation pour autrui à l'étranger est contraire à la Convention », page 1.)* Mais, qu'il y avait... « *Violation de l'article 8 s'agissant du droit des enfants au respect de leur vie privée.* » *(Idem, page 1.)*

Sans doute, l'essentiel de la décision de la CEDH, du 26 juin 2014, se trouve ici : les enfants sont des héritier(ière)s. Et, donc, si le droit français en restait là, les intérêts des jumelles, nées en Californie pour le compte de Mr et Mme Mennesson, risqueraient d'être lésés... « *La Cour relève en outre qu'elles ne peuvent hériter des époux Mennesson qu'en tant que légataires, les droits successoraux étant alors calculés de manière moins favorable pour elles ; elle voit là un autre élément de l'identité filiale dont elles se trouvent privées.* » *(Idem, page 4)*

L'intérêt supérieur des enfants, serait-il niché, selon la Cour Européenne des Droits de l'Homme), dans les droits successoraux ? En tout cas, cette Cour renvoie le droit français à la « Déclaration des Droits de l'Homme et du Citoyen du 26 août 1789 », qui est, faut-il le rappeler, une déclaration bourgeoise rédigée par des hommes de la grande bourgeoisie en vue de privilégier les intérêts de leur classe : « *Art. 17. La propriété étant un droit inviolable et sacré, nul ne peut en être privé, si ce n'est lorsque la nécessité publique, légalement constatée, l'exige évidemment, et sous la condition d'une juste et préalable indemnité.* »

Suite à des arrêts (certes non définitifs) du 26 juin 2014, se rapportant à ces affaires, la CEDH n'hésita pas à condamner « *la France* », c'est-à-dire les contribuables français(es), à verser des dédommagements à des couples qui, en contrevenant sciemment au droit français, se sont mis dans une situation hors la loi.

Concernant Mr et Mme Mennesson et "leurs" filles, la CEDH fait jouer l'article 41 : « *La Cour dit que la France doit verser aux enfants requérants 5.000 euros (EUR) chacune pour dommage moral, et aux requérants 15.000 EUR pour frais et dépens.* » *(Cour Européenne des Droits de l'Homme, Communiqué de presse du Greffier de la Cour - CEDH 185 (2014), 26 juin 2014, « Interdire totalement l'établissement du lien de filiation entre un père et ses enfants biologiques nés d'une gestation pour autrui à l'étranger est contraire à la Convention », page 4.)*

Concernant Mr et Mme Labassée et "leur" fille, la CEDH calque son avis sur celui qu'elle a émis pour le couple Mennesson avec, toutefois, une énorme différence dans les « frais et dépens » qui passent de 15.000 euros pour les Mennesson à 4.000 euros pour les Labassée : « *La Cour suit la même approche que dans l'affaire Mennesson et conclut à la non-violation de l'article 8 concernant le droit des requérants au respect de leur vie familiale, et à la violation de l'article 8 concernant le droit de Juliette Labassée au respect de sa vie privée. La Cour dit que la*

France doit lui verser 5.000 EUR pour dommage moral et 4.000 EUR aux requérants pour frais et dépens. » (Idem, page 4.)

Ah ! Le respect de la propriété bourgeoise...

Le recul de la loi française devant les sanctions de la CEDH protectrice du commerce international des bébés

Ainsi, la CEDH condamne la France, qui refuse de procéder à la transcription, sur les registres de l'état civil français, des fausses filiations d'enfants nés de GPA à l'étranger, parce qu'elle applique la loi nationale qui interdit la marchandisation des corps et le commerce des êtres humains, donc, la GPA (Gestation Pour Autrui), et considère que... *« Interdire totalement l'établissement du lien de filiation entre un père et ses enfants biologiques nés d'une gestation pour autrui à l'étranger est contraire à la Convention. »* ...À la convention européenne des Droits de l'Homme. *(Idem, page 1.) Quels Droits de l'Homme ?*

La CEDH, en obligeant les États, qui interdisent la GPA, à passer par-dessus les faux liens de filiation pour reconnaître l'existence juridique des enfants nés d'une GPA à l'étranger, plie le droit de ces États au droit des États où la GPA est légale - États-Unis, notamment - et pousse à la libéralisation du marché des bébés à l'échelle internationale. Cette pression de la CEDH, sur les États qui interdisent la GPA, ouvre la voie à une multiplication des enfants, nés dans le cadre d'un contrat commercial, qui fait, de ces enfants, les objets d'un marché, et, du ventre des femmes pauvres, un instrument de production, pour le compte d'hommes et de femmes possédant les moyens financiers leur permettant de tout s'acheter, y compris un être humain, un nouveau-né. La GPA et son marché aux bébés défie les liens du sang et de la génétique et dénature l'être humain, l'espèce humaine.

Le contrat passé entre le(s) commanditaire(s) et la mère porteuse qui loue son utérus, le temps de la gestation, est un contrat commercial fondé sur la valeur d'échange : la mère porteuse a obligation, en vertu de la convention signée, de porter l'embryon jusqu'à la naissance de l'enfant, d'abandonner le nouveau-né pour le donner à la ou aux personne(s) qui l'ont commandité, qui l'ont payé et qui en deviennent ainsi les propriétaires. La mère porteuse ne vaut que par son utérus, l'enfant que par son statut de marchandise ; les commanditaires, quant à eux, constituent la clientèle propriétaire à laquelle il faut donner entière satisfaction.

Cette convention signée - sous l'œil d'un personnel médical et d'avocats habilités - ne porte-t-elle pas sur l'achat/la vente d'un enfant ? Où est le droit supérieur de celui-ci ? N'est-ce pas l'intérêt des pseudo-mères qui finit par primer sur l'intérêt de l'enfant ? Étranges, ces femmes qui n'ont pas apporté la partie féminine du patrimoine génétique des enfants qu'elles élèvent, qui n'ont pas porté ces enfants durant les neuf mois de grossesse et qui n'ont pas accouché, mais qui ont commandité et financé, avec leurs maris (couples hétérosexuels) la production de bébés que chacune appelle « *mes enfants* ». Étranges aussi, mais plus rares, ces femmes, compagnes de génitrices (couples de lesbiennes), qui ont fait porter un enfant à une femme, qui ont commandité et financé la production de bébés que chacune d'elles appelle « *mes enfants* ». N'est-ce pas l'intérêt des pseudo-pères qui finit par primer sur l'intérêt de l'enfant ? Étranges, ces hommes, compagnons de géniteurs (couples de gays), qui ont fait porter un enfant à une femme, qui ont commandité et financé la production de bébés que chacun d'eux appelle « *mes enfants* ». Plus qu'étrange, cette femme qui n'a, ni apporté son patrimoine génétique ni porté les enfants, et qui, en voulant supprimer les mots « *mère porteuse* », pour ne voir en celle-ci qu'une « *gestatrice* » dont le rôle n'est guère que celui d'une « *nourrice* », nie celle qui a nourri en son sein et qui a mis au monde les enfants qu'elle et son compagnon devenu mari ont commandités et que tous deux éduquent.

Et que l'on ne parle pas de la « *Convention internationale* » *des* « *Droits de l'enfant* » qui n'apparaissent que lorsque cela arrange la classe bourgeoise, mais qui ne sont pas évoqués, dans les médias, lorsque "les pays des droits de l'homme" bombardent les populations civiles.

Vers une reconnaissance forcée de la GPA en France… (mars, mai 2015)

Jusqu'en cette année 2015, le droit français a veillé à empêcher des dérives qui font passer ce qui est du domaine de l'humain à celui de l'inhumain, et qui vont induire un chaos à plus ou moins long terme. Ce chaos aura nécessairement des répercussions sur le physique et sur le psychisme des femmes-esclaves recrutées, dans les milieux modestes, pour leur ventre mis au service de personnes ou de couples, aisé(e)s ou fortuné(e)s, à seule fin de produire des enfants, objets de contrats financiers, qu'elles abandonnent à la naissance, et sur l'identité des enfants, pas seulement celle inscrite au registre de l'état civil, mais celle que chacun-chacune porte en son corps et en son psychisme et qui se révèle souvent sous la forme d'un questionnement…

Que le nom du père ou/et de la mère, figurant sur l'acte de naissance d'un bébé, ne corresponde pas au père ou/et à la mère biologiques pose des problèmes d'ordre éthique.

Lors de l'audience en mars 2015, le parquet de Nantes, compétent en matière d'état civil pour toute la France, du fait de la présence dans cette ville du service national qui lui est dévolu, s'était opposé à la transcription des actes de naissance des enfants, nés en Ukraine, en Inde et aux États-Unis. (Alliance Vita - Solidaires des plus fragiles. "GPA : le parquet de Nantes fait appel !", 19 mai 2015.)

Le 13 mai 2015, le TGI (Tribunal de Grande Instance) de Nantes suivait la décision de la CEDH (Cour Européenne des Droits de l'Homme) et rendait trois jugements qui donnaient tort au Parquet de Nantes, considérant que le refus de celui-ci d'accorder la citoyenneté française, à des enfants nés de GPA, portait atteinte à leur identité au sein de la société, et les privait de la possession d'une carte d'identité française ou d'un passeport. Le lendemain, 14 mai, il ordonnait au parquet de Nantes la transcription, à l'état civil français, de plusieurs actes de naissance d'enfants nés de GPA à l'étranger. À la suite de cette décision, plus européenne que française, le parquet de Nantes annonçait, au soir du 18, sa volonté de faire appel.

La GPA, n'est-elle pas, pour la CEDH, le travers par excellence qui lui permet de s'ingérer dans les droits nationaux et de les faire éclater ?

La Convention européenne des droits de l'homme : son « droit à la vie » et son "droit" à la « mort »

La CEDH qui force les droits nationaux, dans le cadre de la GPA, pour prétendument défendre les enfants, ne les défend pas, pas plus qu'elle ne défend leurs pères et leurs mères, lorsqu'ils agonisent de la faim provoquée par les multinationales de l'alimentaire et par les embargos, ou lorsqu'ils meurent sous les bombes des États capitalistes occidentaux, notamment européens... Pourtant, la Convention européenne des droits de l'homme, sous le Titre I « *Droits et Libertés* », et dès l'article 2 « *Droit à la vie* », stipule, en son alinéa 1 :

« *1. Le droit de toute personne à la vie est protégé par la loi. La mort ne peut être infligée à quiconque intentionnellement, sauf en exécution d'une sentence capitale prononcée par un tribunal au cas où le délit est puni de cette peine par la loi.* » *(Convention européenne des droits de l'homme, Titre I. Droits et Libertés, Article 2. Droit à la vie. Page 6.)* Le « *droit de toute personne à la vie* » tient en une courte ligne, tandis que « *la mort* » fait le reste... Il est à douter que le « *tribunal* » - de la Cour Pénale Internationale, par exemple - requis à telle ou telle occasion, soit insensible aux pressions venues d'Outre-Atlantique...

Les enfants nés en Europe ou ailleurs dans le monde, en Yougoslavie, en Irak, en Libye, en Syrie, en Ukraine, etc., ne seraient-ils pas dignes de respect au regard de la CEDH ? Non, sans doute, puisque la Convention européenne des droits de l'homme, toujours sous le « Titre I - *Droits et Libertés* », et dans l'article 2 « *Droit à la vie* », stipule, en son alinéa 2 :

« *2. La mort n'est pas considérée comme infligée en violation de cet article dans les cas où elle résulterait d'un recours à la force rendu absolument nécessaire :*

a) pour assurer la défense de toute personne contre la violence illégale ;

b) pour effectuer une arrestation régulière ou pour empêcher l'évasion d'une personne régulièrement détenue ;

c) pour réprimer, conformément à la loi, une émeute ou une insurrection. » (Idem, page 6.)

Sauf qu'en Yougoslavie, en Irak, en Libye, en Syrie, en Ukraine, et partout ailleurs, les chefs des États capitalistes occidentaux ont décidé et décident de tout et font précéder leur « *recours à la force* », c'est-à-dire leurs bombardements des populations civiles et militaires (hommes, femmes, enfants), de bombardements médiatiques balançant des mensonges, tous plus grossiers les uns que les autres, pour justifier, par avance, leurs crimes.

La GPA et la guerre ont de beaux jours devant elles.

L'enfant : un enjeu de la propriété en ce qu'il est un héritier (mai 2015)

Des juristes s'opposent à la GPA, comme Aude Mirkovic, Maître de conférence en droit privé (droit civil), qui a contesté, en ces termes, la décision du TGI (Tribunal de Grande Instance) de Nantes du 13 mai 2015 :

« *Tout d'abord, l'honneur du droit français eut été de résister à la jurisprudence irresponsable de la cour européenne qui, sous prétexte de protéger la vie privée des enfants, entérine la nouvelle forme de traite dont ils sont victimes. En effet, que la mère porteuse vende l'enfant ou qu'elle le donne, l'enfant est traité comme un objet de propriété car on ne peut donner ou vendre que ce qui nous appartient. Or, précisément, le Code pénal définit l'esclavage comme le fait d'exercer à l'encontre d'une personne, l'un des attributs du droit de propriété (art. 224-1 A).* »

« *Les bonnes intentions ne changent pas le contenu du contrat de GPA qui prévoit la fabrication et la remise de l'enfant, et planifie à cette fin une situation d'abandon objectivement infligée à l'enfant séparé de sa mère de naissance, quand bien même il serait immédiatement accueilli et choyé.* »

« *Ensuite, en ordonnant la transcription des actes de naissance, le tribunal est allé bien au-delà de ce qu'exigeait la Cour européenne ! En effet, depuis la condamnation de la France en juillet 2014, le Conseil d'État a validé la circulaire ordonnant de délivrer des certificats de nationalité française aux enfants, et une note du ministre de la justice a levé l'incertitude sur leur situation d'héritiers à l'égard des parents d'intention, y compris en l'absence de transcription.* »

« *Transcrire ne rend donc pas service aux enfants mais aux adultes, et relève au contraire à l'égard des enfants du déni de justice car la transcription occulte, dénie la violation de leurs droits résultant de la GPA.* »

« *Le droit français a ainsi déjà remédié aux reproches de la Cour européenne qui dénonçait l'incertitude pesant sur la nationalité des enfants et sur leur vocation successorale.* » *(Gènéthique, "GPA : la décision du TGI de Nantes suscite l'indignation", 18 mai 2015 ; Médias-Presse-Info, "GPA - Aude Mirkovic sonne le tocsin", 19 mai 2015.)*

Pour le rappeler ici, l'article 310-1 et suiv. du Code civil stipule…

« *La filiation s'établit notamment par la reconnaissance paternelle et maternelle. La maternité peut être contestée par le ministère public en rapportant la preuve que la mère n'a pas accouché de l'enfant ; la paternité peut l'être en établissant que l'auteur de la reconnaissance n'est pas le père.* »

Le procureur général près la Cour de cassation, Jean-Claude Marin, s'exprimant dans un communiqué à la presse, devait préciser comment il entendait procéder, le 19 juin, lors des pourvois, et que l'inscription à l'état civil des enfants pourrait se faire « *sous réserve d'une expertise judiciaire établissant la filiation biologique avec le père* ». *(Transhumanisme, "GPA - Inscriptions de trois enfants à l'état civil : le Parquet de Nantes fait appel", 23 mai 2015.)*

Restent les autres enfants de la GPA…

L'éthique capitaliste : exploitation, marchandisation, domination (19 juin 2015)

Lors de l'assemblée plénière du 19 juin 2015, le Procureur général près la Cour de cassation, Jean-Claude Marin, posait les questions que chaque être humain peut se poser :

« *Les progrès considérables accomplis par la science depuis quelques décennies en matière de procréation ont ouvert des perspectives nouvelles pour des couples ne pouvant pas avoir d'enfants, voire pour des personnes seules. Ces techniques scientifiques permettent, notamment, à une femme de porter un embryon et donner naissance à un enfant sans avoir fourni un ovocyte et sans qu'elle ait eu de rapport avec le père d'intention, même si celui-ci a pu fournir les gamètes.*

Cette possibilité de faire porter un enfant par une autre femme, c'est-à-dire par une mère porteuse, est sans doute un grand progrès scientifique mais suscite immédiatement des interrogations d'ordre éthique ou moral : le souhait légitime d'avoir un enfant justifie-t-il que puisse être « *loué* » *le ventre d'une femme, éventuellement contre une rémunération directe ou indirecte pour le porter et accoucher ? Peut-on tolérer cette* « *marchandisation* » *du corps des femmes ? Du côté de l'enfant, cette origine ne va-t-elle pas créer chez lui des désordres psychologiques ou psychiques. La composition nouvelle de la famille, conséquence de ce mode de procréation, ne bouleverse-t-elle pas de manière excessive la conception traditionnelle de celle-ci ?* » *(Cour de cassation, Assemblée plénière du 19 juin 2015 à 14 heures, Avis de Monsieur le Procureur Général Jean-Claude Marin, page 4.)*

Dans l'histoire de la GPA (Gestation Pour Autrui) qui met en œuvre des capitaux nécessitant, comme dans toute entreprise capitaliste, un retour sur investissements, les centres médicaux ne peuvent lancer des appels à des donneurs et à des donneuses de matériel génétique, et à des mères porteuses, sans la certitude que leurs appels seront entendus et qu'il y aura suffisamment de réponses pour fournir en bébés une clientèle demandeuse... Comme cela a déjà été souligné, il est difficile de voir, dans les réponses aux appels des centres de GPA, l'aide désintéressée des

« *donneuses* » ou/et des « *donneurs* » de matériel génétique puisqu'ils-elles avouent eux(elles)-mêmes vouloir gagner un peu d'argent ; il est tout autant difficile de voir, dans les réponses des « *mères porteuses* » qui prennent, sur elles et en elles, tous les risques, une solidarité amicale, purement gratuite, à l'égard des futurs faux parents qu'elles ne connaissaient pas avant que tel ou tel centre médical ne les contacte et qu'elles ne reverront peut-être jamais, ou si peu, après la naissance du ou des bébé(s).

Ainsi, des bébés naissent, suite à des processus médicaux discutables mais imposés sans discussion : vendus/achetés par contrat comme des marchandises, en gestation dans des ventres prêtés ou loués, abandonnés dès leur naissance pour être cédés à des commanditaires qui n'ont souvent apporté qu'une moitié et, parfois, rien d'eux-mêmes, sinon de l'argent, les bébés de la GPA sont tels des ballots, passant d'un pays à un autre, arrachés à leur pays natal, pour être introduits, en fraude ou pas selon le droit en vigueur, dans le pays de leurs faux-parents, et pour y être élevés en héritiers d'un patrimoine mobilier et/ou immobilier, comme si ces patrimoines pouvaient remplacer les patrimoines génétiques de ces "parents de papiers".

Exploitation de l'être humain par l'être humain (esclavage de femmes pauvres transformées en pondeuses par de riches bourgeois), déracinement d'êtres humains (transfert de bébés de leur pays natal au pays des "parents", dès après leur naissance), faux actes d'état civil : voici comment la moyenne et la grande bourgeoisies entendent sauvegarder, par la naissance, en dehors du processus naturel, d'héritiers(ières) de leur patrimoine, leur domination sur le peuple et sur la petite bourgeoisie ; voilà donc l'avenir radieux promis à l'humanité.

Une ruse de plus... Une condamnation pour la forme... (3 juin-1ᵉʳ juillet 2015)

Ce qui s'est passé à l'audience du 3 juin 2015 n'est que le prélude à des abandons d'enfants qui seront sans doute plus dramatiques dans l'avenir.

Un couple d'homosexuels mariés s'était adressé à une agence établie à Chypre pour obtenir un enfant dans le cadre d'une GPA : l'un des deux hommes avait fourni ses cellules reproductrices, une donneuse, les siennes, et une mère porteuse, originaire de Bulgarie, avait, après une fécondation *in vitro*, mené l'enfant à terme. Très habiles, les commanditaires du bébé avaient invité, en Gironde, la mère porteuse, son compagnon et leur fils, pour qu'elle y vive les deux derniers mois de la grossesse et qu'elle accouche sur le sol français.

Le problème est intervenu lorsque l'un des deux hommes s'est rendu à la mairie pour y déclarer la naissance d'une petite fille, dont il a revendiqué la paternité sans indiquer l'identité de la mère. L'employée de mairie, constatant que la mère de l'enfant brillait par son absence, a donc été à l'origine d'une affaire qui a envoyé les commanditaires devant la justice française.

Selon le Code pénal, en son article 227-12 déjà cité, le couple gay risquait, pour avoir incité la mère à abandonner son enfant, une peine de six mois d'emprisonnement et une amende de 7.500 euros.

Les deux hommes allaient reconnaître que "l'oubli de la mère" était destiné à faciliter l'adoption de la petite fille par celui qui n'avait en rien contribué à la naissance de l'enfant. La mère porteuse, quant à elle, devait avouer qu'elle s'était prêtée à ce genre de choses pour des raisons financières, « *dans le but d'offrir une meilleure vie à son enfant* ». *(Alliance Vita - Solidaires des plus fragiles. "GPA : condamnation de deux hommes pour provocation à l'abandon d'enfant", audience du 3 juin 2015, verdict du 1er juillet, compte rendu daté du 2 juillet.)* C'est sans doute l'argument qu'il fallait mettre en avant pour obtenir la clémence des juges, mais c'est aussi l'argument qui dévoile qu'il y a bien eu un contrat financier, entre le couple aisé et la mère porteuse bulgare de condition modeste, qui s'apparente à un contrat d'achat/vente de l'enfant.

Par ailleurs, les actes de substitution volontaire, de simulation ou de dissimulation, qui portaient atteinte à l'état civil de l'enfant tombaient, ainsi que déjà vu, sous le coup de l'article

227-13 du droit pénal et pouvaient être sanctionnés par trois ans d'emprisonnement et 45.000 euros d'amende.

Le Tribunal correctionnel de Bordeaux allait faire preuve d'une grande clémence mais il n'est pas sûr que le droit français y soit gagnant, et que l'enfant s'y retrouve. Il devait reconnaître la culpabilité du couple et le condamner à une amende de 15.000 euros... avec sursis ; de plus, la condamnation n'apparaîtrait pas aux casiers judiciaires des deux contrevenants à la loi. Des histoires comme celle-là exigent d'avoir de solides moyens de défense, c'est-à-dire de bonnes ressources financières... et d'excellentes relations dans le milieu des affaires juridiques.

L'agence elle-même aurait pu tomber sous le coup de la loi, si elle avait été basée en France, et encourait, selon l'article 227-12 du Code pénal, déjà cité, un an d'emprisonnement et une amende de 15.000 euros, peines portées au double lorsqu'il s'agit d'une pratique habituelle ou d'une action menée dans un but lucratif.

Le Parquet de Bordeaux, en demandant « *l'annulation de la reconnaissance de paternité frauduleuse, procédure au civil qui pourrait être examinée dans quelques mois* », ne renonçait pas à faire entendre le droit mais ne privait pas le couple homosexuel de la garde de l'enfant. *(Idem.)*

Le 3 juillet 2015, la Cour de cassation française se plie aux desiderata de la CEDH (Cour Européenne des Droits de l'Homme)

Pourquoi donc les individus ou les couples, qui veulent avoir des enfants en recourant à la GPA, ne s'établissent-ils pas aux États-Unis, en Grande-Bretagne, en Israël, en Inde, en Russie, en Géorgie, en Ukraine, en Grèce, en Belgique, etc. ? Ainsi, "leurs" enfants seraient automatiquement inscrits à l'état civil dans ces pays et ils n'auraient plus aucun problème avec la loi française. Ils ne risqueraient pas de se retrouver dans la situation de ce couple gay qui, arrivé au Mexique, le 15 mars, attendait encore, le 28 mai, dans ce pays, avec des jumeaux nés d'une GPA, le 17 mars 2015, dans l'État du Tabasco, l'autorisation de rentrer en France.

Des questions affluent... Sont-ils réellement conscients, ces individus et ces couples, de ce qu'ils font lorsqu'ils forcent le droit civil français à aller contre la loi, c'est-à-dire contre lui-même ? Qu'arrivera-t-il quand chaque individu ou chaque couple, en France, aura compris qu'il suffit de mettre la loi française devant le fait accompli et de se plaindre auprès de la CEDH pour faire plier le droit français ?

Deux couples homosexuels avaient eu recours à la GPA (Gestation Pour Autrui) en Russie. Dans chacun des couples, le père biologique revendiquait la paternité de l'enfant. Conformément à la loi française, la Cour d'appel de Rennes avait, le 14 avril 2014, refusé, au premier couple, la transcription de l'acte de naissance de l'enfant à l'état civil. Mais le Parquet s'étant pourvu en cassation, la même Cour d'appel devait, le 16 décembre 2014, accepter la transcription pour le second couple. Pourquoi un tel décalage ? C'est qu'une condamnation avait eu lieu entre-temps. Le 26 juin 2014, la CEDH avait rendu un arrêt destiné à faire jurisprudence : elle ne prétendait pas intervenir sur le principe de l'interdiction de la GPA énoncé par la loi française mais elle condamnait la France pour le refus qu'elle opposait à la reconnaissance d'une filiation d'enfants nés d'une GPA à l'étranger.

Le comble de l'hypocrisie de cette CEDH : elle accusait la France de porter atteinte au droit à « *l'identité* » des enfants... nés d'une convention commerciale et d'une marchandisation du corps des femmes, qui deviennent « *mères porteuses* » par nécessité plus que par philanthropie, au service de personnes ou de couples aisé(e)s ou même fortuné(e)s. Ainsi, la CEDH privilégie le droit à l'enfant au détriment des droits de l'enfant et des droits de la femme : elle privilégie le droit commercial au droit humain.

Voici donc l'exécutif de la CEDH qui se heurte massivement au corps législatif français (Assemblée nationale et Sénat) et l'oblige à plier. Le procureur général près la Cour de Cassation, Jean-Claude Marin, demandait, le 19 juin 2015, qu'un test génétique fût réalisé sur les pères, pour établir avec certitude s'il y a ou non filiation, avant toute inscription des enfants à l'état civil de Nantes. Cette démarche devait éviter la reconnaissance automatique des enfants nés à l'étranger d'une GPA et préserver l'interdiction de la GPA dans le droit français. Mais ses collègues de la Cour de cassation n'ont pas suivi.

Autrement dit, il suffit de quelques personnes ou de quelques couples pour, en se mettant - en toute connaissance de cause, en toute conscience - dans des situations inextricables par rapport à la loi, contourner, détourner, bafouer le droit et plonger la France dans un État de... non droit ? Le droit n'en est pas encore là... mais la menace est présente.

Couples hétérosexuels ou homosexuels, comment est-il possible de commander des bébés, comme n'importe quels autres objets ? Il faut avoir un avocat qui parvienne à se faire inviter dans un média *mainstream* quelconque pour exprimer sa colère contre la loi française et le tour est joué. Il est vrai que la GPA va donner du travail à des avocats qui se feront une spécialité de défendre les "parents" contre le droit français...

En incitant au respect de la loi qui interdit la GPA, la France ne fait que respecter l'intérêt supérieur de l'enfant qui n'est pas une marchandise pouvant entrer en fraude ou contre la loi, l'intérêt supérieur de la femme qui ne peut être réduite à un utérus ou à des ovaires, l'intérêt supérieur de l'homme qui ne peut être résumé à un sac de gènes, au service et selon le bon plaisir des prétendus parents ou des demi-parents.

La suite logique de la GPA ne peut qu'être ici, dans ce que dit Maria Poumier : « *Ce que l'on veut nous faire avaler comme la prochaine innovation législative, dite progressiste, c'est l'ouverture du marché des mères sans droit aux hommes. Et celui des implantations d'embryons sans père aux femmes. Nous avons encore du mal à percevoir qu'il s'agit tout simplement de favoriser et de légaliser un business en plein essor : celui de l'industrie de la procréation.* » *(Vidéo, « Le fruit de nos entrailles ».)*

La concurrence... intérieure et extérieure

Les centres, spécialisés dans la GPA, essaiment un peu partout dans le monde : une fois les installations rentabilisées, il faut faire face à la concurrence qui s'exerce à l'intérieur d'un même pays et entre pays riches et pays pauvres.

En système de production capitaliste, le capital, se nourrissant du travail productif, les centres de GPA les plus huppés dans le monde peuvent faire valoir, par la propagande quasiment commerciale, la qualité de leurs produits. Même à l'intérieur d'un pays riche, aux États-Unis, des centres spécialisés dans la GPA sont plus réputés que d'autres : il y a ceux qui affichent la sophistication de leurs techniques de pointe et les compétences du personnel (directeurs, conseillers, avocats, psychologues, médecins, infirmières, secrétaires…), qui réduisent les délais d'attente pour l'obtention du matériel génétique de donneurs(euses) et la mise en relation avec une gestatrice, qui peuvent se prévaloir d'un taux de réussite élevé dans la formation des embryons, et qui ont donc des livraisons de bébés plus rapides, etc. ; il y a des agences plus accueillantes que d'autres : il y a celles qui se donnent les moyens de recevoir agréablement la clientèle, qui disposent de fichiers tenus à jour, qui peuvent offrir, sur catalogue, une large gamme de candidat(e)s - géniteurs, génitrices et mères porteuses - prêt(e)s à être engagé(e)s dans un programme et qu'elles proposent aux commanditaires qui peuvent choisir, sur photographies, celui ou/et celle qui apportera son matériel génétique pour faire un embryon et la mère porteuse qui mettra au monde "leur" enfant.

Les centres spécialisés dans la GPA, établis dans un pays pauvre, ne font pas les mêmes prix que ceux établis dans un pays riche. Une mère porteuse d'un pays pauvre n'aura pas les mêmes exigences sanitaires et financières que la mère porteuse d'un pays riche. Comme cela a été dit, à partir du moment où la mère porteuse loue son ventre, ce sont les commanditaires - ceux qui paient - qui décident du nombre d'embryons à introduire dans son utérus : une mère porteuse peut, éventuellement, exprimer son souhait de ne pas mener à terme plus de deux ou trois embryons, tandis que, dans un pays dit pauvre (comme l'Inde), sous le même prétexte médical de devoir multiplier les chances d'obtenir un enfant, la mère porteuse se retrouve avec un utérus bourré d'embryons : trois, quatre, cinq… Abondance nuit… les produits de mères porteuses des pays pauvres n'auront pas la réputation de qualité des produits de mères porteuses des pays riches, mais leurs produits finis sont moins onéreux : les mères porteuses des pays pauvres, celles dont les ventres sont en surproduction, sont aussi moins exigeantes sur leur rémunération. Les bébés de pays pauvres font concurrence aux bébés de pays riches ; et, même à l'intérieur d'un pays riche, les bébés se font concurrence selon la réputation de l'établissement médical. Mais, si la concurrence entre les bébés oblige à baisser les prix et si la baisse des prix diminue les profits, la clientèle s'accroît.

Le contrat : une garantie pour la propriété et contre la malfaçon

Pour savoir de qui l'intérêt est préservé dans ces affaires de GPA (Gestation Pour Autrui), il est nécessaire de rappeler, en quelques mots, le Protocole qui est établi au moment où les personnes ou couples se rendent dans un centre de GPA. Ce Protocole est, bien sûr, assorti d'une « *Obligation* ».

Dans son « Dictionnaire du Droit Privé », Serge Braudo, nous donne une définition juridique précise du terme « *Obligation* » :

« *"Obligation" est un terme désignant le lien de droit créé par l'effet de la loi ou par la volonté de celui ou de ceux qui s'engagent en vue de fournir ou de recevoir un bien ou une prestation. Dans le langage courant cette expression est souvent prise comme synonyme de contrat ou de convention. En fait un contrat est constitué d'un ensemble d'obligations. C'est ainsi que dans la vente, le vendeur s'oblige principalement à livrer la chose vendue et à donner sa garantie dans le cas où, d'une part, l'acquéreur serait inquiété par des tiers qui lui en contesteraient la propriété et dans l'hypothèse, d'autre part, où apparaîtraient des malfaçons qui la rendraient impropre à l'usage auquel la chose vendue est normalement destinée. De son côté l'acquéreur s'engage à verser le prix et à prendre livraison de la chose qu'il a achetée.* » (Dictionnaire du droit privé de Serge Braudo,

Conseiller honoraire à la Cour d'Appel de Versailles. "Définition de Obligation".)

Le bébé concurrentiel sur le marché international de l'avenir ?

En système capitaliste, ce qui l'emporte, c'est le marché de l'offre et de la demande. Sitôt l'enfant sorti du ventre de la mère porteuse, le voici, sur le marché des bébés, en concurrence avec les autres.

Que quelques petits garçons et petites filles naissent en surplus, et les voici stagnant sur le marché des bébés où ils-elles risquent d'attendre longtemps preneur(s) ou preneuse(s)... Car un bébé évolue vite, physiquement et psychiquement et, comme la demande se porte sur un bébé qui vient de naître, il va être difficile de faire passer un enfant de trois ans pour un bébé de trois jours.

Que quelques petits garçons et petites filles naissent avec un problème quelconque - trisomie, maladies cardiaques, déséquilibre psychique, handicap visuel, etc. - et soient refusé(e)s à la livraison et, bientôt, il sera question du marché des bébés à flux tendu et d'une hausse des prix. Il viendra un moment où, comme pour tout produit, l'offre précédera la demande pour qu'il n'y ait pas rupture de stocks et que les commanditaires y trouvent leur compte, car il n'est pas certain qu'un bébé, dont les caractéristiques physiques ne sont pas très recherchées ou, plutôt, à la mode, sera agréé par "ses" "parents". Qu'adviendra-t-il, alors, de tous les bébés qui, pour un vice quelconque de forme, n'aura pas trouvé preneur ou preneuse sur le marché ? Les bébés, considérés comme "loupés", resteront-ils sur les bras des mères porteuses ? Seront-ils cédés au rabais aux commanditaires, vendus à la recherche médicale, voire éliminés du marché, et, peut-être, éliminés tout court.

En système capitaliste, le stockage de marchandises coûte cher. Il est impossible de stocker une marchandise trop longtemps, dans l'attente d'un changement hypothétique de modes inhérentes aux critères physiques, d'autant plus que les couples préfèrent avoir des bébés tout justes nés plutôt que des enfants qui marchent et qui parlent : pour les commanditaires, il faut que l'illusion d'être les géniteur-génitrice du bébé et de l'avoir porté soit complète, mais cela se peut-il ?

La production et ses déchets. Qu'advient-il du produit non fini ?

Après la légalisation de l'avortement dans certains pays, un marché s'est ouvert. À partir de la PMA et de la GPA, il peut s'accroître : les embryons ne sont pas tous viables ; les fœtus non plus. Outre qu'embryons et fœtus ne sont pas tous viables, ils ne sont pas tous utilisés : le ventre d'une femme a des limites dans sa capacité à contenir des embryons. L'agence de l'AMP (ou PMA), dépendante du ministère français de la santé, l'indique elle-même...

« Les embryons obtenus à partir des ovocytes fécondés ne font pas tous l'objet d'un transfert immédiat. En effet, pour limiter le risque de grossesse multiple, un ou deux embryons sont habituellement transférés dans l'utérus de la femme. Les embryons dits surnuméraires et qui possèdent des critères de développement satisfaisants sont conservés pour un transfert ultérieur. » (Assistance médicale à la procréation, « La conservation des embryons », Agence de la biomédecine - Agence relevant du ministère de la santé, "La conservation des embryons, pourquoi, comment ?", page 5.)

Une surproduction d'embryons dans l'utérus de la mère ou un accident de grossesse peuvent induire une fragilité de vie du ou des fœtus : si, au stade de l'embryon, il y a du déchet, au stade du fœtus, il y a aussi du déchet. Les centres de PMA et de GPA, comme les cliniques d'avortement, sont nécessairement liés à la recherche médicale et donc à d'autres services, comme les services "humanitaires" de "dons" d'organes. C'est encore l'agence de l'AMP (ou PMA) qui précise :

« La conservation en bref » : « Quelles options possibles chaque année ? Prolonger la conservation pour le projet d'enfant d'un couple, donner les embryons à un autre couple ou

à la recherche, arrêter la conservation. » *(Assistance médicale à la procréation, « La conservation des embryons », Agence de la biomédecine - Agence relevant du ministère de la santé, "Un choix éclairé et encadré qui vous engage tous les deux", page 14.)*

Des centres liés à ces agences et aux cliniques effectuent des collectes de fœtus, collectes qui ne sont pas récentes et qui permettent d'approvisionner la recherche médicale en organes : cœurs, poumons, foies, etc., mais aussi les laboratoires pharmaceutiques pour la fabrication de produits, dont les cosmétiques : marché très lucratif.

La machine à bébés : elles entreront dans la carrière

Pour que la machine à bébés tourne à plein régime et rende plus de profits, il faut orienter la propagande vers une clientèle susceptible de s'accroître et ceci s'obtient en ouvrant grandes les portes des centres. Outre les couples hétérosexuels dont les femmes ne peuvent génétiquement, biologiquement concevoir et mettre au monde un enfant, les couples homosexuels (gays et lesbiens), qui, en se mariant, entrent dans le conformisme des couples hétérosexuels, veulent, eux aussi, avoir un ou des enfant(e)s.

Et puis, des femmes franchissent le seuil qui peuvent mais ne veulent pas procréer et mener une grossesse à terme qui entraverait leur carrière professionnelle ou qui menacerait d'abîmer leur corps. D'autres femmes, placées devant un choix cornélien : avoir un enfant ou faire une carrière professionnelle, ont privilégié, en toute liberté ou sous la contrainte, la carrière professionnelle en se disant que l'enfant viendrait plus tard, mais, la carrière les ayant accaparées, elles arrivent à un âge où l'enfant ne peut plus venir ; si le pays dans lequel elles vivent a légalisé la GPA, elles s'en remettent au ventre d'une autre femme pour s'offrir un enfant, sinon, elles délocalisent la production du bébé à l'étranger, dans un pays où la méthode est légalisée. Des hommes, aussi, qui n'ont pas rencontré celles qui leur donneraient un ou des enfant(e)s, poussent les portes des centres.

Ces couples (hétérosexuels ou homosexuels) ou ces individus (femmes ou hommes), appartenant à la moyenne ou à la grande bourgeoisie, peuvent ainsi faire la nique à la nature qui leur a refusé l'enfant, ou préserver leur carrière professionnelle ou leur physique, ou sortir de leur solitude, en faisant produire des héritiers(ières) par les femmes de la petite bourgeoisie, ou du peuple, destinées à un avenir moins "exaltant". Après tout, certaines femmes, dans les siècles précédents, pouvaient avoir jusqu'à 12, 13, 14, 15, 21... enfants. L'honneur du monde très humain est sauf : la délocalisation du ventre permet de donner du travail aux mères porteuses, lesquelles seront à la (re)production, à partir de la puberté jusqu'à la ménopause, si la mort ne vient pas entraver la carrière qui leur est proposée...

L'intérêt supérieur de l'enfant, c'est-à-dire ?

La GPA (Gestation Pour Autrui) porte atteinte à l'état civil réel de l'enfant et à son identité personnelle et familiale.

Dans le cas où il est porteur de deux patrimoines génétiques provenant d'un homme et d'une femme qui se sont effacé(e)s devant les faux parents, commanditaires, alors qu'il a été porté par une autre femme qui s'efface, elle aussi, devant ces faux parents, l'enfant n'est plus, dès sa naissance, qu'un objet à livrer, conformément à la convention écrite précisant les conditions de l'échange : bébé contre argent. Privé de ses vrais parents qui l'ont engendré, de la mère qui l'a porté, il se retrouve seul face à des parents imaginaires qui peuvent être de bons éducateur(s)-éducatrice(s), que ceux-ci soient un homme et/ou une femme, deux hommes, deux femmes.

Qui peut affirmer que, dans sa vie, l'enfant, l'adolescent, l'adulte, ne se retrouvera pas, seul, avec une boîte noire illisible qui ne lui permettra ni de retrouver ses vrais parents dont ils portent le patrimoine génétique, ni celle qui l'a porté ? Un enfant construit sa propre identité, d'abord à partir des identifications au père et/ou à la mère, mais qu'en est-il d'une identité faussée par un homme et une femme qui se sont substitué(e)s, dès après sa naissance, à son vrai père et à sa vraie mère ? Comment l'enfant, privé de ses parents réels, éduqué par des parents imaginaires, peut-il trouver sa place dans une famille aussi factice ? Ne lui restera-t-il que l'argent qui l'a fait naître, et que le rôle d'héritier(ière) d'un patrimoine alors que le principal patrimoine qui est le sien lui échappe ?

« *L'intérêt supérieur de l'enfant* » si cher à la « *Convention internationale des Droits de l'Enfant* » et à toutes les officines des droits de l'homme, de la femme, de l'enfant, etc., n'est-il pas bafoué ? Les droits de l'enfant, ne sont-ils pas battus en brèche par le droit à l'enfant ? Le droit à l'enfant, n'est-il pas mis en avant pour mieux masquer la haine de soi d'hommes et de femmes qui, de ne pas accepter que leurs corps puissent être défaillants, que leurs organes reproducteurs ne répondent pas à leurs désirs, ou que le type de vie qu'ils-elles ont choisi ne leur permet pas de concevoir un bébé, ont préféré et préfèrent s'en remettre à d'autres pour leur apporter un enfant qui, même éduqué par elle et/ou lui, eux ou elles, n'est toujours pas le leur…

Peut-être est-il nécessaire de rappeler, dans nos sociétés occidentales prétendument civilisées, que l'enfant est un être humain, que les enfants d'aujourd'hui seront les hommes et les femmes de demain, c'est-à-dire qu'ils sont l'avenir des sociétés.

Mais les affairistes ont déjà fait leur entrée au royaume du show-biz-bébés… Ce n'est pas l'enfant qui est roi. Ni même les faux parents. Ni même les vrais parents. Ni même la mère porteuse. Mais le mensonge. Et le mensonge rapporte…

Qui je suis ? D'où je viens ? Où je vais ? Telles sont les questions que se pose tout enfant, tout adulte à un moment ou à un autre de sa vie

Telles sont les questions que se posera, un jour ou l'autre, tout enfant, né de père et/ou de mère inconnu(e), et sorti d'un ventre, inconnu lui aussi. Ces enfants de la PMA et de la GPA, auront-ils une réponse ?… Il y a tout lieu d'en douter puisque, ainsi qu'il est écrit dans le site consacré à l'» *Assistance médicale à la procréation* » (AMP) ou PMA (Procréation Médicalement assistée), sous le titre « *Un choix éclairé et encadré qui vous engage tous les deux* » qui s'adresse au couple voulant « *permettre à un autre couple de réaliser son projet d'enfant en donnant les embryons* »… « *Sachez que le couple donneur et le*

*couple receveur ne connaîtront jamais leur identité respective.»
(Idem, page 12.)* Et donc, l'enfant non plus...

Révéler à un enfant qu'il n'est né ni de son éducateur, ni de son éducatrice (ou ni de ses éducateurs, ni de ses éducatrices), c'est, de la part de ces parents imaginaires, révéler à l'enfant que ses parents réels, qui ont donné ou vendu leurs patrimoines génétiques pour qu'il pût être procréé, n'ont été que de passage dans une officine médicale, que la femme qui l'a porté neuf mois a dû, par respect du contrat signé, le remettre à sa naissance à des commanditaires et que les commanditaires, ce sont celui-celle, ceux ou celles, qu'il a en face de lui.

Et, quand bien même les réponses lui seraient apportées, avec toute la précision nécessaire pour satisfaire sa curiosité et répondre à son angoisse, l'affection, feinte ou réelle, ne pourra jamais contrebalancer la désillusion, la trahison que la fille ou le garçon devra porter comme un fardeau jusqu'à la fin de sa vie.

Mais ne pas lui révéler qui il est, d'où il vient, est peut-être la pire des solutions. Car, tôt ou tard, l'enfant se rendra compte que ses vraies questions n'ont que de fausses réponses. Pour peu que les parents imaginaires (homme et femme, hommes ou femmes) s'embrouillent dans les détails, puisqu'ils n'auront vécu la procréation et la gestation de l'enfant que par personnes interposées, l'enfant comprendra qu'il n'a jamais été qu'un objet de fantasme. Pour peu qu'il apprenne, par ouï-dire, qu'il n'est pas l'enfant de ses/ces "parents", la vérité sera cruelle.

Tout petit garçon, toute petite fille se demande à un moment donné de son enfance à qui il-elle ressemble. Parfois, le jeu de l'entourage familial est idiot, parfois il peut être salvateur : *« Comme il ressemble à son père ! »* ; *« Elle a les yeux de sa mère ! »*, etc. C'est avec les informations délivrées par l'entourage que l'enfant construit son identité et sa personnalité. La PMA et la GPA, conjuguées à d'autres technologies "en devenir" sont en voie de fabriquer des enfants dans des utérus artificiels et d'initier une division entre les enfants artificiels et les enfants naturels. Voici l'humanité entrée, de gré ou de force, dans l'ère de *Frankenstein* et de *sa créature...*

Un état civil bourré de points de suspension...

Le bébé de la GPA est l'enfant de qui... au juste ? Comment son état civil, peut-il être rédigé ? Les commanditaires, qui ne sont aucunement ses parents génétiques, biologiques mais qui se chargent de son éducation, seront-ils les seuls à figurer sur l'état civil ? N'y a-t-il pas fausse parenté, faux état civil, fausse identité ? Ne faudrait-il pas préciser, sur son état civil, les noms des père et mère génétiques, le nom de la mère porteuse, et les noms des "parents" commanditaires (qu'ils soient un homme ou une femme, ou qu'ils constituent un couple hétérosexuel ou homosexuel), afin que l'enfant sache, à un moment de sa vie, à quoi s'en tenir...

Car, tôt ou tard, un enfant devenu adulte, se pose la question de ses origines. Combien de petits garçons et de petites filles - telle l'écrivaine Albertine Sarrazin - adopté(e)s selon le processus traditionnel, une fois arrivé(e)s à l'âge adulte - souvent, lorsqu'ils-elles désirent, à leur tour, mettre au monde des enfants - multiplient les démarches pour connaître leurs vrais parents : leur père géniteur et leur mère génitrice qui les a porté(e)s durant neuf mois ! C'est que, pour ces enfants de l'adoption devenus adultes, il devient essentiel et existentiel, à un moment ou à un autre de leur vie, de passer derrière les silences, de chercher la part du vrai et la part du faux entre les non-dits qui en disent long et les trop-dits qui n'en disent pas assez, et de connaître enfin leur biographie personnelle. Et quel drame dans leur vie lorsqu'il leur est impossible de retrouver la moindre trace de celui et de celle qui leur ont toujours manqué et qui continuent à leur manquer.

Être et désir ? Avoir et vouloir ?

Dans les pays capitalistes, où le capital l'emporte sur le travail, où la valeur d'échange écrase la valeur d'usage, où la finance internationale l'emporte sur l'humanité, il n'est plus possible, sous peine d'être traité(e)s comme des parias, de parler en termes d'être et de désir ; mieux vaut, paraît-il, parler en termes d'avoir et de vouloir. Or, c'est dans le glissement des termes, qui permettent de retrouver sa biographie personnelle, de la relier à l'histoire collective, et de lire la réalité pour la rendre plus belle, vers des termes qui ne reconnaissent que l'accaparement, la propriété et le patrimoine, que le capital travaille contre une grande partie de l'humanité, que la nature perd progressivement sa place au profit de l'artifice, et que l'amour disparaît au profit du conformisme et de la haine de soi et de l'autre. Jusqu'aux années 1980, l'enfant était dit « *sujet à des caprices* ». Depuis les années 1980-90, l'enfant est « objet des caprices d'adulte(s) ». La valeur d'échange vient miner la cellule familiale jusque dans les cellules chargées de perpétuer l'espèce humaine.

La société mondiale voudrait s'anéantir psychiquement, en attaquant les premiers points de repère qu'un enfant puisse avoir à l'aube de sa vie et physiquement, en saccageant l'intimité du corps et du psychisme de chaque individu, qu'elle ne s'y prendrait pas autrement. L'être ? Le désir ? L'amour ?

L'expérience africaine

Par ARMADA[219]

L es gouvernements occidentaux n'ont jamais renoncé à l'eugénisme et au malthusianisme. On nous annonce qu'en 2050, un quart de la population mondiale sera africaine ; de quoi terrifier certains « blancs », qui ont bien l'intention de maintenir un pouvoir hégémonique pour les siècles des siècles. Aussi, pour les Africains et descendants d'Africains, le projet de prendre le contrôle de la reproduction, de déposséder la personne humaine de sa capacité organique et spirituelle la plus intime, dans une logique capitaliste de profit, et assorti d'une couverture idéologique en termes de « progrès », tout cela prend un sens criminel précis.

Ce qui est nouveau, c'est qu'on veut faire passer ces innovations par la séduction, en termes de libertés augmentées, et que cela se répand dans le monde entier grâce à internet. Mais les Africains et descendants d'Africains ne risquent pas de se laisser piéger, moins que quiconque ! Parce que nous gardons inscrite dans notre corps la mémoire de l'esclavage, de l'humiliation, du mépris systématique.

Autrefois, les arguments enrobant la traite et l'esclavage, pour endormir la conscience des Européens, évoquaient le salut et l'éducation des « sauvages ». Mais cela fait partie de la panoplie mensongère distillée depuis des siècles par l'Occident

---

[219] Agir pour les Réparations Maintenant pour Africains et Descendants d'Africains.

colonial dans le but de réécrire les évènements et leurs causes profondes... C'est à une réelle guerre de conquête impérialiste que s'est livré l'Occident chrétien pour des raisons de rapine économique, financière et culturelle. Ils se sont souvent justifiés par la bulle *Romanus Pontifex* du pape Clément V, encourageant les Portugais à l' « évangélisation » de l'Afrique, avant la découverte de l'Amérique, en 1554, ce qui donnait explicitement une couverture pour tous les abus, dont l'Église elle-même a profité.

Y a-t-il eu pour autant des esclaves volontaires, ou du moins consentant à leur sort ? Avaient-ils éventuellement quelque chose à gagner à l'esclavage ? Non ! Lisez les auteurs noirs, vous verrez que c'est tout juste un fantasme d'autojustification de la blanchitude, c'est à dire du système de suprématie blanche qui a permis la destruction de la civilisation africaine, la déportation de ses forces vives, l'esclavage industriel et la déconsidération qui en dérivent.

Précisons tout de suite ce que nous entendons par « blanchitude », inversion à partir de « négritude », attitude militante pour faire reconnaître des réalités, des options poétiques et des valeurs souvent déniées aux Africains et descendants d'Africains ; « la blanchitude » est une attitude visant à renforcer un suprématisme, qui, pour certains, va de soi, parce que de fait, les Européens et descendants d'Européens l'imposent aux autres. Ce qui ne veut pas dire que la blanchitude soit une maladie mentale réservée aux personnes d'aspect blanc, et que les blancs ne puissent pas en réchapper : les Slaves sont à l'origine du mot latin « esclave », et, ayant pendant des siècles été capturés et vendus comme tels par d'autres blancs, ils sont beaucoup moins tentés de s'identifier à une race de seigneurs. Hitler les considérait ouvertement comme une race inférieure, qu'il voulait mettre à son service, et les Russes ont été le véritable rempart contre l'expansionnisme allemand. Aujourd'hui encore, la solidarité naturelle de ce qui s'appelait à l'époque soviétique « l'internationalisme prolétarien » imprègne la politique russe de résistance à l'impérialisme USraélien.

Les esclavagistes ne voulaient voir dans l'esclave qu'un individu, et limitaient autant que possible la constitution de couples stables et de familles ; aux Amériques, les enfants pouvaient être vendus sans leur mère, et réciproquement ; la paternité n'était pas reconnue (ce qui était bien commode pour les étalons blancs engrossant de-ci de-là des femmes noires qui produisaient « par l'opération du saint Esprit » sans doute, des bâtards au teint pâle, et néanmoins esclaves). Certes, l'Église schizophrénique tentait de résister à cette logique purement marchande, en exigeant que les couples soient mariés par le clergé, que le dimanche et les jours fériés soient respectés, que les enfants soient baptisés (sans remettre pourtant en question l'institution, très antérieure à la conquête de l'Amérique). Mais regardons les choses en face : à vrai dire, les divers Codes noirs, inspirés du Code noir français, ne voyaient même pas les Africains déportés et asservis comme des individus manipulables isolément, mais comme des « pièces d'Inde », des objets, des biens meubles plus exactement. La France a codifié la chosification de l'enfant, de la femme et de l'homme africains dans le Code noir de 1685, se réclamant de l'Église. Tandis que les Amérindiens ont eu des défenseurs batailleurs, tel Bartolomé de las Casas, dont les arguments ont triomphé, de fait, le Vatican a fait le choix d'ignorer les rares religieux qui raisonnaient en termes de droits naturels pour les Africains, et enduraient la prison pour cela. Louis Sala-Molins en a publié la preuve en 2014, traduite noir sur blanc dans son ouvrage *Esclavage et réparations, les lumières des capucins, et les lueurs des pharisiens.* Le Conseil des Indes et le roi Charles II refusèrent en 1685 de rien changer à l'institution de l'esclavage, sur la base du fait avéré que le clergé y avait largement recours, et que les autorités ecclésiales locales ne tenaient aucun compte des objections ; les religieux contestataires étaient isolés et mis au cachot, sur ordre des plus hautes autorités. Certes, en 1686, l'Inquisition romaine a énoncé des « normes » condamnant l'esclavage des noirs, sans conséquence aucune. Mais si Jean Paul II a tenu à exprimer la repentance de l'Église sur ce sujet, c'est bien parce qu'il connaissait le fond de la question…

On a vraiment l'impression que le savoir-faire des esclavagistes de jadis est recyclé actuellement dans le monopole que veulent exercer les multinationales du baby business en matière de reproduction humaine. Il ne faut pas perdre de vue que si les Africains et descendants d'Africains, surtout ceux des lieux de déportation et d'esclavage, sont souvent considérés par les blancs comme des homophobes, ce n'est pas seulement pour des raisons d'incompatibilité spirituelle avec l'Occident (le modèle de celui-ci étant basé sur l'adoration masculine jusqu'à la glorification de la pédérastie gréco-romaine…) mais aussi parce que les enfants et jeunes esclaves hommes subissaient bien souvent des actes de sodomisation des maîtres esclavagistes qui poursuivaient leur stratégie d'infériorisation du groupe humain noir, comportant aussi le viol permanent des femmes noires. Sodomiser une personne sans défense a toujours été une arme de destruction massive de l'estime de soi, et donc de la capacité de résistance de tout le groupe concerné.

Le délire homosexuel qui envahit l'Occident et qu'on veut imposer à l'Afrique est perçu comme un procédé de castration, et nous n'avons pas l'intention de passer sous le hachoir, d'autant plus que la castration a bel et bien été pratiquée de façon massive au Moyen Age, sur les esclaves. On sait que Verdun était la grande place européenne où des équipes de chirurgiens juifs étaient spécialisés dans la fabrication d'eunuques.[220] C'était la high-tech médicale de l'époque. Il y avait un marché spécifique pour les produits (de toute race ou nation), car ils étaient réputés non seulement plus dociles, mais talentueux (musique, réflexion politique, comptabilité). La castration a été systématiquement appliquée durant les sept siècles de l'esclavage arabo-musulman (le plus long). Les artistes étaient les mêmes, d'ailleurs. On peut interpréter la féminisation actuellement encouragée des hommes comme une castration collective douce. Les buts ? Juguler la menace d'une virilité mâle africaine, qui avait été la source de combativité dans la résistance à l'esclavage. Notre concept de la

---

[220] Voir Rosa Amelia Plumelle Uribe, *Traite des blancs, traite des noirs, Aspects méconnus et conséquences actuelles*, L'Harmattan 2008. Voir aussi, du même auteur, *Victimes des esclavagistes musulmans, chrétiens et juifs, racialisation et banalisation d'un crime contre l'humanité*, ANIBWE, Paris 2012. Ou encore « Arabes, Européens, Juifs et le crime contre les Kémites », https://www.youtube.com/watch ?v=qypTWA3DJzs

virilité est inséparable de la pérennité du triptyque spirituel et social africain, notre sainte trinité à nous, celle de l'enfant, la femme et l'homme noirs.

Car nous ne dissocions jamais le père, la mère et l'enfant, cela vient de l'ancienne Égypte, c'est la base de la Maat, l'esprit divin que reconnaissent tous les Africains, et la prière du Notre Père, instituée par Jésus, est un héritage de l'Égypte ancienne, de même que le culte de la Sainte Famille, représenté par les crèches de Noël. Pour nous, la famille, avec sa solidarité sans failles, est la matrice de la dévotion au bien commun. Il ne s'agit pas d'une utopie, *l'ubuntu* est la condition de la survie de chacun et de tous.

Lorsque l'esclavage médiéval, qui s'appliquait principalement aux Slaves, a disparu pour faire place à l'esclavage africain, ce sont les mêmes savoir-faire et les mêmes capitaux qui ont été réinvestis. Les juifs tirent gloire de l'essor de la culture de la canne à sucre et du commerce triangulaire que cela supposait et alimentait. Et il est bien connu que les vaisseaux de traite transatlantique ne s'appelaient pas « Jésus Marie Joseph »... Dans le monde musulman aussi, le commerce des esclaves était une spécialité juive, pour satisfaire une demande générale. Car les clients acheteurs étaient de bons musulmans, et de pieux catholiques, nullement des gens sans foi ni loi.

Dans l'esclavage industriel pratiqué par les Occidentaux, on a mis en pratique la méthode de Willie Lynch, qui donnait en 1712 des recettes aux planteurs pour pérenniser l'esclavage : « N'oubliez pas que vous devez dresser les vieux mâles noirs contre les jeunes mâles noirs, et les jeunes mâles noirs contre les vieux mâles noirs. Vous devez utiliser les esclaves à peau sombre contre les esclaves à peau claire et les esclaves à peau claire contre les esclaves à peau sombre. Vous devez utiliser la femelle contre le mâle et le mâle contre la femelle. Vous devez aussi vous arranger pour que vos serviteurs noirs et vos contremaîtres se méfient des noirs, mais il est nécessaire que vos esclaves aient confiance et dépendent de nous. Ils ne doivent aimer, respecter et avoir confiance qu'en nous. Messieurs, ce sont les clés pour les contrôler et les utiliser. »[221]

Il fallait aussi bien sûr diviser les dotations par la langue et l'origine, empêcher que des solidarités nationales se reconstituent, et faire des exemples terrifiants (nègres pendus, brûlés vifs, décapités, amputés, aux USA comme en Afrique), ce qu'on appellerait maintenant de la prévention du terrorisme. Maintenant, Obama menace de couper les crédits à nos pays africains si nous n'adoptons pas les lois qui donneraient des privilèges aux plus dégénérés, ce n'est pas mieux ! Alors que ces crédits devraient être offerts généreusement en réparation des siècles d'esclavage et de prédation, ce qui instaurerait une honnêteté fructueuse. Lors des abolitions, ce sont les maîtres qui ont été indemnisés, c'est ainsi qu'Haïti, première république noire, a été ruinée, alors même que le pays payait rubis sur l'ongle tout ce qu'on lui extorquait ....

Oui, en ce XXIᵉ siècle en quelque sorte la blanchitude applique au genre humain tout entier les méthodes qu'elle applique depuis cinq siècles au groupe humain des Africains et descendants d'Africains. L'homme blanc se retrouve traité comme du bétail, tout comme l'homme noir jadis.

Autrefois, les esclaves refusaient leur destin de « biens meubles » par la mort volontaire, l'évasion, le sabotage des installations productives, l'incendie des plantations, l'empoisonnement des maîtres. Tout cela rendait l'esclavage ruineux, et le condamnait à terme. C'est la résistance obstinée des « nègres de nation », nés en Afrique, qui a été le moteur des abolitionnistes blancs, ce que les universitaires blancs répugnent à reconnaître. Par ailleurs, Victor Schoelcher considérait que la société esclavagiste était monstrueuse, et avait fait des noirs des « êtres moraux mutilés » en particulier par l'exemple des vices des maîtres. Il ne parle pas, pudiquement, des sodomisations et autres pédophilies : mais les témoignages des esclaves sont

---

[221] *La Révolution antillaise, quelle place pour l'Outre-mer dans la République ?* Eyrolles, 2011, p. 88.

formels. On oublie souvent cette condamnation des turpitudes, en particulier sexuelles, des maîtres, présente chez tous les militants abolitionnistes. Esclavagisme et dégradation morale par l'abus sexuel généralisé, c'est exactement le modèle qu'on veut imposer maintenant à l'échelle globale.

Le sursaut a peu de chances de provenir de l'intérieur d'une société occidentale barbare, qui sécrète la dégénérescence si naturellement et depuis si longtemps, et qui a peur de se retrouver en infériorité numérique. L'espoir est dans les pays du Sud et de l'Est à la condition que ceux-ci abattent le système de domination économique, politique et militaire actuel.

Il est à craindre que les religions traditionnelles ne constituent guère un frein efficace au *baby business*, tout comme elles n'ont rien fait pour s'opposer à l'esclavage, se bornant à préconiser des « adoucissements », exhortations plaltoniques en particulier s'agissant de la pratique industrielle en Amérique, jadis, et jusqu'à aujourd'hui en Mauritanie, où l'islam sunnite est religion d'Etat. Dans le sud de l'Irak comme en Palestine, il y a des communautés noires, comme dans chaque pays du continent américain : ce sont des descendants d'esclaves. Mais bien sûr, si les autorités catholiques et musulmanes unissaient leurs forces avec les nôtres, au moins nous ferions les mêmes rêves !

L'Afrique résiste bien à l'idéologie castratrice du *gender* que veut lui imposer l'Occident, mais d'une manière inégale selon les pays. La blanchitude a sans doute fait déborder le vase, en conditionnant l'aide du FMI à l'acceptation de l'homosexualité ; ce chantage ravive la résistance, parce que nous comprenons parfaitement l'objectif caché de ces manœuvres, qui est de réduire notre natalité et de nous arracher nos principes spirituels.

Dans le projet occidental de confiscation par les autorités dites médicales de la reproduction, il y a une stratégie spécifique pour maîtriser la reproduction des Africains et de leurs descendants. Cela a été prouvé par le procès du Dr Basson en République Sud-Africaine, l'affaire des vaccins empoisonnés de Bill Gates, l'histoire plus que douteuse de l'épidémie Ebola, les vaccins de l'OMS etc.

Wouter Basson, médecin militaire avec le grade de général, s'est expliqué lors de son interminable procès (2002-2013) : "Je voulais trouver des solutions médicales aux problèmes politiques". Après ses aveux, il a été réintégré dans son poste, avec son grade ; les coupables activités de Wouter Basson étaient non seulement connues de plusieurs services de renseignement occidentaux mais elles ont bénéficié de nombreuses aides, tant en Occident qu'au Proche-Orient. « Le HPCSA étudie six charges contre Basson pour des faits commis entre 1981 et 1993, dont la production de Mandrax, d'ecstasy et de drogues utilisées pour anesthésier les prisonniers anti-apartheid, note le quotidien anglais *Guardian*. Il y avait 67 chefs d'accusation contre lui, et on lui reprochait les meurtres de 229 personnes.[222]

Il a été acquitté faute de preuves suffisantes, mais il y a d'autres accusations à traiter, en provenance de la Namibie. Ce qui est frappant dans son histoire, c'est que toutes ses activités entraient dans le cadre de la recherche en armes chimiques et biologiques, et étaient validées par tous les gouvernements occidentaux avec lesquels il coopérait.

En ce moment, la contraception immunologique est l'arme de masse qui pourrait opérer « en douceur » pour stériliser les Africains. À l'étude et expérimentée depuis les années 1970 sur les femmes, on envisage sérieusement, maintenant, de la mettre en œuvre chez les hommes aussi. Il s'agissait d'abord d'administrer des vaccins sophistiqués comportant de l'aluminium et d'autres composants générant dans le corps des femmes une immunité contre l'embryon qui cherche à nidifier, grâce à l'hormone HCG. Les résultats ne sont pas satisfaisants. Mais d'autres applications du principe sont expérimentées, de façon à contourner les objections des mouvements anti-avortement.

La recherche sur les animaux est très avancée, et le langage utilisé par les spécialistes est plus direct qu'en ce qui concerne

---

[222] Voir « L'acquittement controversé du docteur de la mort », http://www1.rfi.fr/actufr/articles/028/article_14258.asp)

les humains. En voici un échantillon : « Le contrôle de la fécondité a pris un élan considérable, en tant qu'outil de gestion des populations des animaux en captivité et sauvages et moyen de contenir les comportements agressifs et d'améliorer la qualité de la viande issue des animaux de rente. La vaccination visant à contrôler la fécondité (contraception et castration immunologiques) est une alternative aux méthodes basées sur la stérilisation chirurgicale ou chimique, ou sur le contrôle létal des populations.

Deux types de vaccins expérimentaux ont été enregistrés pour la contraception immunologique des animaux, en vue d'une utilisation sur le terrain. Ils contiennent soit des protéines prélevées de la zone pellucide (PZP) d'ovaires de truie, soit des conjugués de peptides synthétiques de l'hormone stimulatrice de la gonadotrophine (GnRH). Ces vaccins devant être administrés régulièrement, leur utilisation n'est envisageable que pour des animaux maintenus en captivité ou pour des populations limitées d'animaux sauvages. D'autres possibilités de contraception immunologique sont à l'étude afin d'améliorer l'efficacité de la méthode ou de permettre son utilisation sur des populations plus nombreuses d'animaux sauvages. Ces méthodes sont basées sur l'utilisation de virus vivants génétiquement modifiés pour empêcher la conception »[223]. Il suffit de remplacer « animaux » par « Africains » pour donner tout son sens aux travaux du Dr Basson et d'autres.

Autrefois, les trafiquants d'esclaves devaient organiser des battues au cœur de la forêt africaine pour capturer des hommes libres, et prêts à mourir pour défendre leur liberté, et ensuite il fallait les enchaîner pour qu'ils ne se suicident pas, et même les bâillonner pour qu'ils n'avalent pas leur langue, faute d'autre moyen pour s'ôter la vie. Les Africains ne se laissent pas embobiner par la démagogie sur l'ingénierie génétique qui fait

---

[223] Yolande Pelchat, *L'obsession de la différence, récit d'une biotechnologie*, Presses de l'Université de Laval, 2003, p. 105.
http://www.oie.int/doc/en_document.php ?numrec=3557003

rêver les classes dirigeantes mondialistes. Nous sommes souvent traités comme des sous-hommes, ce que le darwinisme prétend valider, en postulant que d'une façon ou d'une autre, nous serions le chaînon manquant entre le gorille et l'homme « pour de vrai ». Ils ne le disent pas tout haut, parce qu'il ne faudrait pas que ça arrive jusqu'à nos oreilles irritables. Mais l'évolutionnisme de Darwin, ce concept philosophique élaboré en système doctrinaire dictatorial par les mandarins de la science occidentale, n'est qu'un culte imposé à tous dès l'école primaire, autrefois pour supplanter la tutelle des religieux, et maintenant pour légitimer notre éviction du champ de la conscience, pour organiser au plan théorique notre invisibilité. Kant et Hegel ont écrit noir sur blanc que nous n'appartenons pas à l'histoire (et Sarkozy l'a effrontément répété à Dakar). Et ce sont les sommités de la philosophie occidentales, tandis que pour la majorité des philosophes nous ne méritons même pas d'être mentionnés comme sujets ! Nous sommes pour eux des impensables, parce qu'ils ont décidé que nous étions des non-pensants. Seulement voilà : nous sommes bien là, et nous les regardons en face.

Les savants occidentaux commencent à reconnaître que l'évolutionnisme est un mythe bien pratique pour les Occidentaux qui se placent eux-mêmes au firmament, mais qui est constamment démenti dans les faits. Il faut aller plus loin, les darwinistes sont malhonnêtes. Nous le savions depuis le début, et pour l'avenir, nous voyons un peu plus loin que les autres : en application du néo-darwinisme social, l'objectif du transhumanisme de fabriquer un homme supposé plus intelligent, est d'avoir raison de tous les groupes humains dérangeants, comme des déchets de l'évolution. Mais il n'y a rien à faire, la création et la procréation ne sont pas solubles dans la technologie !

Et le facteur noir n'est pas soluble non plus dans le business. Rappelons que la haute estime qu'ont les Occidentaux d'eux-mêmes a une histoire, et que racisme, eugénisme et malthusianisme sont indissociables. En 1910, une idée allant de soi était que la race blanche était naturellement supérieure à toute autre. Le Dr Charles Richet, prix Nobel de médecine en 1914, écrivait : « Nous créerons parmi les races qui peuplent la terre une véritable aristocratie, celle des blancs, de pure race, non mélangée avec les détestables éléments ethniques que l'Afrique et l'Asie introduiraient parmi nous». Un peu plus tard, l'Allemagne nazie tentait de stériliser les femmes allemandes fréquentant des Africains, et stérilisa de fait de nombreux métis issus de ces unions.

Les héritiers de Charles Richet proposent sur catalogue des embryons « racés », et fomentent toutes sortes de manipulations génétiques pour aller plus loin, dans la tyrannie du tri sélectif. Nous sommes directement menacés. Et nous défendons notre spiritualité propre, parce que c'est celle qui soutient notre combat. Dès 1904 l'Allemand Léo Frobenius, Africain d'adoption, l'un des fondateurs de l'ethnologie, a transmis l'envergure de notre théologie, montrant tout ce que l'Afrique a transmis au polythéisme grec. Les recherches scientifiques sérieuses entreprises tout d'abord par le professeur Cheikh Anta Diop puis par ses disciples Théophile Obenga, Bwemba Bong, Doumbi Fakoly, Victor Bissengué entre autres, ont fini par être rejointes par les travaux de ressortissants occidentaux en rupture de ban avec la blanchitude : Rouch, Pierre Fatumbi Verger, Roger Bastide, Jean Ziegler et même dans le pays cœur de l'enfumage historique originel des trois religions du Livre, par le Professeur Israël Finkelstein. Nos recherches mettent en évidence un déni systématique de la puissance spirituelle de l'Afrique, et de son poids dans l'histoire. Nos chercheurs, sur leur aspect physique, se voient régulièrement refuser l'accès aux archives qui nous concernent ; Cheikh Anta Diop, immense découvreur, est encore furieusement dénigré ; s'agissant de l'esclavage, des pages arrachées ou des documents entiers disparaissent dès que nous demandons à les consulter : le combat est loin d'être terminé.

Il y a bien des hypocrisies chez ceux qui se battent maintenant contre la « PMA pour tous », combat déjà dépassé dans les faits. Notre mission historique, aujourd'hui comme hier, est de faire revenir l'humanité à l'humilité, au bon sens indispensable à la survie de tous, et de dénoncer ceux qui nous traitent en en nuisibles dès qu'ils n'arrivent pas à nous utiliser, parce qu'ils n'agissent qu'en fonction des profits escomptés pour leur propre catégorie.

Dans leurs combats pour la souveraineté nationale, les armées blanches ont toujours eu besoin de la force de frappe noire, sur le front. Cela n'a pas changé, avec la mondialisation et la présence massive de descendants d'Africains dans chaque pays, au contraire ! Nous ne réclamons aucune espèce de repentance rhétorique, le principe de réparation est à la base de toute justice, et nos revendications concrètes correspondent à ce qui est bon pour toute humanité, parce qu'elles sont au fondement de ce qui fait la dignité humaine. Nous sommes incontournables, c'est tout.

Islam et Baby business, notre approche spirituelle

Par Charybde, citoyen des deux rives

L es avocats de la "théorie du genre" diffusent en fait un sociologisme culturaliste en affirmant que le "genre" "féminin ou masculin ne serait qu'une construction (un "construit") social, autrement dit un produit abstrait de la société dans laquelle nous vivons, qui engendrerait très tôt (chez l'enfant) une distinction entre "corps sexué" et "genre".

À cela, et s'agissant de nos propres sociétés musulmanes, nous pouvons d'ores et déjà répondre qu'il s'agit d'une question nulle, non avenue, non à venir et sans avenir. Pour commencer, qu'il soit bien clair qu'il ne s'agit pas du caractère a priori "tabou" de la question. Après tout, la pornographie, qui constitue une attaque frontale à la pudeur, valeur centrale partagée dans beaucoup de religions, y compris même de doctrines profanes comme le marxisme[224], a bien réussi à s'insinuer largement dans le monde arabe et musulman. Elle y est parvenue de manière très sournoise et grâce à l'appui d'une superpuissante infrastructure technologique à la fois matérielle et virtuelle. Entendons-nous sur les termes ; nous les musulmans révulsés par l'invasion des

---

[224] *Sexe, capitalisme et critique de la valeur. Pulsions, dominations, sadisme social,* sous la direction de Richard Poulin et Patrick Vassort. M Éditeur (coll. Marxismes), 2012.

images « porno », entendons « porcnographie »[225], dans le mot « pornographie » : nous ressentons un dégoût très fort, et pour nous la vision est déjà un acte d'ingestion. En Europe en particulier, cette même ouverture à la porcnographie a fait le lit de la "théorie du genre" et de ses "applications" pratiques comme la "gestation par autrui". Dans le monde musulman, par contre, la théorie du genre n'a absolument aucune chance de s'implanter parce que l'argument d'un "genre "construit", pour commencer, ne tient pas face à une religiosité et une spiritualité non "construites", elles, mais vécues intimement.

Cela dit, remarquons que d'un point de vue linguistique, le mot "genre" et le mot "sexe", en langue arabe, ne sont pas distinguables l'un de l'autre ("Jins"). Voilà déjà un obstacle de taille qu'évacuent en toute malhonnêteté les représentants de la dictature de la "théorie du genre".... Ensuite, dans cette partie du monde, on ne badine pas avec la question des entrailles des mamans. Il y a plusieurs raisons :

1-Le mot "entrailles", soit le lieu de développement de l'embryon et du bébé dans le ventre de la mère, se dit "rahim" en arabe. Ce n'est pas une remarque anodine parce que de ce mot dérivent trois autres termes d'une importance capitale et aux conséquences aussi immenses que l'infinité de l'univers : "Rahmân", "Rahîm" (avec, respectivement, une voyelle "a" et "i" allongée) et "Rahma". Les deux premiers sont, dans le Coran, les attributs privilégiés pour désigner Dieu. Ils apparaissent en entame de chacun de ses chapitres (sourates).

Or, la signification (occultée pendant quatorze siècles dans les traductions en langues latines) du mot "Rahma" (rendu jusque-là, prosaïquement et de manière orientaliste, par "Miséricorde", "Clémence"), centrale, tant dans l'islam théologique que celui de tous les jours, compte-tenu de l'étymologie, connote une "miséricorde" semblable à celle issue des entrailles de la mère, autrement dit pareille à l'amour de la

---

[225] Porcnographie et terrorisme, le lien structurel, par Charybde, 3 février 2015
http://www.tortillaconsal.com/albared/node/5212

mère pour l'enfant qu'elle porte "en elle". La "Rahma", miséricorde infinie et transverbérante, est donc Amour Miséricordieux, celle-là même invoquée dans l'illumination de Thérèse de Lisieux (1895) qui s'était abandonnée à Dieu "comme victime d'Holocauste à l'Amour Miséricordieux du Bon Dieu". Tant les catholiques que les musulmans oublient souvent que la religieuse interpelait Dieu comme son "Bien Aimé", exactement comme dans le mysticisme musulman (soufisme).

Quant au mot "Rahmân", il se traduit donc par Amour Matriciel (anciennement : le "Tout Miséricordieux")

Et quant à "Rahîm", il peut être rendu par "Celui Qui Dispense Son Amour Miséricordieux" (anciennement : "Celui qui fait Miséricorde").

De sa première page à la dernière, le Coran, livre saint de l'islam, rappelle, inlassablement, y que Dieu est Pur Amour et Miséricorde. L'expression exacte, théophorique, est "Dieu est le Tout Miséricordieux et Celui qui diffuse son Amour Miséricordieux" (en arabe : "Bismi-LLâhi R-Rahmân aR-Rahîm").

Les traductions classiques du Coran en langues latines sont donc à revoir et la sourate d'entrée du Coran, la plus pratique (récitée dans toutes les occasions de la vie), dite de l'Ouverture (Al-Fatiha) se traduit donc ainsi (translittération simplifiée) :

-Au Nom de l'Amour Matriciel, de Celui Qui Dispense Son Amour Miséricordieux (Bismillah Ar-Rahman Ar-Rahim),
-Loué soit Dieu le Seigneur de tous les univers (Al-hamdu lillahi Rabbi l-alamin)
-L'Amour Matriciel, Celui qui Dispense Son Amour Miséricordieux (Ar-Rahman Ar-Rahim),
-Le Roi-Juge du Grand Jour (Maliki yawm ad-din)
-Nous T'adorons et c'est de Toi que nous implorons toute aide (Iyyaka na'abudu wa iyyaka nasta'in)
-Puisses-Tu nous guider dans le droit chemin (Ihdina s-sirat al-mustaqima)
-Le chemin de ceux sur lesquels Tu as répandu les expressions variées de Ton Amour Divin, non pas le chemin de ceux qui subiront Ton Courroux, ni celui encore

*de ceux qui sont allés à leur perte (Sirata l-ladina an'amta
'alayhim gayri l-magdubi 'alayhim wa la d-dallin)*

2-Au moins trois versets dans le Coran soulignent les
efforts et douleurs de toute mère qui enfante. Connu pour son
pointillisme, y compris dans le domaine scientifique (comme
lorsqu'il décrit les diverses étapes de l'embryogénèse, reconnues
comme parfaitement avancées et justes par les obstétriciens
d'aujourd'hui), le Coran fait même référence au nombre de mois
durant lesquels la maman a pris soin de son enfant :

-Al-Isra/Le Voyage dans la Nuit (XVII, 23-24) : *"[Ton
Seigneur] a prescrit la bonté à l'égard de ton père et ta mère"*....
*Adresse-leur des paroles respectueuses... Mon Seigneur, prends-
les dans Ton Amour Miséricordieux comme ils l'ont fait avec moi
en m'élevant quand j'étais un enfant"*

-Lucman (XXXI, 14) : *"Nous avons recommandé à
l'homme au sujet de ses parents... car sa mère l'a porté et elle
en en a été très affaiblie. Il a été sevré au bout de deux ans. Sois
reconnaissant envers Moi et tes parents..."*

-Al-Ahqaf (XV, 15) : *""Nous avons recommandé à l'homme
la bonté envers son père et sa mère. Sa mère l'a porté et l'a
enfanté dans la douleur. Depuis sa conception jusqu'à son
sevrage, trente mois sont passés... Quand il devint mûr à l'âge
de quarante ans, il dit au Seigneur : "Permets-moi de te
remercier pour Tes bienfaits à moi-même et à mes parents...."*

3-Il existe un dit (hadith)(*) du Prophète selon lequel *"le
Paradis se trouve sous les pieds de nos mères"* (Al-Janna Thahta
'Aqdâmi l-'Ommahât).

Conclusion

Que la Bonne Nouvelle de l'impossibilité d'une expansion
de la "théorie du genre" à l'humanité soit entendue par les
catholiques qui la combattent dans leurs sociétés déchristianisées
par excès de laïcisme. En effet, pour le milliard et demi de
musulmans, la "théorie du genre" heurte non seulement leur
pudeur (à l'image de la pornographie qui en est l'annonciatrice

et lui prépare sa couche) mais aussi leur être ontologique puisque leur religion soutient que les femmes et les hommes sont issus des entrailles ("rahim") de leur mère et que la plus grande considération pour les conséquences immenses de ce fait, à commencer par le respect envers de leur génitrice, est de mise. Tout ce brouhaha autour de la "théorie du genre" est donc une non-question pour le monde musulman. Au-delà, le sort est le même pour la possibilité d'une "gestation pour autrui" et le commerce des bébés même s'il est clair qu'à l'instar de la prostitution, des conditions socio-économiques sordides peuvent pousser des femmes musulmanes à louer clandestinement leur "rahim", particulièrement quand elles se trouvent déjà en Europe par exemple. Il ne reste aux catholiques qu'à imiter leurs frères et sœurs croyants musulmans dans la revitalisation de leurs racines spirituelles. Une approche radicale (c'est-à-dire remontant aux sources du problème pour le traiter) s'impose. Elle passe par la nécessité d'un moratoire puis d'une dissolution de l'ethos pornographique imposé depuis trois décennies, qui a culminé dans la sacralisation officielle d'un triste hebdomadaire ordurier.[226] À partir de là, la "théorie du genre", un certain terrorisme, et le "baby business", s'effondreront d'eux-mêmes en raison de leur consubstantialité avec la pornographie, mère porteuse de tous les maux.

Cette dernière, par la guerre permanente qu'elle suscite entre les sexes, sans parler des violences conjugales (notamment quand le mari est un "porn-addict"), pourrait même expliquer que nombre de femmes en Occident aient volontiers recours au baby business. Blessées ou dégoûtées après avoir vécu une telle caricature violente de la sexualité, elles trouveraient ainsi le moyen de mettre au monde des enfants en se passant des hommes.

---

[226] "Charlie 2.0" et son arme redoutable et vicieuse. 19 janvier 2015 http://www.tortillaconsal.com/albared/node/5142

Vaincre l'imposture éthique ou mourir...

(*) Les dits (hadith) du Prophète n'ont pas le caractère sacré du Coran, Pure Lecture, Pur Verbe incréé. À l'image des Évangiles, ils servent de guide de morale pour toutes les époques et tous les mondes. Certains peuvent être jugés, selon diverses autorités, redondants, non établis formellement, parfois inconsistants, "canoniques" ou non.

Le Retour aux Sources éditeur

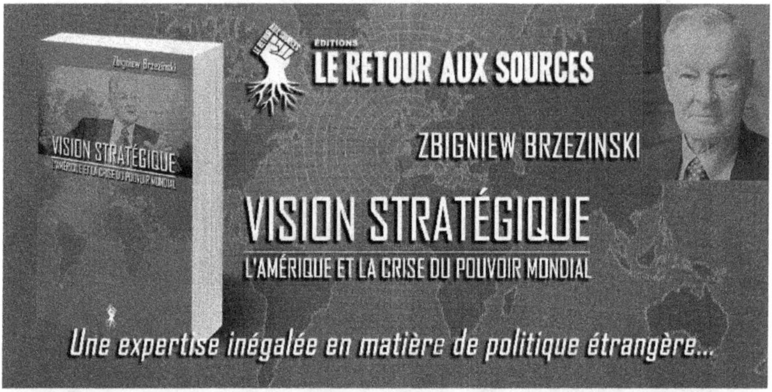

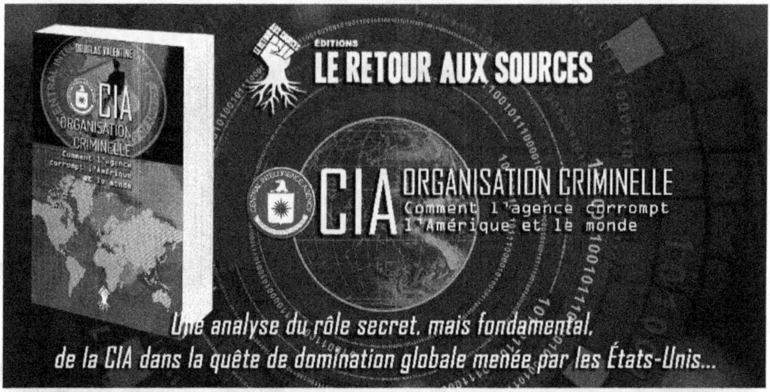

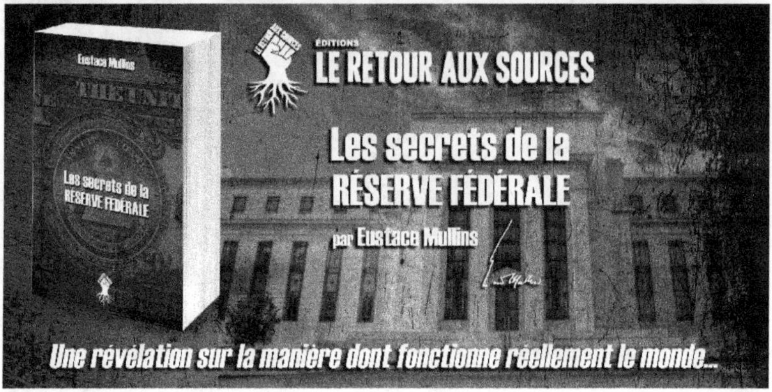

ÉDITIONS
LE RETOUR AUX SOURCES

Jean-Michel **VERNOCHET**

LA DÉBÂCLE
GUERRES OLIGARCHIQUES CONTRE LES PEUPLES

Les guerres actuelles sont des conflits de normalisation destinés à fondre les peuples, les identités et les souverainetés, dans le grand chaudron du mondialisme apatride, déraciné et nomade....

ÉDITIONS
LE RETOUR AUX SOURCES

Jean-Michel **VERNOCHET**

POST COVID-2.0
DÉCONFINEMENT À REBOURS & MUSELIÈRE POUR TOUS

La social-démocratie, matrice toujours féconde, parturiente d'une humanité déchue...

DOMINIQUE LORMIER

ÉDITIONS
LE RETOUR AUX SOURCES

Albert Roche, premier soldat de FRANCE

L'incroyable histoire de l'engagé volontaire qui captura à lui seul 1180 prisonniers !

ÉDITIONS
LE RETOUR AUX SOURCES
LES GRANDES BATAILLES
DE L'HISTOIRE DE FRANCE
d'Hastings à la Libération
1066-1945
« La France fut faite
à coups d'épée »
Cette citation de Charles de Gaulle dit bien ce que
la France doit aux grandes batailles qu'elle a dû livrer pour construire ses frontières...

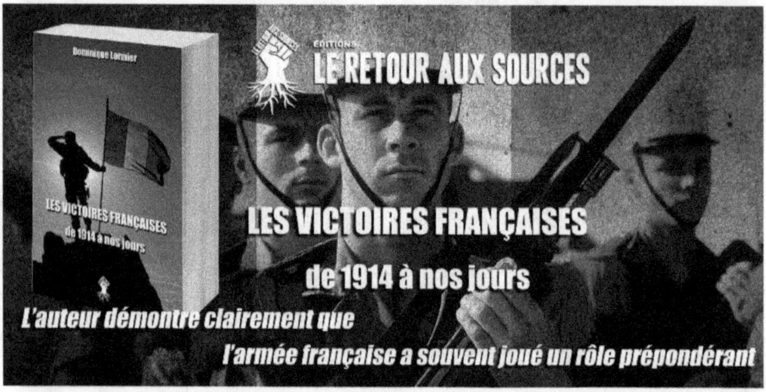
Dominique Lormier
ÉDITIONS
LE RETOUR AUX SOURCES
LES VICTOIRES FRANÇAISES
de 1914 à nos jours
L'auteur démontre clairement que
l'armée française a souvent joué un rôle prépondérant

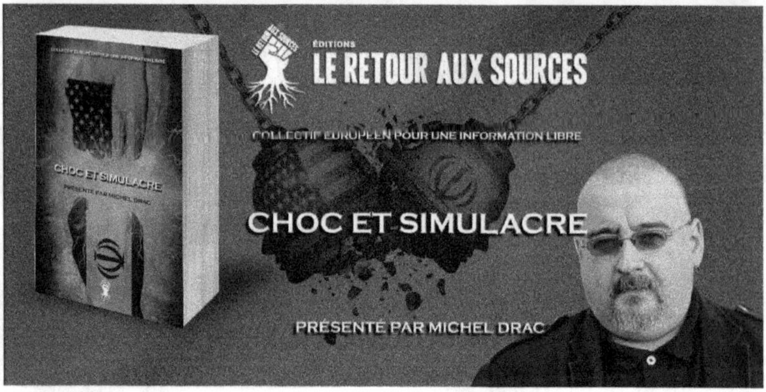
ÉDITIONS
LE RETOUR AUX SOURCES
COLLECTIF EUROPÉEN POUR UNE INFORMATION LIBRE
CHOC ET SIMULACRE
PRÉSENTÉ PAR MICHEL DRAC

MICHEL DRAC
ESSAIS
ÉDITIONS
LE RETOUR AUX SOURCES
ESSAIS
MICHEL DRAC
PENSER LE RÉEL POUR SORTIR DU SYSTÈME

COLLECTIF SOLON
& MICHEL DRAC
EUROCALYPSE
ÉDITIONS
LE RETOUR AUX SOURCES
EUROCALYPSE
COLLECTIF SOLON & MICHEL DRAC

PAUL DAUTRANS
LA DIXIÈME PORTE
ÉDITIONS
LE RETOUR AUX SOURCES
PAUL DAUTRANS
LA DIXIÈME PORTE
SI VOUS TRAVAILLEZ EN ENTREPRISE, MÉFIEZ-VOUS DE CE LIVRE...

ÉDITIONS LE RETOUR AUX SOURCES

MAURICE GENDRE & JEF CARNAC

LES NOUVELLES SCANDALEUSES

LE MONDE DANS LEQUEL VOUS VIVEZ N'EST PAS LE MONDE QUE VOUS PERCEVEZ

ÉDITIONS LE RETOUR AUX SOURCES

PAUL DAUTRANS

MANUEL DE L'HÉRÉTIQUE

UN LIVRE QUI METTRA EN COLÈRE ABSOLUMENT TOUS LES CONS

ÉDITIONS LE RETOUR AUX SOURCES

MICHEL DRAC

TAPIS DE BOMBES

MICHEL DRAC DYNAMITE UNE À UNE TOUTES LES POSITIONS DU SYSTÈME

ÉDITIONS LE RETOUR AUX SOURCES

TRIANGULATION
REPÈRES POUR DES TEMPS INCERTAINS

MICHEL DRAC

NOUS APPROCHONS MANIFESTEMENT D'UN MOMENT CRITIQUE DANS L'HISTOIRE DE NOTRE PAYS

ÉDITIONS LE RETOUR AUX SOURCES

JEF CARNAC

VENDETTA

L'ARGENT, LE POUVOIR, LA CÉLÉBRITÉ...
RIEN NE VOUS PROTÉGERA

ÉDITIONS LE RETOUR AUX SOURCES

VOIR MACRON
8 SCÉNARIOS POUR UN QUINQUENNAT

MACRON : UN ILLUSIONNISTE.
SON ÉLECTION : UN TROMPE-L'OEIL.
SA POLITIQUE : DU THÉÂTRE.

MICHEL DRAC

ÉDITIONS LE RETOUR AUX SOURCES
Stratediplo
Le douzième travail
Un refuge autarcique

Puisse cette description donner des idées à un chercheur d'autonomie...

ÉDITIONS LE RETOUR AUX SOURCES
Stratediplo
Le onzième coup
de minuit de l'avant-guerre
Préface de Michel Drac

Un incident réel ou fictif servira à déclencher les opérations, les populations ne réagissant pas...

ÉDITIONS LE RETOUR AUX SOURCES
Stratediplo
Le quatrième cavalier
l'ère du coronavirus
Préface de Piero San Giorgio

www.leretourauxsources.com

www.ingramcontent.com/pod-product-compliance
Lightning Source LLC
Chambersburg PA
CBHW071639270326
41928CB00010B/1981

* 9 7 8 1 9 1 3 8 9 0 0 5 6 *